ラティスウィーヴ技法で
上質でリッチに仕上がる

ラ メルヘン・テープの

# 美しい
# 大人バッグ

Kirarina 奈緒子

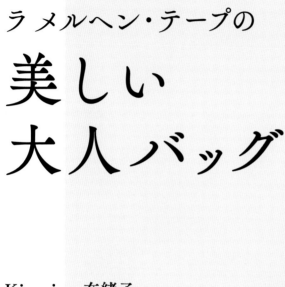

河出書房新社

ネットが見えない！

# Kirarinaの「ラティスウィーヴ技法」で高級感のある仕上がりに！

## ラティスウィーヴの基本

No. 01

ネット［組み立て］
持ち手［平結び］

No. 02

ネット［組み立て］
持ち手［平結び］

No. 03

ネット［組み立て］
持ち手［四つ組み］

No. 05

ネット［組み立て］
持ち手［ネット使い］

No. 06

ネット［組み立て］
持ち手［市販持ち手］

No. 08

ネット［一体型］
持ち手［タッチング］

No. 09

ネット［一体型］
持ち手［タッチング］

No. 10

ネット［一体型］
持ち手［タッチング］

## ラティスウィーヴの応用

No. 11

ネット［一体型］
持ち手［市販ショルダーチェーン］

No. 13

ネット［組み立て］
持ち手［市販ショルダーベルト］

No. 14

ネット［1枚］
持ち手［市販口金］

No. 15

ネット［1枚］
持ち手［市販持ち手］

No. 16

ネット［1枚］
持ち手［市販持ち手］

No. 17

ネット［1枚］
持ち手［市販口金］

No. 18

ネット［1枚］
持ち手［市販口金］

## シェブロン・ストライプ

No. 04

ネット［組み立て］
持ち手［市販持ち手］

No. 07

ネット［組み立て］
持ち手［市販持ち手］

No. 12

ネット［組み立て］
持ち手［市販持ち手］

バッグ用成型ネットを利用したテープバッグは、ネットにテープを通すだけで、
誰でも失敗なく、美しいバッグが作れます。
本書で紹介するバッグは、ネットがほとんど見えず、
テープだけで編み込まれているような上質な仕上がりが特徴。
Kirarinaが独自に編み出したラティスウィーヴ技法は、
横のテープはネットに沿わせ、縦のテープでネットに固定する方法で、
従来のように長いテープをネットに通すために何度もたぐり寄せる手間がないのもメリットです。
柄や形が変わっても基本的な作り方は共通しているので、
好きなカラーや持ち手などを組み合わせたオリジナルも簡単に作れます。

## Contents

# ラティスウィーヴのA4トート

上質感漂う洗練されたシルバーカラーがベースのトート。
A４書類も入る使いやすいサイズです。
輝きとカラーが微妙に違う３種類のテープを使って、エレガントな雰囲気に。
ベースのネットが見えにくい「ラティスウィーヴ技法」を
このバッグで詳しく解説しています。

HOW TO MAKE ▶ P.24

No.
# 03

# ブロックチェックのトート

アースブルーとホワイトのチェックが爽やか。
大人マリンテイストのトートができました。
A４トートよりもマチを少し大きくして容量アップ。

HOW TO MAKE ▶ P.33

No. 04

# シェブロン・ストライプのトート

フェイクレザーの２カラーで
シェブロン模様に。
Ａ４書類が収納できる
使い勝手のよいサイズです。
持ち手は合皮ベルトを
鋲金具で取りつけました。

HOW TO MAKE ▶ P.38

No.
# 05

# ストライプのトート

ラティスウィーヴ技法のバッグですが、
縁飾りがないシンプルなデザインで
ストライプが際立ちます。
持ち手はネットとテープで作る幅広タイプ。

HOW TO MAKE ▶ P.43

No. 06

# コンビカラーのトート

チアフルな赤にコントラストが効いた白のポップな配色。
レザー調のテープを使っているので、
子どもっぽくなりません。
デイリーユースはもちろん、バカンス用にもおすすめ。
A4トートより一回り大きいサイズの
トートバッグです。

HOW TO MAKE ▶ P.46

No. 07

# モノトーンのビッグトート

マットブラックとエナメルブラック、
2つの黒を使って作るシェブロン・ストライプは
スタイリッシュで重厚感のある仕上がり。
メンズ用にも使えるユニセックスなトートです。
13インチのノートパソコンならラクラク入ります。

HOW TO MAKE ▶ P.48

# スクエアトート

スクエアのフォルムが人気の単色トート。
それぞれ持ち手の長さを変えているので、お好みのバランスで。
No.10のグレーは肩かけもスムーズな長さです。

HOW TO MAKE ▶ P.50

No.

# 10

No.08はネットにゴールドカラーを使うことでシャイニー感をアップ。No.09は横に渡すテープをリボンに変えたもの。No.10は1.5mmテープを縦にプラスし、よりリュクスに。

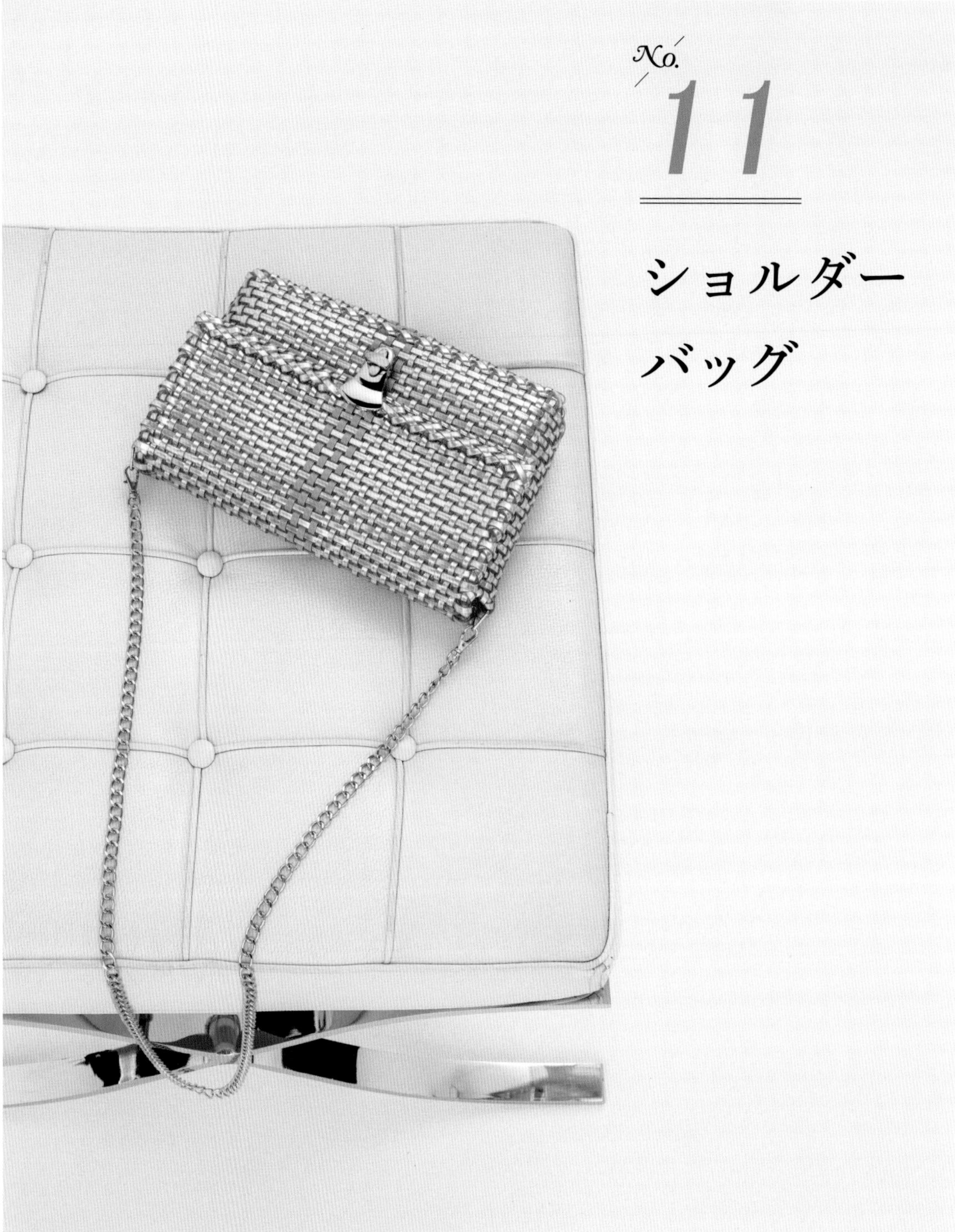

No. 11

# ショルダーバッグ

淡いフロストピンクにモーヴのラインを控えめに効かせた
乙女カラーの凛としたショルダーバッグ。
長財布やスマホ、ミニポーチなどが
ラクラク入って実用度が高いのもうれしい。

HOW TO MAKE ▶ P.54

No.

# 12

## シェブロン・ストライプの2wayバッグ

明るく華やかなイエローに
ノーブルなネイビーを合わせて。
色のコントラストが効いていながらも、
派手になりすぎず、シックで優美な雰囲気。

HOW TO MAKE ▶ P.58

斜めがけもできるショルダー
チェーンをつけて2wayに。

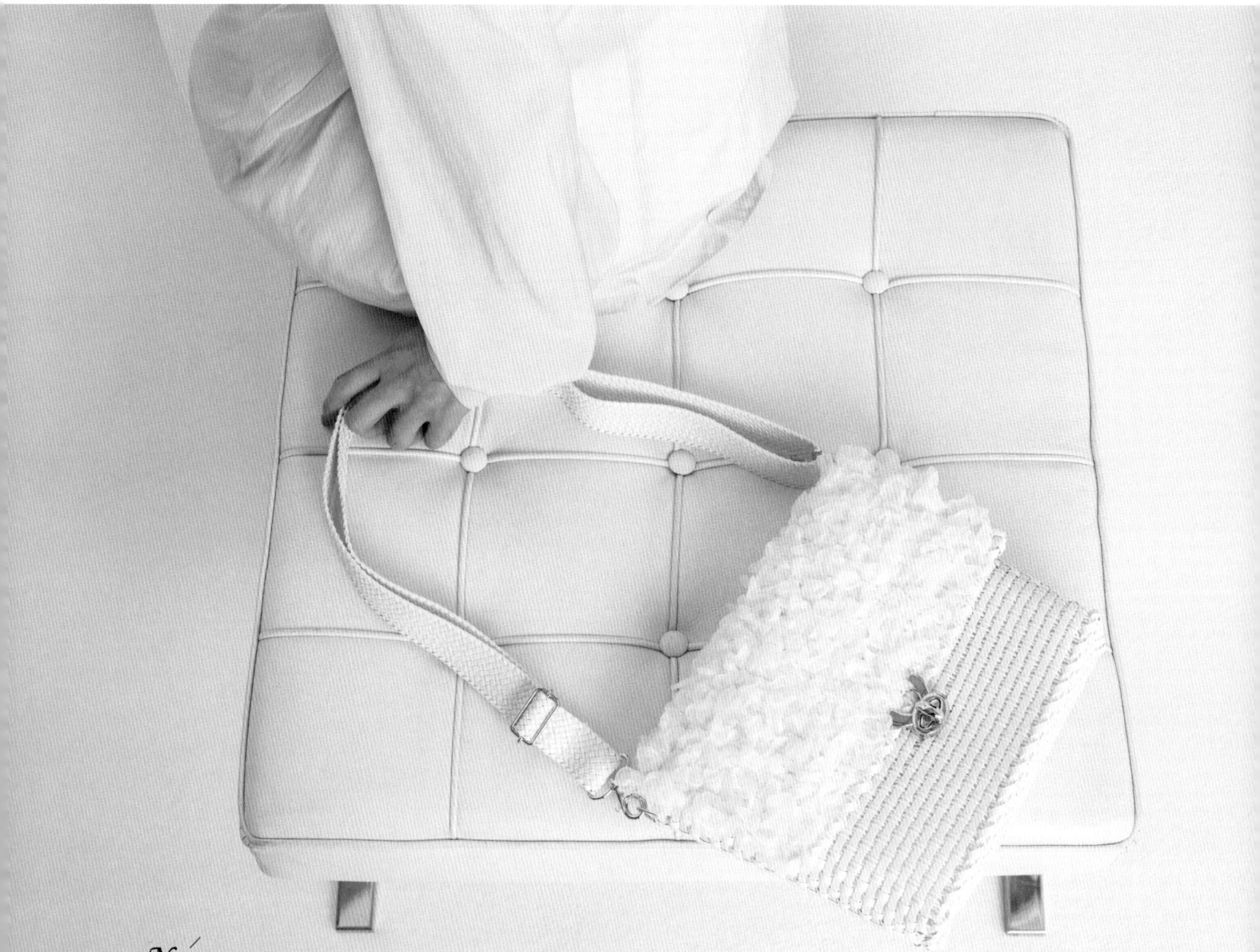

No. 13

# リボンフラップの
# パーティバッグ

ショルダーバッグのフラップ面にリボンを渡したスタイル。
ふんわりとたぐりを入れたフリルリボンで、
どこまでもフェミニン。

HOW TO MAKE ▶ P.63

No. 14

# クラッチバッグ

フォーマルな黒もリボン使いで品よく華やかに。
取り外し可能なチェーンで2wayに使える
パーティシーンに必須のバッグです。

HOW TO MAKE ▶ P.66

No. 15

# PVCマチのコンビトート

サイドのマチを広げると
舟形フォルムになるトート。
荷物が少ないときはマチを折り込めば
コンパクトになります。
内側に大小のポケットを備え、
たっぷりマチで収納力もマル。

HOW TO MAKE ▶ P.68

No. 16

# フラップ付きのツートーンバッグ

No.15と同様にPVCマチに、
フラップをつけたバッグ。
正面から見るとツートーンカラーの
デザインが魅力です。
B5サイズの書類が
平置きできてしまうほどの大容量。
1泊旅行の荷物も十分入ります。

HOW TO MAKE ▶ P.74

背面はワントーン。サイドのマチを折り込むとボストンバッグ風なフォルムに。

参考作品。No.15のサイズでフラップ付きにしたバッグ。
※材料や作り方は掲載していません。

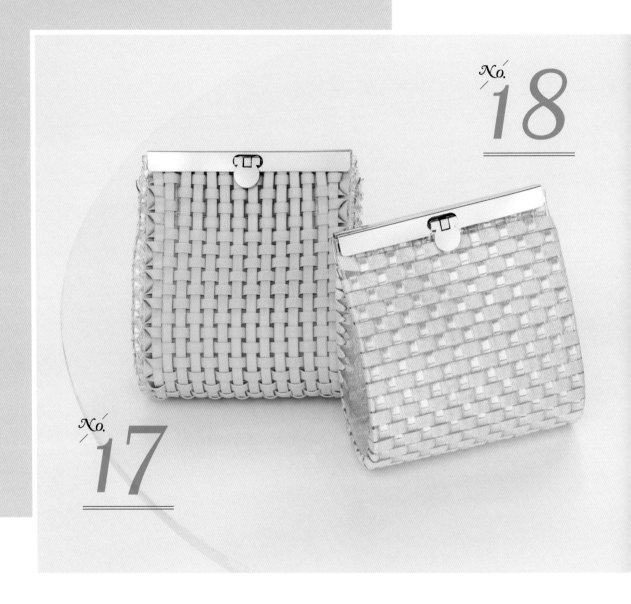

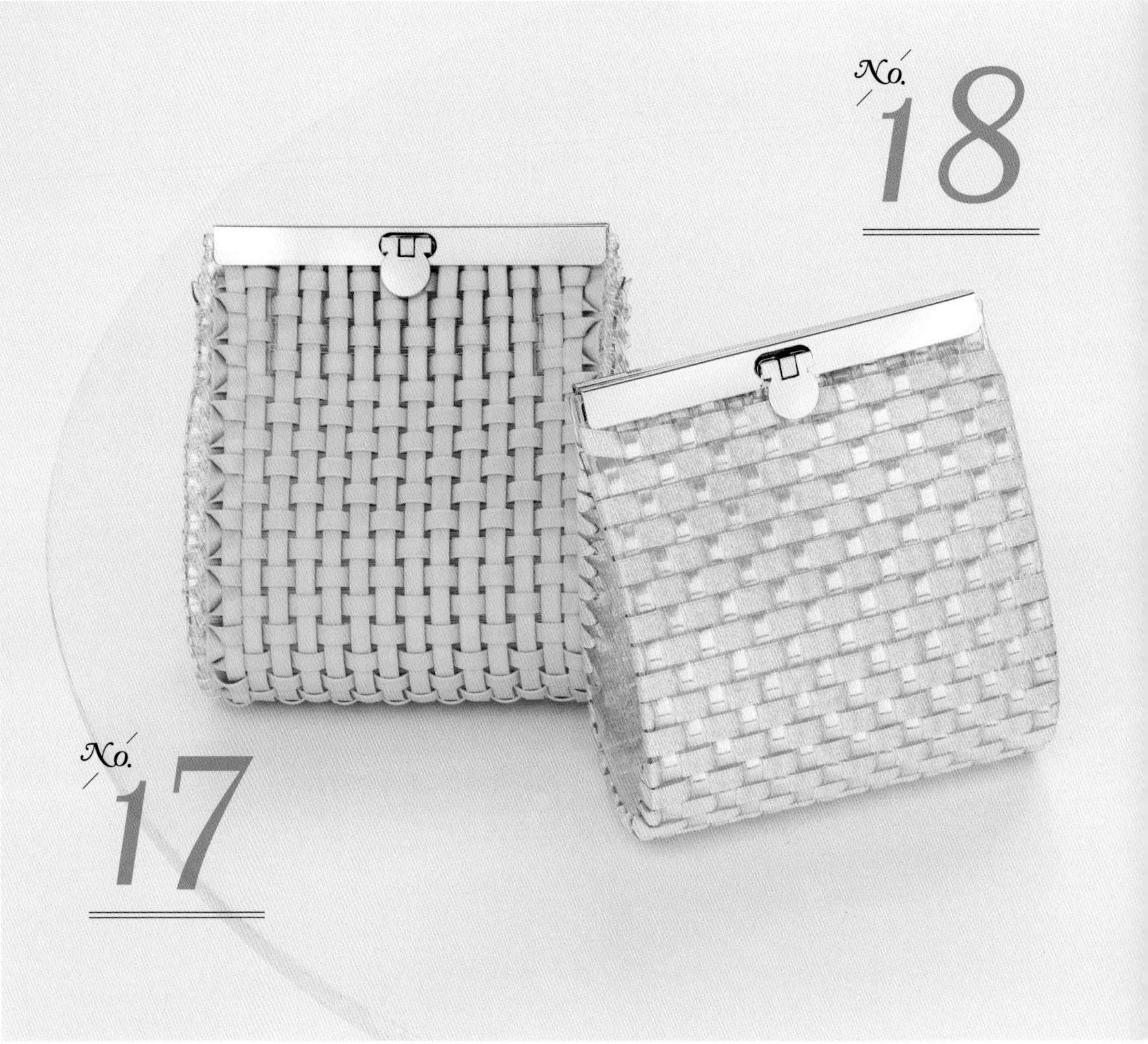


# ポーチ

携帯用のメイク用品や
USBメモリなどのガジェット入れなどのほか、
お財布としても使えるサイズ感。
バッグとお揃いにするのもいい。
テープが7m〜13mほどあれば作れます。

HOW TO MAKE ▶ P.78

# How to make

## 各作品の材料について

ラ メルヘン・テープは塩化ビニルの性質上、気温の低い冬場などには硬くなることがあります。暖かいところで作業するか、温風のドライヤーを当てると扱いやすくなります。

仮どめ用のテープは材料外です。本体用のテープの準備をしてから、残りなどを利用してください。

ラ メルヘン・テープは、色やレザー調などの加工法によって必要な長さが変わることがあります。

材料で［155/㋱］などと記載があるものは、商品番号とメーカー名です。問い合わせ先は80ページを参照してください。

- ㋱ — メルヘンアート株式会社
- ㋩ — ハマナカ株式会社
- ㋑ — INAZUMA（植村株式会社）
- ㋕ — カンダ手芸（神田商事株式会社）
- ㊎ — 銀河工房
- Ⓚ — Kirarina
- Ⓜ — 手作り工房 MY mama
- ㋒ — ユザワヤ商事株式会社

一部の作品には材料キットの販売があります。問い合わせ先は80ページを参照してください。

## 各作品の作り方について

作り方の写真はわかりやすく解説するため、実際の作品とネットやテープの色を変えて紹介している場合があります。

ネットの準備では、必要マス目のサイズで紹介しています。図があるものは、図の通りに切り込み等を入れて準備してください。

金具を取りつける場合は、必要に応じてペンチやドライバーなどの道具をご用意ください。

# 材料と道具

掲載作品はすべて、塩化ビニル製のテープ「ラ メルヘン・テープ」と
ポリエチレン製の「ファインネット」を使います。ここで用意するものを確認しておきましょう。

## ラ メルヘン・テープ

塩化ビニル製の帯状のテープ。本書では主に5mmと3mmを使用。光沢のあるシャイニーカラーやフロストカラーのほか、エナメル、マット、レザー調など光沢や風合い、カラーバリエーションが豊富。㋱

5mm（30m）

3mm（50m）

1.5mm（60m）

3mm（10mパック）

### テープの扱い

ラ メルヘン・テープはカセの状態になっているので、イスの背などにかけ、用尺の長いものからカットしてテープの準備をする。

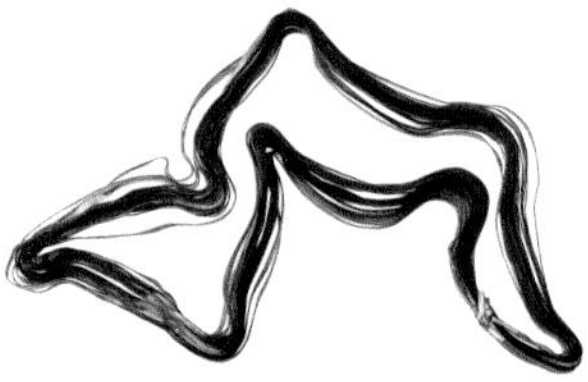

カセの状態

切り寸法の長いテープは蛇腹折りの要領で束ね、輪ゴムでとめて用意するとよい。

## ファインネット

ポリエチレン製のバッグ用成型ネット。ネットのマスにラ メルヘン・テープを通して使う。

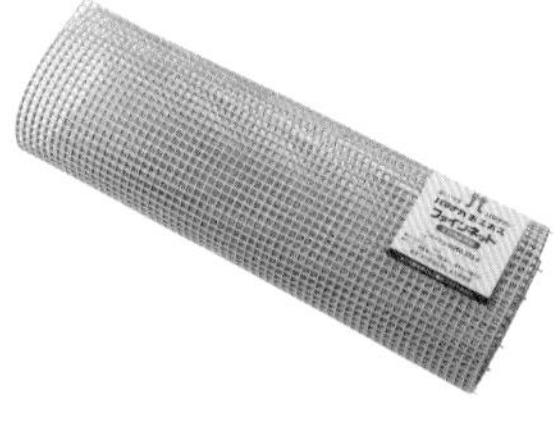

あみあみファインネット。1マス約6mmで1枚61×101マス。㋩

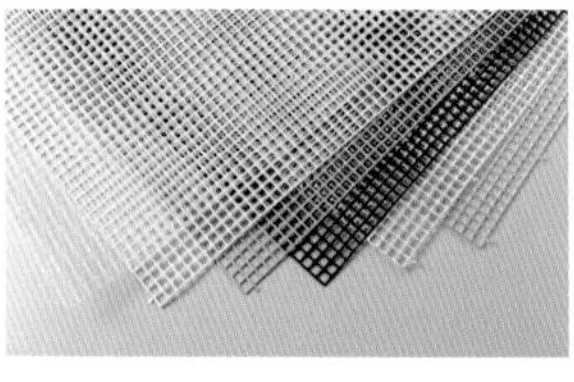

本書で使用したカラー。半透明の白、スノー、ベージュ、黒、銀、金がある。

### ネットのカット

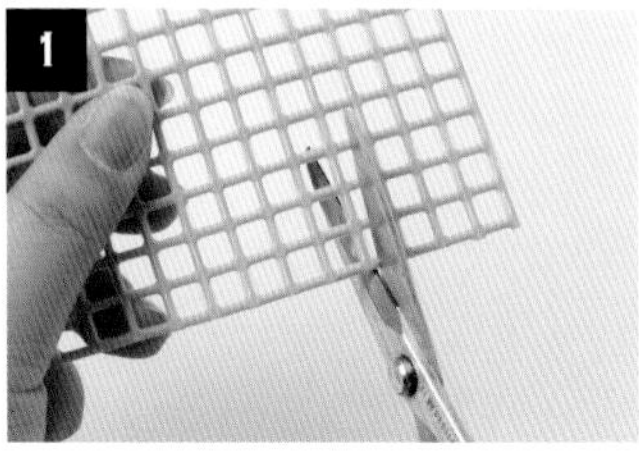

1 必要なマス目分をハサミでカットする。必要なマスの脇をカットすること。

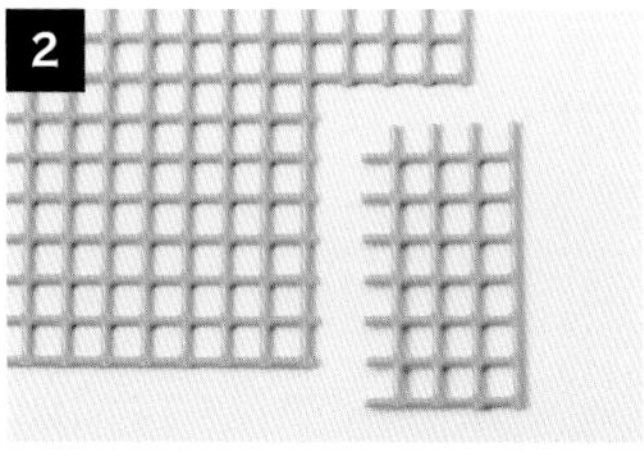

2 切り離したところ。

Point!

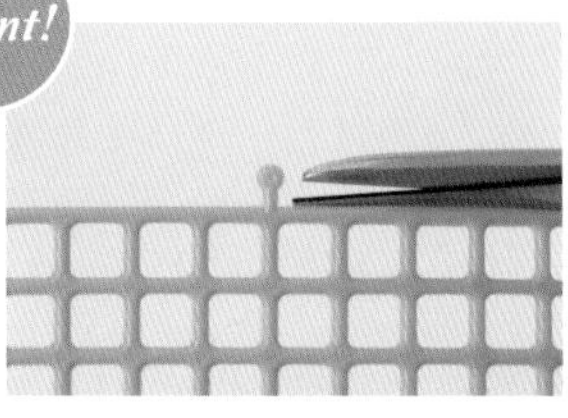

使用するネットは突起が残らないようにカットする。

## 基本の道具

**ハサミ**

テープやネット、接着シートのカットに使う。刃先のとがったクラフト用がおすすめ。

**メジャー**

テープや作品のサイズを測るときに使う。

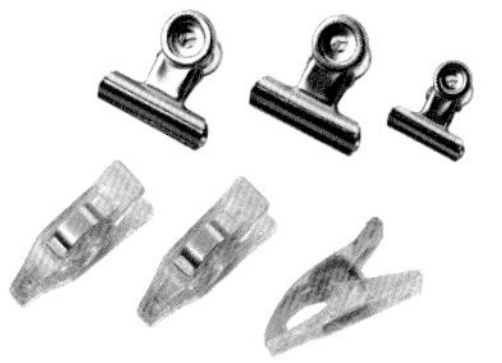

**クリップ**

ネットの組み立てやテープの仮どめに使う。クリップの先が細いものはネットのマス目に入るので便利。

**接着シート**

ラ メルヘン・テープ専用の両面テープ。必要な幅と長さにカットして使う。紙工用ははがれるので不可。㋱

## 始末用の道具

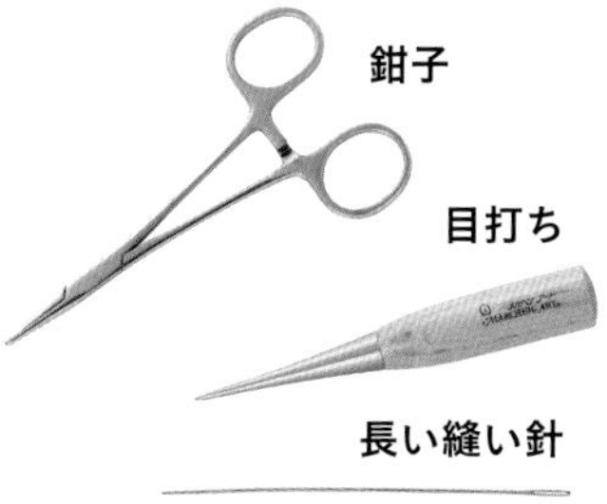


隙間のない場所にテープを通すときに使う。鉗子があると便利だが、目打ちやぬいぐるみ用の長い縫い針などでも代用可能。

## 金具取りつけ用の道具

**ペンチ**

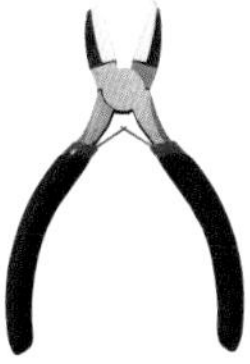

**ソフトタッチペンチ**

**ドライバー**

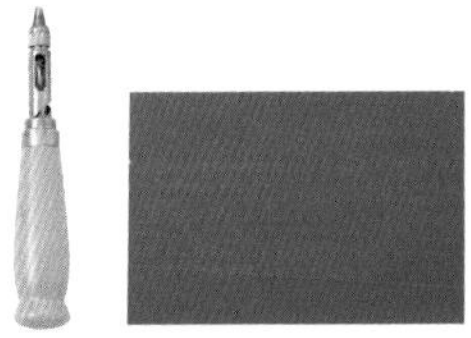

**打ち具セット**

作品に応じてペンチやドライバー、打ち具（ポンチ）などの道具を用意する。金具に傷をつけにくいソフトタッチペンチがあると便利。

## 持ち手・金具類

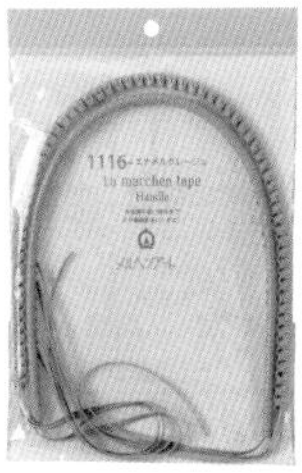

ラ メルヘン・テープでタッチング結びがされている持ち手。好きな色とサイズで作りたい場合の作り方はp.53参照。㋱

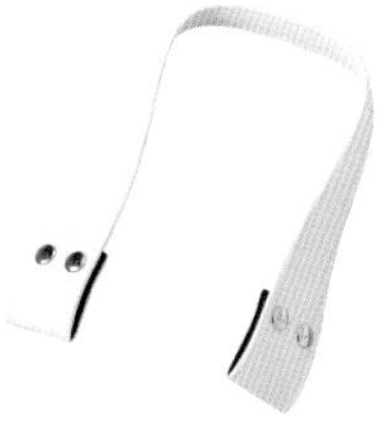

合成皮革の持ち手ベルト。着脱が簡単なホック式。ファインネットのマス目にも収まるサイズ。㋑

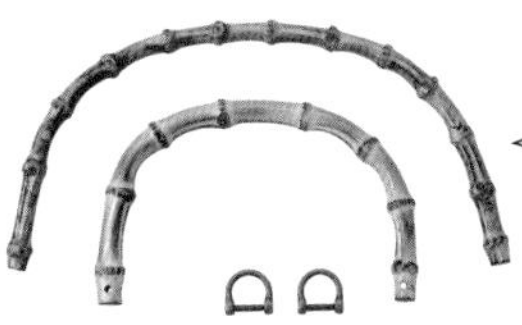

天然素材の竹製持ち手。ネジ付きのDカン（シャックル）で取りつける。㋑

付属のネジを少しゆるめておき、Dカンにハンドルをセットする。ネジを通したら固定する。

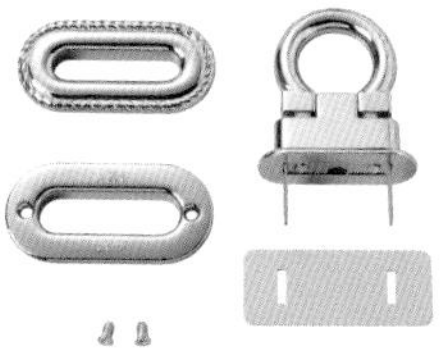

フラップ付きのバッグにつける留め金具。左はフラップに、右は本体につける。Ⓚ

表と裏から嵌め、付属のネジで固定する。

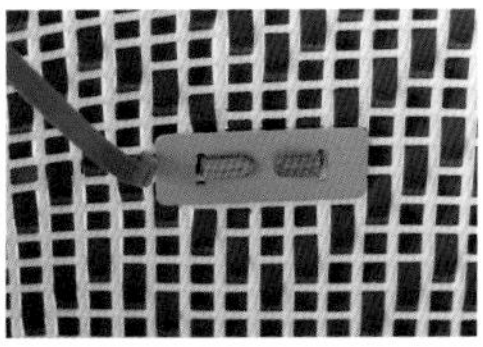

ひねり金具の足を表から差し込み、座金を裏に当てたら足を曲げて固定する。

底鋲。バッグを自立しやすくし、底の汚れ予防にもなる。㋱

# 共通のテクニック

すべての作品に共通するテープの扱い方について紹介します。ここで折り返し方の注意と始末について確認しておきましょう。

## テープの折り返し方

### ❶ ネットの縁で折り返す

ネットの縁でテープを折り返す作品

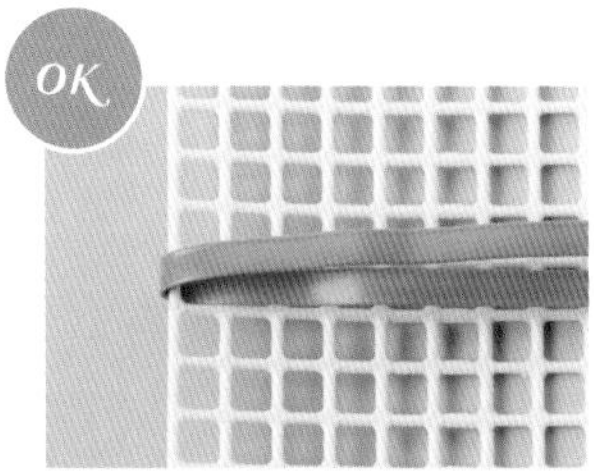


テープが裏返って斜めの山ができる。

テープが裏返っておらず、縁でもたつく。

### ❷ マス目内で折り返す

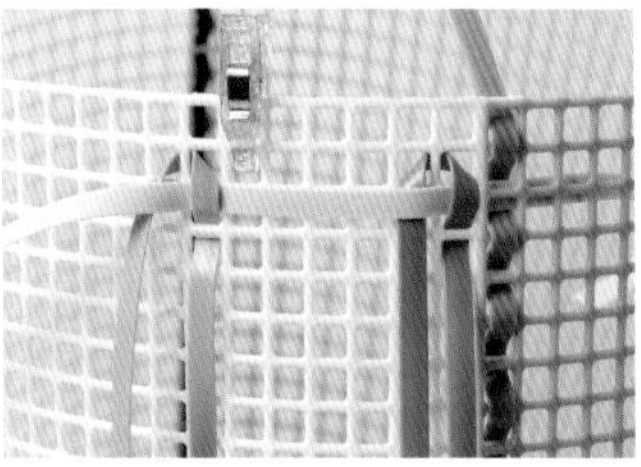

ネットのマス目でテープを折り返す作品

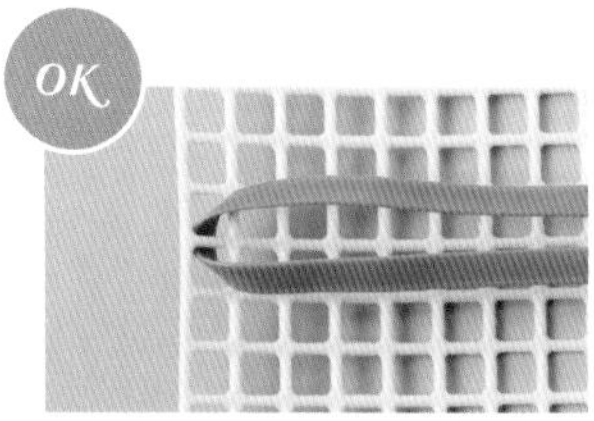


ネットの裏側で折り返す。テープは裏返さず、同じ面で折り返す。

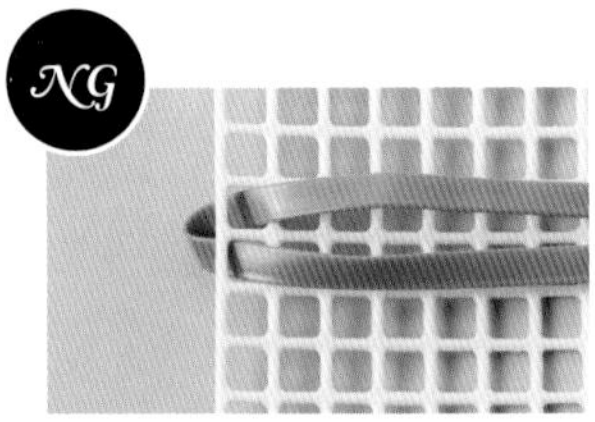


テープが裏返ると、ネットの裏側でもたつく。

## テープの始末

### 底（外側）

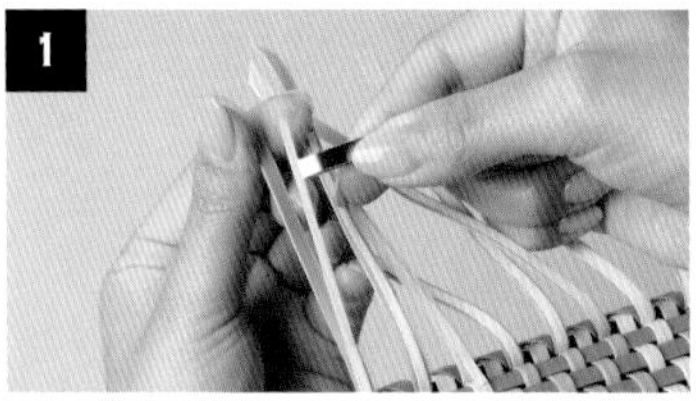


接着シートをテープ幅よりやや狭くカットし、縦のテープに貼る。ピンセットや毛抜きなどを使うときれいに貼れる。

接着シートの剥離紙をはがし、テープの上に貼り合わせながら通す。テープの先端は斜めにカットし、とじ針などで隙間をあけると通しやすい。

通し終えたら、余分のテープをカットする。

※テープ端のカットでは、切ったテープが飛びやすいので注意してください。

### 底（内側）

内側に通した縦のテープ端は、通したネットのキワから5mmほど残してカットする。

### 側面・縁

通し終えたテープは内側で縦方向に数マス通して始末する。始末するテープが多い場合は重ならないようにずらして通す。

**Advice**

テープの寸法は余裕をもった長さで紹介しています。始末しやすい長さ（15cm程度）にカットしてから作業するようにしましょう。

## 結び方

### タッチング結び

**1**

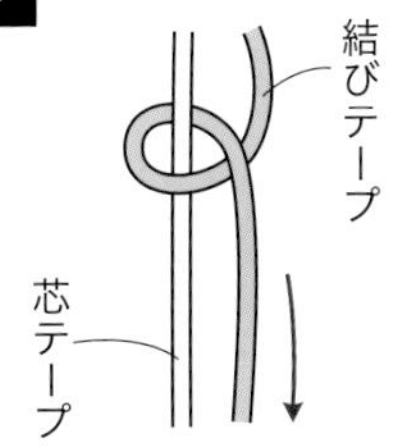


結びテープを芯テープに右から巻き、上から下にかけ、引き締める。

**2**

続けて芯テープの下から上にかけ、引き締める。

**3**

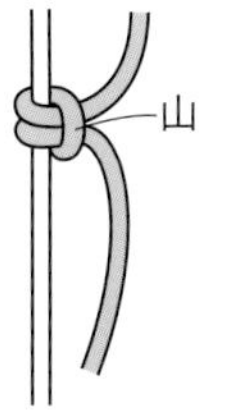


引き締めたところ。右に結びテープの山ができる。タッチング結び1回できたところ。

**4**

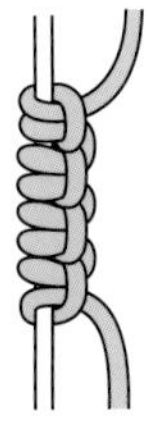

[**1**]、[**2**] を繰り返す。結ぶときはしっかり引き締め、隙間のないようにする。テープがねじれないように注意。

### 平結び

**1**

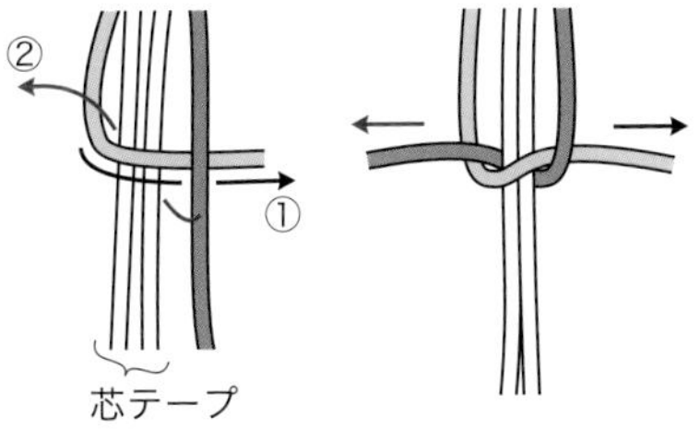


左右の結びテープ2本のうち左側の結びテープから①、②の順に交差させる。結びテープを左右に引く。

**2**

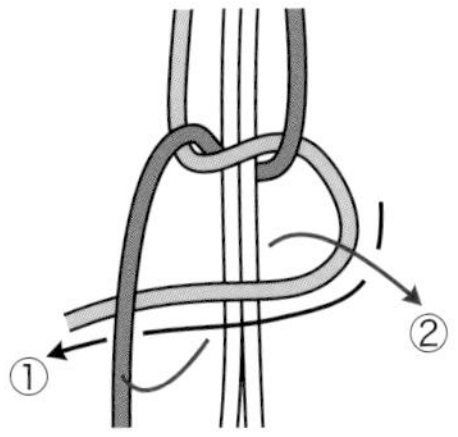


右側の結びテープから①、②の順に交差させる。

**3**

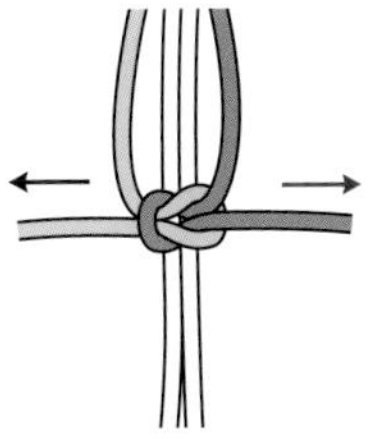

結びテープを左右に引く。平結びが1回できたところ。

**4**

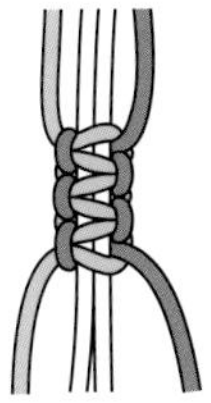

[**1**] ～ [**3**] を繰り返す。テープがねじれないように注意。

### 四つ組み

**1**

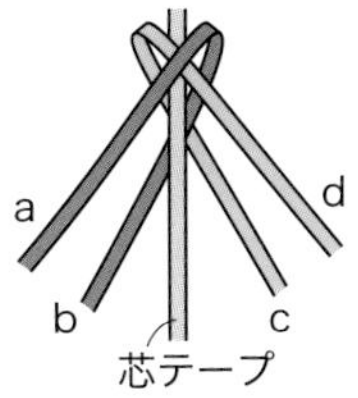


2本のテープをそれぞれ二つ折りにし、4本で組んでいく。

**2**

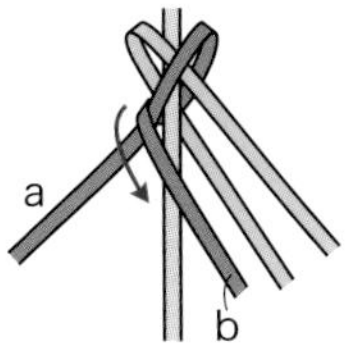


bを外側から折り返す。

**3**

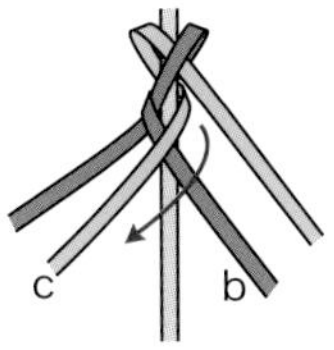


cをbと交差させるように折り返す。

**4**

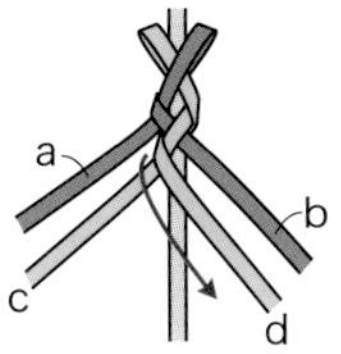


d(右端)を後ろからaとcの間から出し、テープを折り返す。

**5**

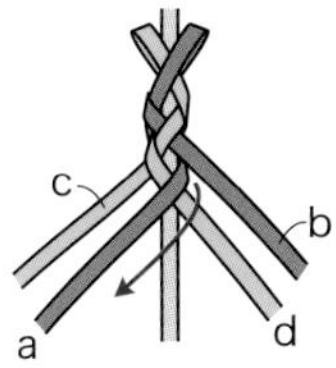


a(左端)を後ろからbとdの間から出し、テープを折り返す。[**4**][**5**] のように右端のテープ、左端のテープを交互に繰り返して組む。

No. 01 02

# ラティスウィーヴの A4 トート

**PH**／ p.4
**SIZE**／ W32 × H25 × D9cm

**MEMO** ネットの組み立てからラティスウィーヴの通し方など共通テクをここで詳しく解説します。

## 材 料

**No.1**（ピンク系）
ラ メルヘン・テープ（5mm幅）
……パウダーピンク［155/㋱］1束
……フロストシルバー［169/㋱］1束
……シルバー［094/㋱］1束
ラ メルヘン・テープ（3mm幅･10m）
……パウダーピンク［120/㋱］2束
あみあみファインネット……白［㋩］1枚
タッセル用丸カン……シルバー（内径14mm）1個
パヴェリング……シルバー（内径14.5mm）1個

**No.2**（シルバー系）
ラ メルヘン・テープ（5mm幅）
……レーシーシルバー［184/㋱］1束
……フロストシルバー［169/㋱］1束
……シルバー［094/㋱］1束
ラ メルヘン・テープ（3mm幅･10m）
……シルバー［091/㋱］2束
あみあみファインネット……銀［㋩］1枚
タッセル用カツラ……シルバー（内径14mm）［Ⓚ］1個

**共通**（タッセル取りつけ用）
丸カン……シルバー（直径18mm・12mm）各1個
チェーン……カニカン・リング付き（16cm）1個

## ネットの準備

側面　幅55マス×33マス……2枚
底　　幅43マス×11マス……1枚

## テープの準備

①脇縦……B275cm × 4本
②縦……A75cm × 32本、C75cm × 10本
③横……C1360cm × 1本、B1360cm × 1本
④底……B360cm × 1本
⑤飾り……A600cm × 1本
⑥持ち手芯……C170cm × 2本
⑦結び（3mm）……400cm × 4本
⑧始末（3mm）……95cm × 1本
※A〜Cは色の種類。配色表参照。
※指定外はすべて5mmテープを使用。
※仮どめ用に、底用80cm × 2本、脇用40cm × 2本用意する。
※⑧は省いてもよい。
※タッセル用のテープは作り方（p.32、p.37）参照。本体用をカット後の残りを使用する。

## 配色表

| | No.1 | No.2 |
|---|---|---|
| A | パウダーピンク | レーシーシルバー |
| B | シルバー | |
| C | フロストシルバー | |

## 作り方

### ネットを組み立てる

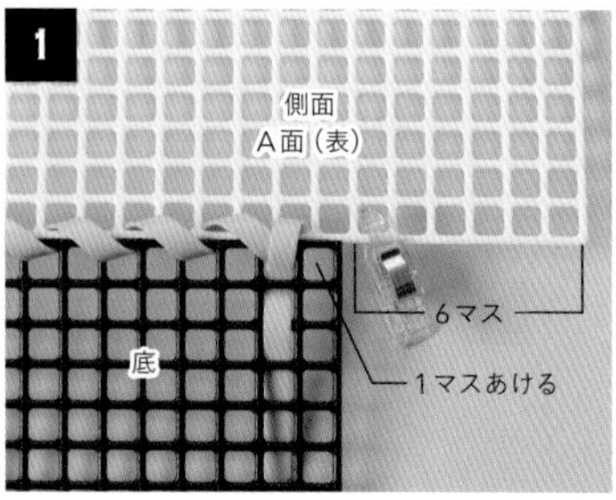


側面のネット、端から6マスあけて底のネットを合わせる。底のネットの端から1マスあけて、底用の仮どめテープを写真のように1マスとばして斜めに巻く。

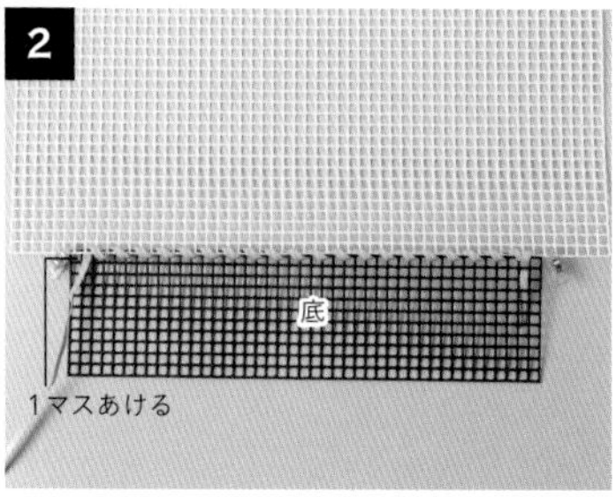


巻き終わり。底のネットの端を1マスあけ、休ませておく。

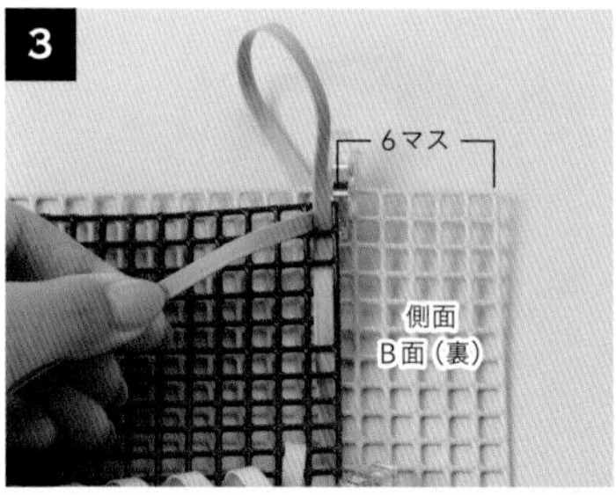


もう1枚の側面のネットも同様に6マスあけて底と合わせて仮どめテープで巻く。ただし、底のネットの端から（1マスあけずに）巻く。

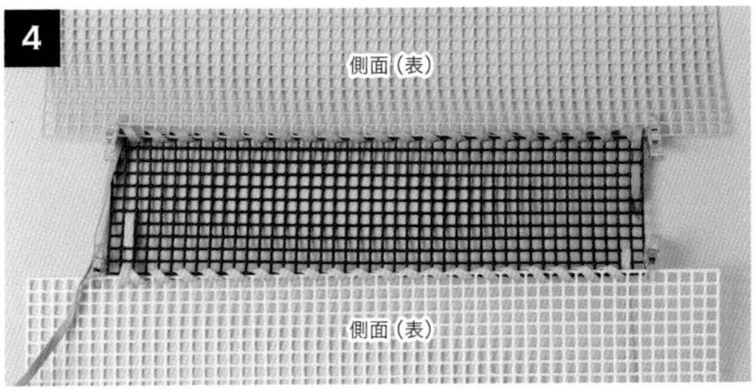


巻いたところ。側面と底をつなげた仮どめのループは、同じ列（縦のライン）で見たときに1マスずれている（一方はマスをとばしているが、もう一方はマスを通している）ことがポイント。

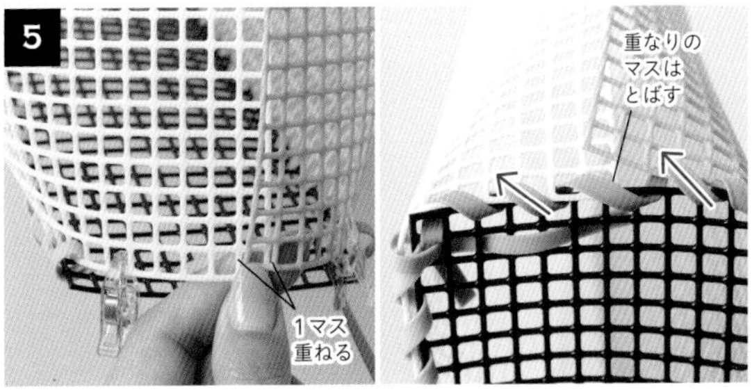


側面のネットを立ち上げ、脇で1マス分重ねる。右側のネットを上にする。仮どめテープで、斜めに巻く。ただし、重なりのマスはとばしておく。

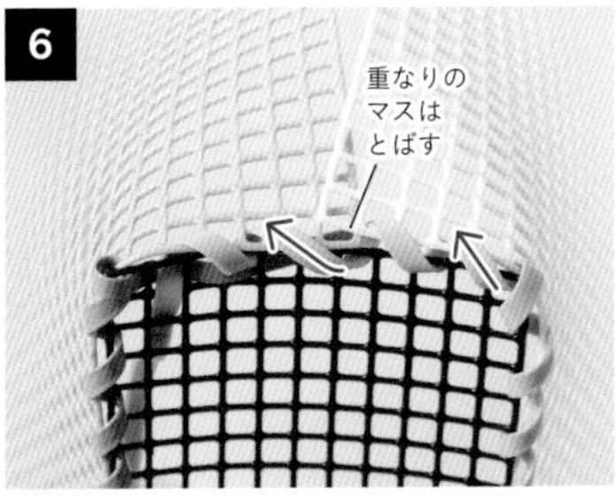


反対側も同様に1マス分重ね、写真のように斜めに巻く。

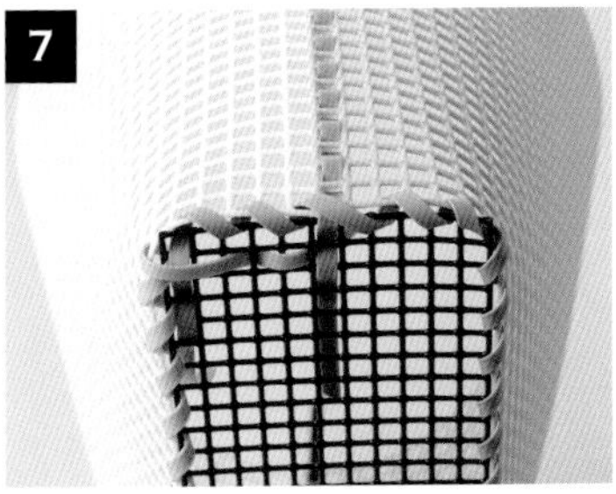


脇用の仮どめテープで、脇を仮どめする。底の中心と脇の中心がずれないように通す。

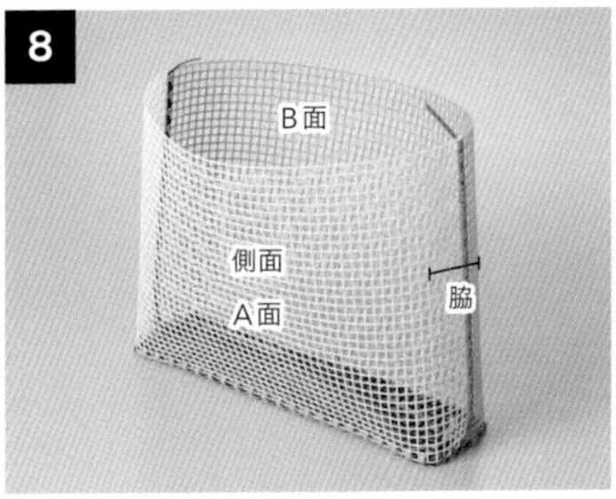


反対側の脇も同様にする。

## 側面にテープを通す

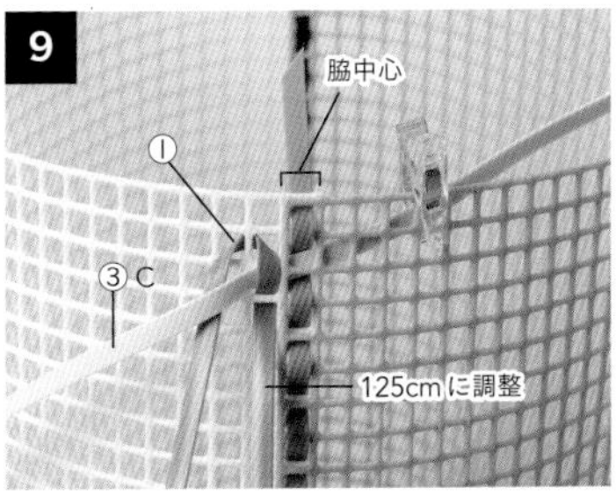


①脇縦1本を上から2段め、脇中心から1列左に通し、脇中心側を125 cmに調整して折り返す。③横Cを3段めにセットし、①の右側で③Cを押さえるようにネットに通す。

**Point!**

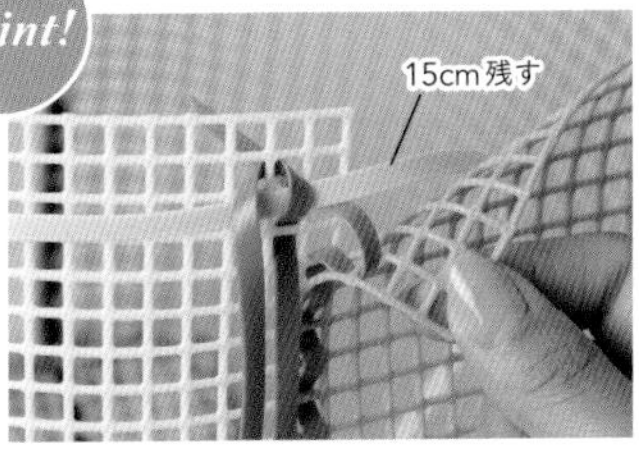


③は側面のネットの間に通し、テープ端は始末用に15 cm出しておく。③はネットに通さない。

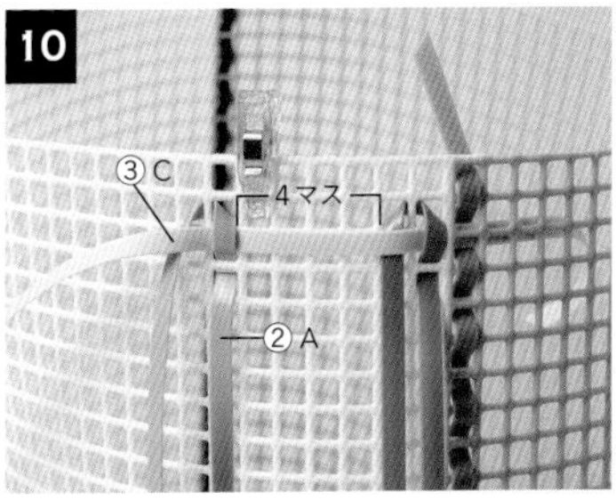


②縦Aを[**9**]から左に4マスあけ、均等な長さで二つ折りしてネットに通す。③Cを横に渡し、写真のように（②Aの右側で③Cを押さえるようにネットに通して）固定する。

**Check!**

②Aは側面（A面）から見ると角から1マスあいた位置にセットされていること。

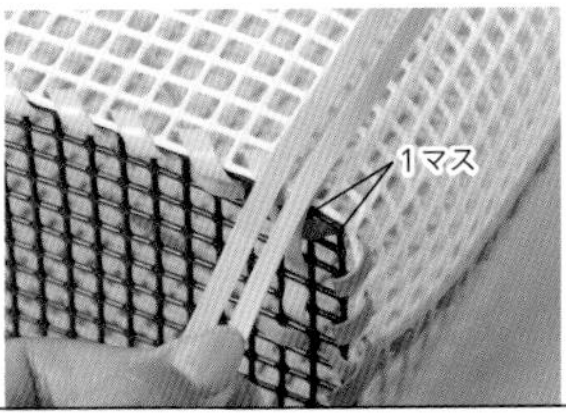


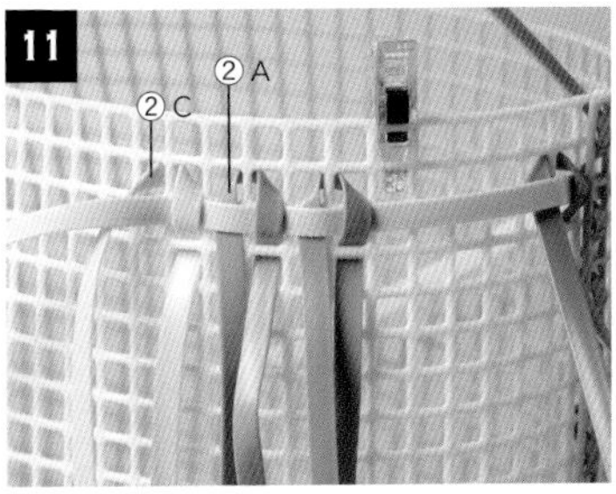


②A、②Cを二つ折りしてネットに通し、[**10**]と同様に③Cを渡し、固定していく。③はネットには通さない。

**Point!**

③横のテープは長いので、蛇腹折りの要領で束ね、輪ゴムでとめて用意する。テープ出しがスムーズになる。

**12**

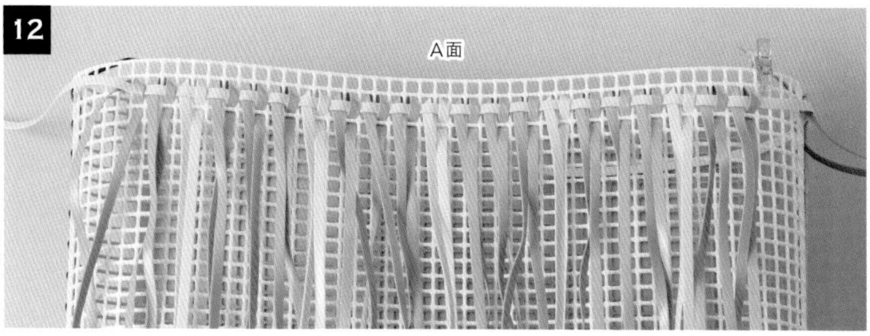


②A16本、②C5本を③Cを渡しながら写真のようにセットする（A2本、C1本、A3本、C1本、A3本、C1本、A3本、C1本、A3本、C1本、A2本）。→A面

**13**

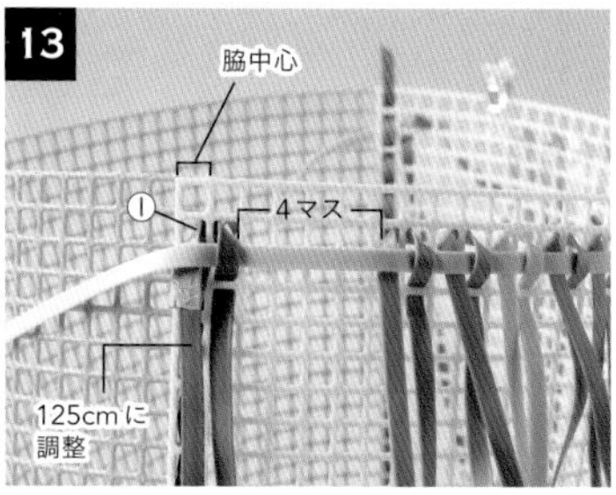


①1本を②Aから左へ4マスあけてネットに通し、脇中心側のテープを125cmに調整する。

**14**

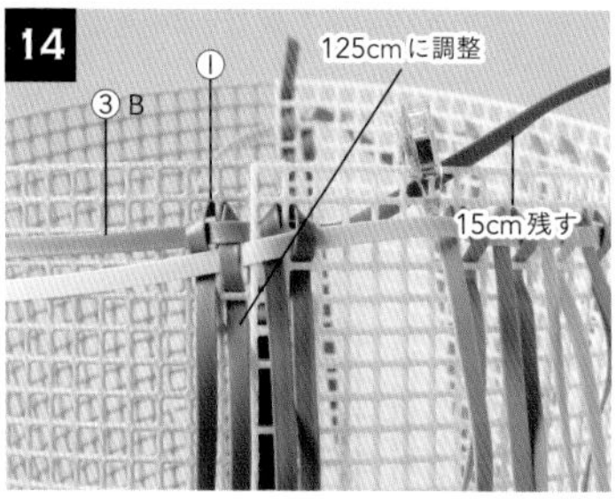


さらに①1本を左に通し、脇中心側を125cmに調整する。③横Bを3段めにセットし、①の左側で③Bを押さえるようにネットに通す。A面とは③を押さえる向きが変わるので注意。③Cは①の右側で押さえる。

**15**

②縦Aを［**14**］から左へ4マスあけて通す。③Bを横に渡して固定する。③Bは上から3段め、③Cは4段めになる。②A2本、②C1本をセットして③B③Cを固定したところ。

**16**

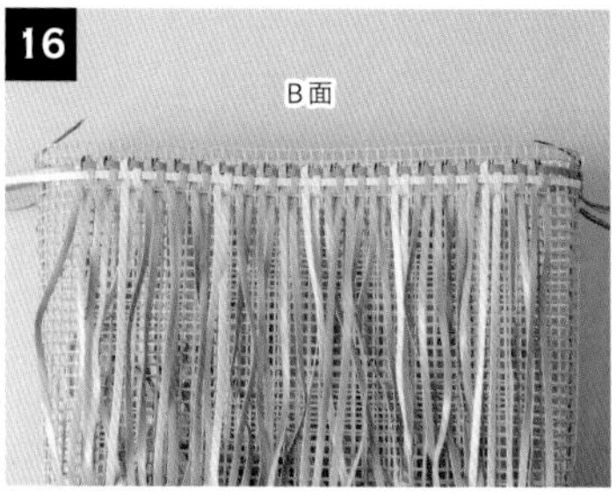


②A16本、②C5本を［**12**］と同様に、③B、③Cを渡しながら通す。→B面

**17**

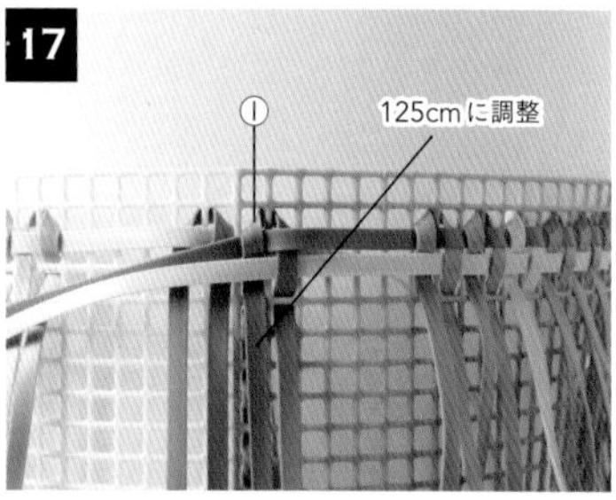


残りの①1本を②Aから左へ4マスあけてネットに通し、脇中心側のテープが125 cmになるように調整する。

**18**

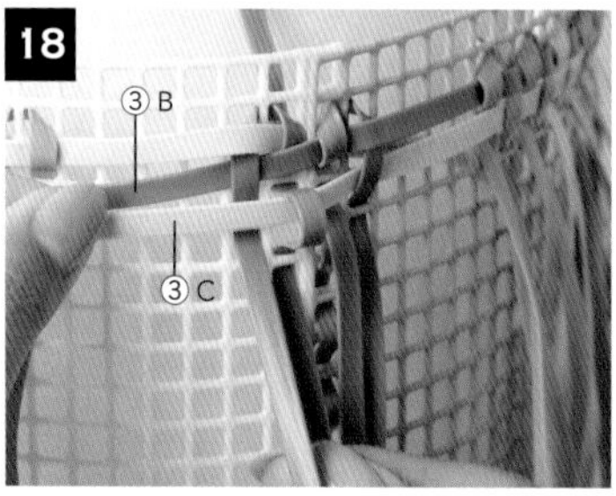


③B、③Cの2本を［**9**］～［**17**］でセットした縦のテープで側面に固定していく。

**19**

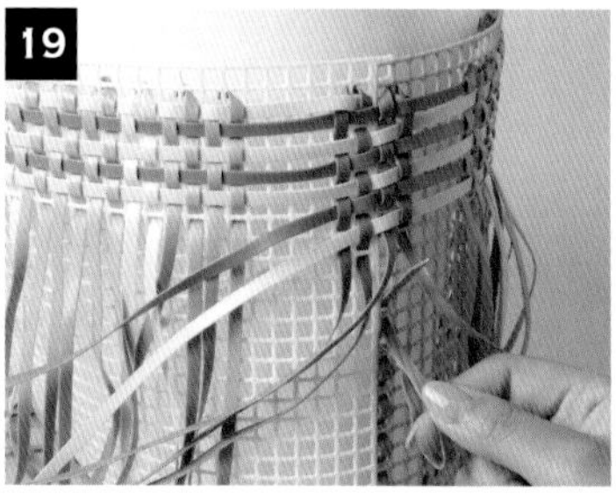

縦のテープで固定しながら、ぐるぐると③B、③Cを渡す。ネットを仮どめしていた脇用のテープは適宜外す。

**Point!**

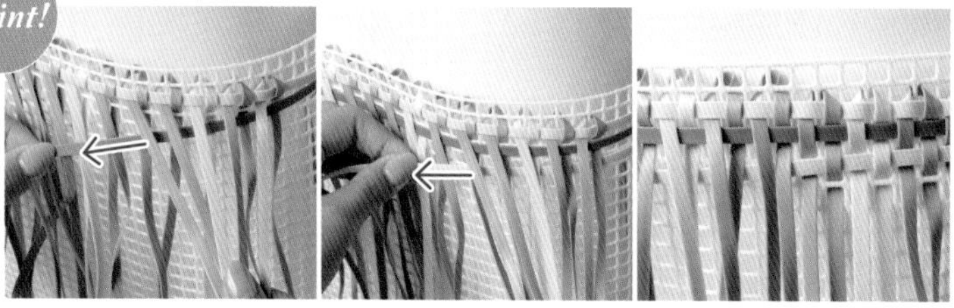

縦のテープの左下に③Bを（写真左）、右下に③Cを渡してから（写真中央）、縦のテープをネットに通して③B、③Cを固定するとよい。

**20**

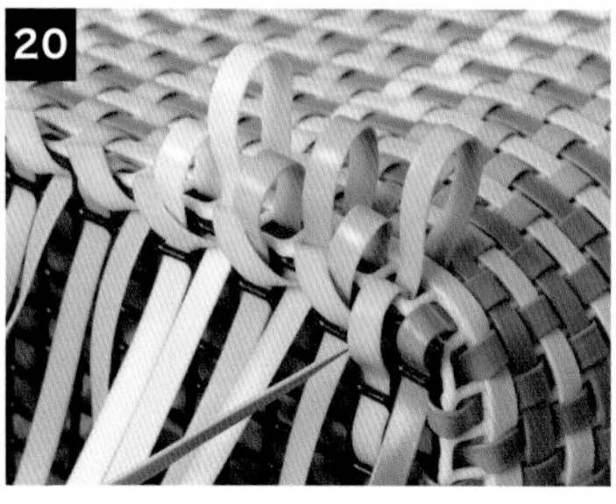

最終段を固定するときは縦のテープを底に出す。仮どめがネットに通っている列はネットの内側から底に出す。仮どめが通っていない列は、側面と底のネットをまたぎ、ループの下を通して、底の次のマスに出す。

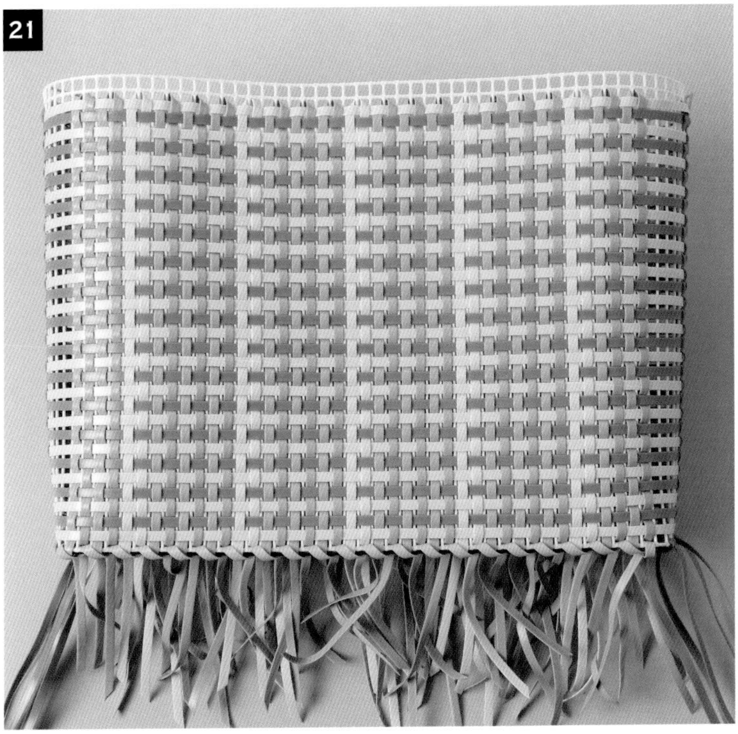


③B、③Cで上から31段分通したところ。③B、③Cはそれぞれ両脇で渡し終わる。[**22**]・[**23**]、[**31**] 参照。側面の縦テープは底に出す。

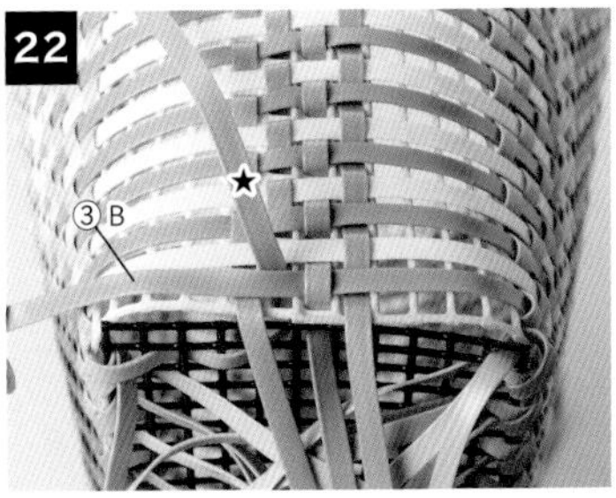


③Bの渡し終わり。①（写真★）は下から2段めではなく最終段のマス目に出す。

③Bを写真の位置のマスに入れ、底のネットから出し、休ませておく。

## 脇のあきにテープを通す

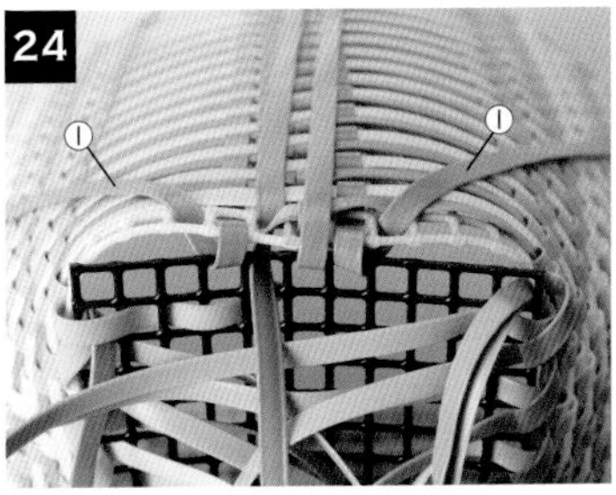


①2本の両端のテープを底のネットに通して、写真のように1マス隣の側面のネットに出す。

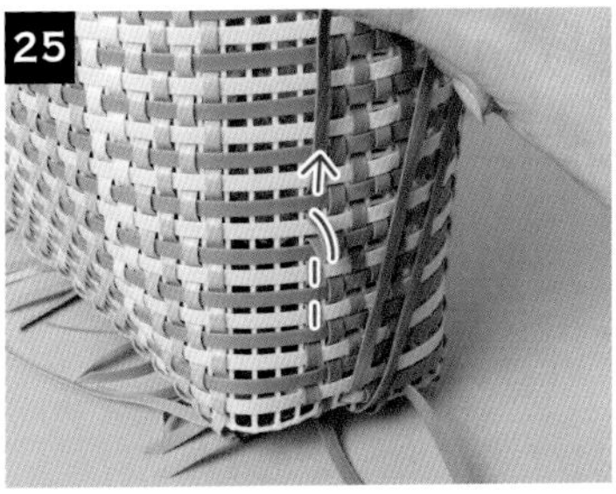


[**24**] のテープで、脇のあいた列をネットに通しながらテープの出方が交互になるように埋めていく。上へ通しているところ。

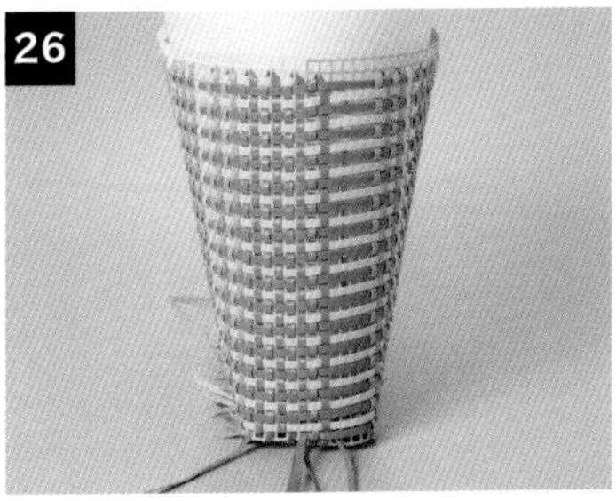


上から2段マスめまで通したら、②の縦と同様に折り返して下へと通し、底のネットにも通してから上へと通す。2往復したところ。

通し終わったら、写真のように底のネットに出しておく。

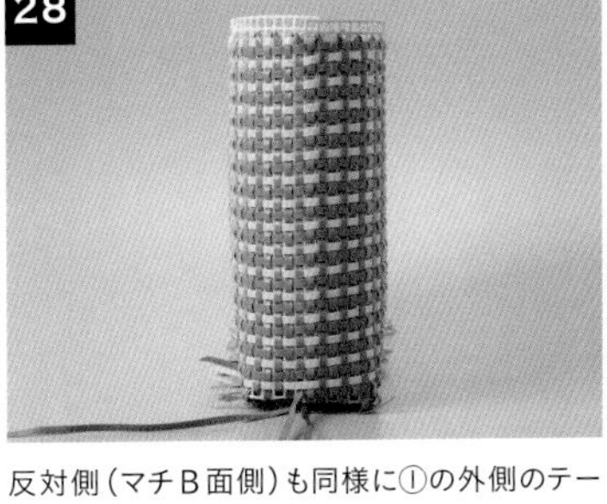


反対側（マチB面側）も同様に①の外側のテープで脇のあいた列を埋める。ただし、通し終わりは内側に入れる（底のネットには出さない）。

①2本の残り（125 cmのテープ）を折り返し、すでに通したテープに重ねて上へと通していく（ネットには通さない）。長い縫い針を通してテープを浮かせると作業しやすい。

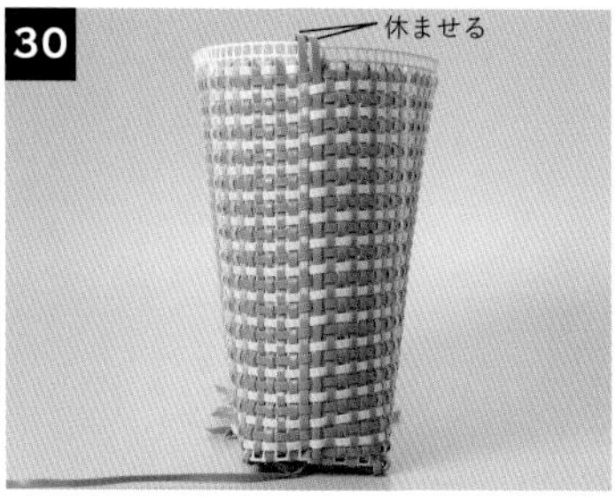


通し終えたら、テープは休ませておく。

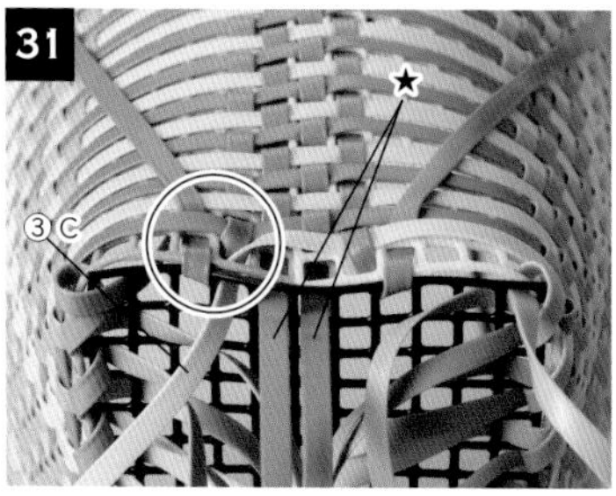


反対側の脇も［**24**］～［**30**］と同様にする。ただし、③Cの渡し終わりは、［**23**］と同じではなく、写真の位置のマスに入れ、①（写真★）は最終段のマス目をとばして底の1マスめに出す。

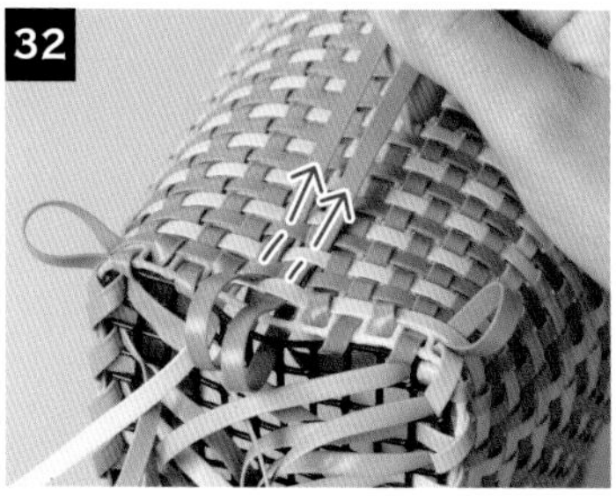


①2本の両側のテープで脇のあいた列を埋め、中心側のテープを折り返して、上へと通しているところ。

通し終えたら、テープは休ませておく。

作品によって右脇［**24**］～［**30**］、左脇［**31**］～［**33**］のテープの出方や折り返しの向きが変わる。

## 底を巻きかがる

⑧始末を側面の最終段に通し、ネットの縁を隠す。1周通したら、接着シートで貼り合わせる。

※ネットの縁が気にならない場合は省いてもよい。

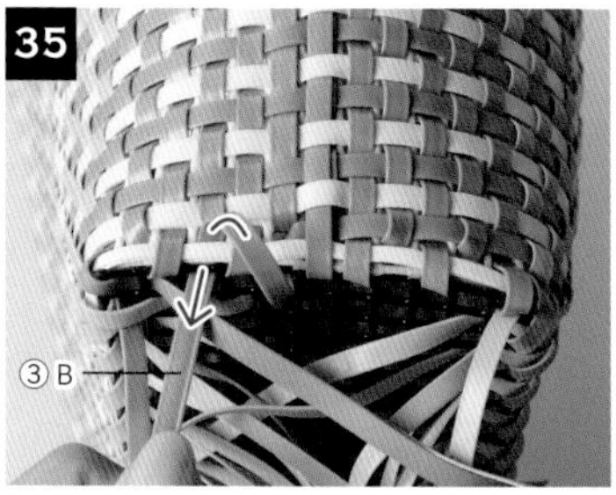


［**23**］で休ませていた③Bで側面と底のネットを1マスとばしで斜めに巻く。

仮どめのテープを外しながら、仮どめと同じ位置に巻く。先に仮どめをすべて外すと作業しづらいので、外しながら巻くとよい。

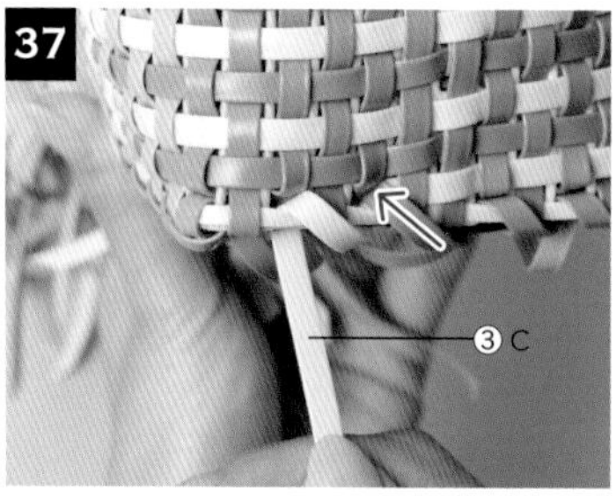


半周巻いたら、③Cの巻き始めのマスに斜めに差し込み、内側で始末する。同様に、③Cで1マスとばしで斜めに半周巻く。

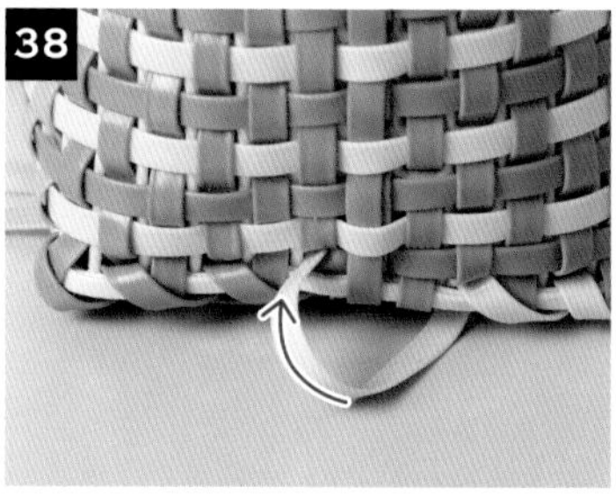


半周巻いたら、巻き終わりは③Bの巻き始めのマスに斜めに差し込む。

## 底にテープを通す

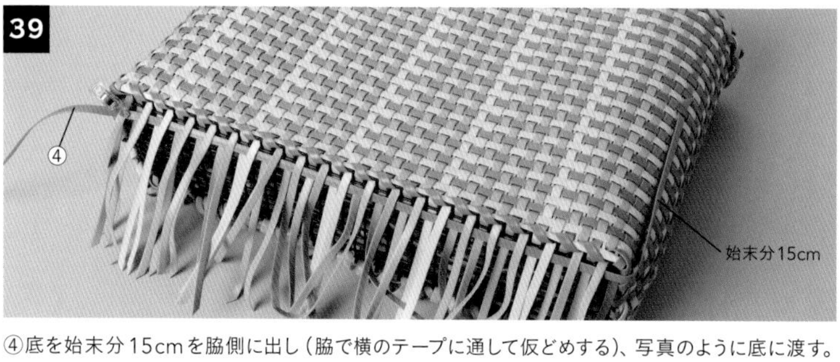


④底を始末分15cmを脇側に出し（脇で横のテープに通して仮どめする）、写真のように底に渡す。

浮いている縦のテープ（底のネット1マスめに出したテープ）の下に④を渡す。

左端まで④を渡したら折り返し、すべての縦のテープの下に渡す。④はネットには通さない。端で折り返す際、テープは少しゆとりを持たせる。

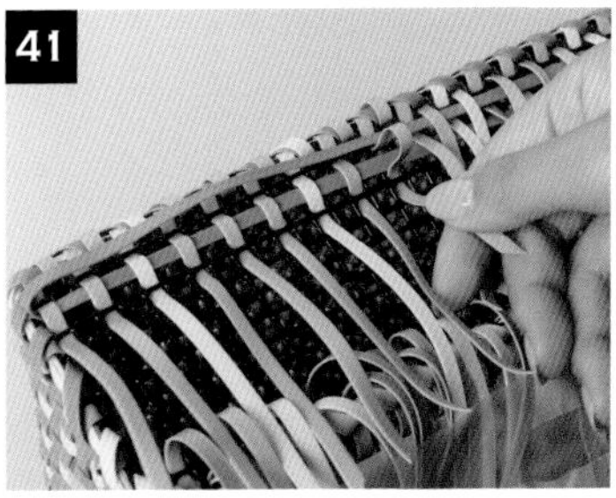


折り返した2列めのテープを縦のテープで1本おきにネットに通して固定する。使うのは[**20**]でループを通した縦テープ。それ以外は側面に折り返し、養生テープなどで仮どめする。

④の2列めを固定したら、折り返し（3列め）、4列めを[**41**]と同様に縦のテープで固定する。

同様に繰り返し、9列めまできたところ。奇数の列は渡すだけ、偶数の列は縦のテープで固定する。

次に反対側（写真手前）の縦のテープで、④の奇数列を固定する。ここもループを通した縦テープを使う。

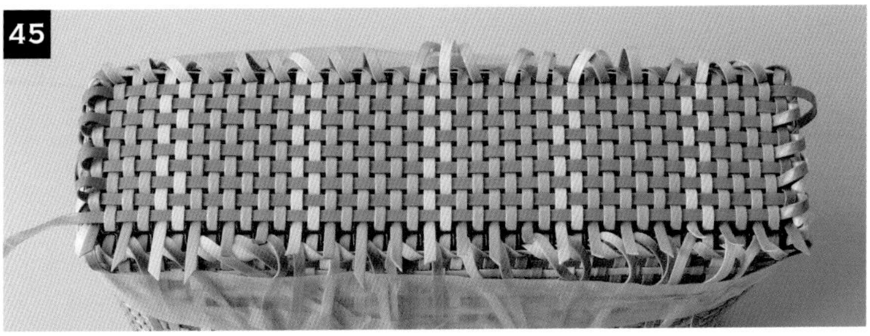


奇数列を固定したところ。

④で10列めを渡し、[**41**]～[**43**]の縦のテープで固定する。

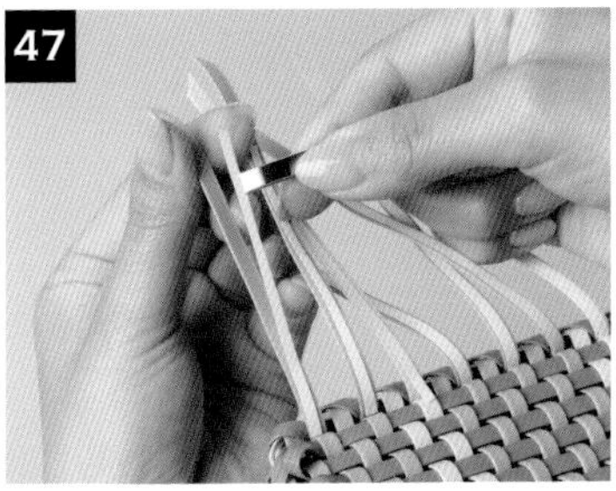


幅3mm×7cm程度に接着シートをカットし、残りの縦のテープ（養生テープなどで仮どめしていたテープ）の内側に貼る。

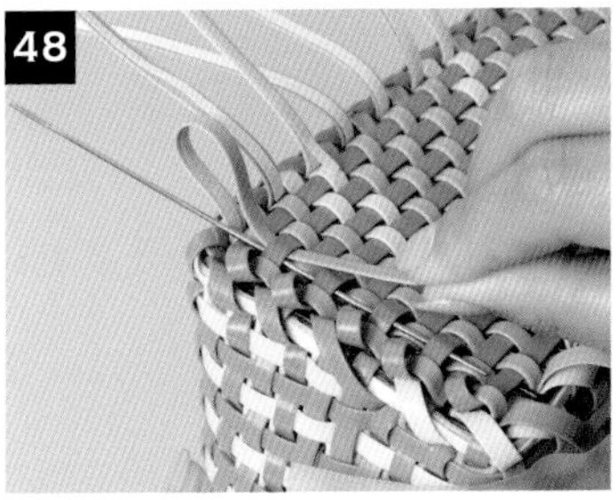


剥離紙をはがしながら底に通したテープ（②）に重ねるように通し、貼り合わせる。長い縫い針などで底のテープ（④）を浮かせるとよい。

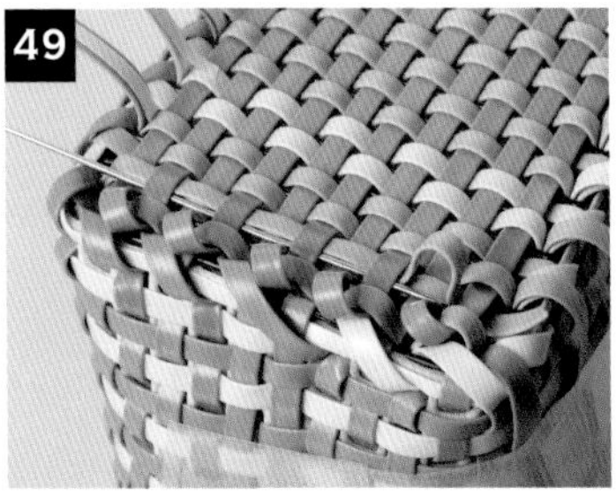


②と④の間を通していくが、通し終わり（最後の列の④の下を通すとき）は、ネットにも通す。

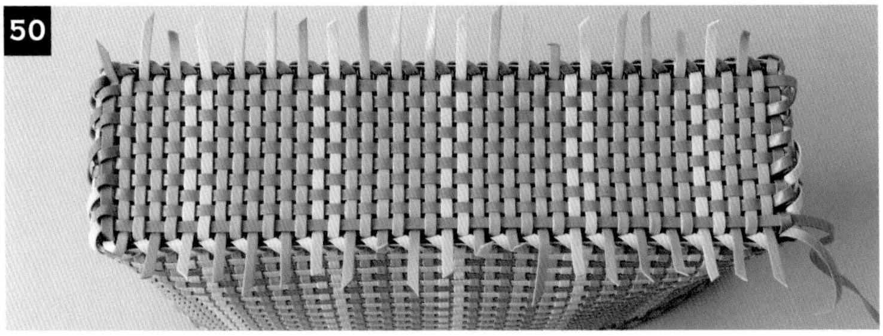


反対側（手前側）も同様に、残りの縦テープに接着シートを貼って通したところ。底はテープが三重に重なる。テープ端は④のキワから5mmほど残してカットする。

④の両端のテープは、底の巻きかがりのテープの間に収まるよう側面のネットに入れ、内側で始末する。

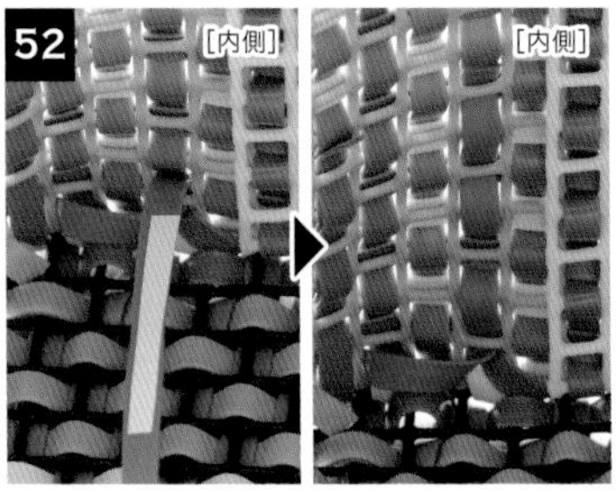


③や④のテープを始末する。内側で一度ネット通してから接着シートを貼る。剥離紙をはがし、数マス分通してテープを貼り合わせ、余分をカットする。

内側に入れた縦のテープ端も④のキワから5mmほど残してカットする。

## 縁飾りをする

⑤飾りをネットの内側に315cmほど残し、脇中心の上から2段めのマスに内側から外に出す。

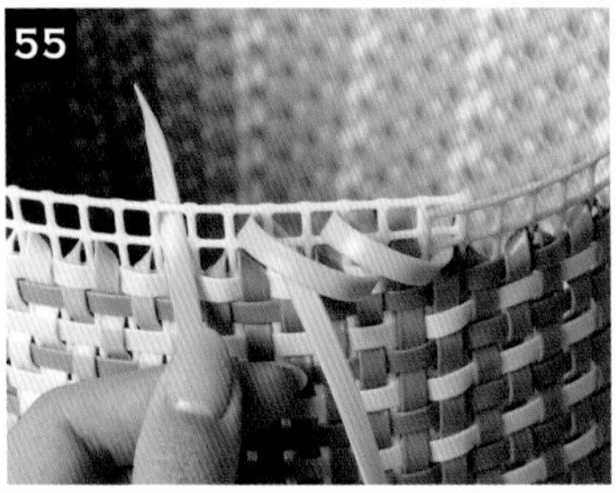


3マス進んだ斜め上（1段め）に入れ、1マス戻って斜め下（2段め）に出す。これを繰り返し、1周する。

※わかりやすいようにテープの色を変えて解説しています。

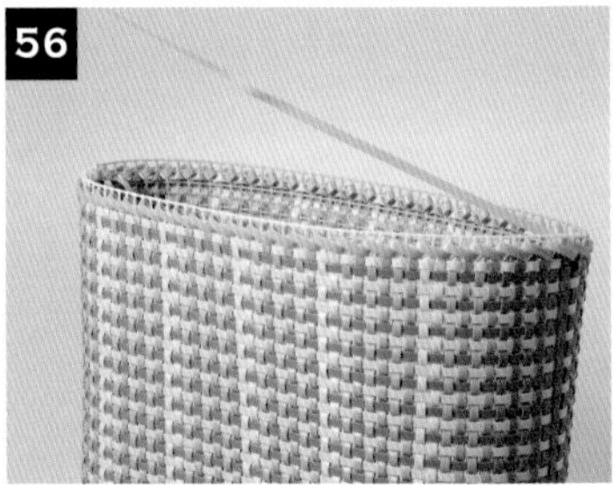


1周したら、端を内側に入れ、休ませる。

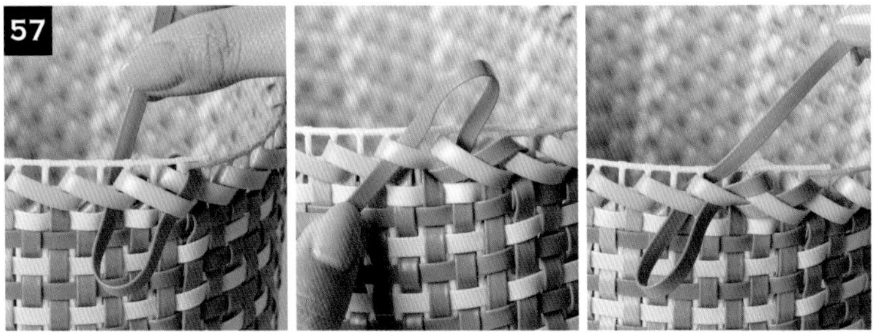


⑤の残り（315 cm分）を1段めに出し、3マス進んだ斜め下（2段め）に入れる。このとき先に通したテープの下を通す。1マス戻って斜め上（1段め）にテープを出す。これを繰り返す。

※わかりやすいように2色のテープで解説していますが、本来は1本の同色のテープです。

1周したところ。

## 縁を巻く

⑤の残りでネットの縁を1マスずつ巻く。左右それぞれで半周ずつ矢印の向きで巻く。

巻き終わりはそれぞれ内側で始末する。
※わかりやすいようにテープの色を変えて解説しています。

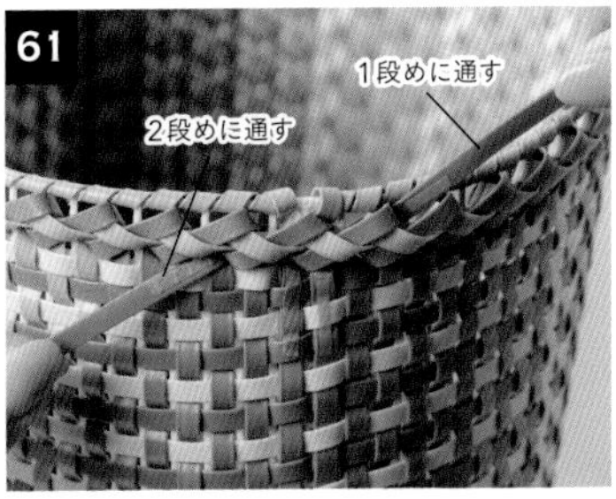


脇中心に通して休ませていた①（[**30**]、[**33**]参照）を写真の位置にそれぞれ出し、1段めと2段めに、ネットの縦ラインを隠すように半周ずつ通す。

1段めに通しているところ。

2段めに通しているところ。

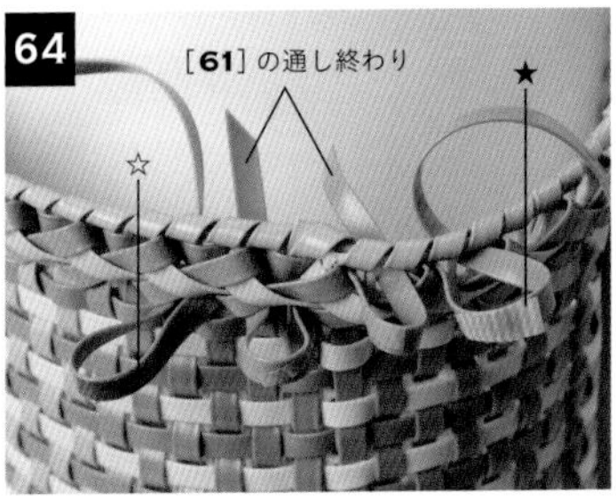


半周通したところ。もう一方の脇で休ませていた①で同様に1段め（★）と2段め（☆）に半周通す。通し終わりはネット裏の縦テープに沿わせて通し、接着シートでとめる。

## 持ち手を作る［平結び］

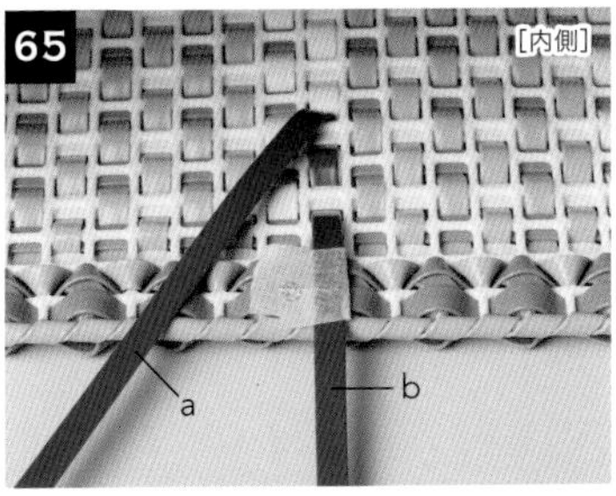


⑥持ち手芯を側面端から14マスめ、上段からネットと横のテープ（③）をすくえる2カ所に通す。aのテープは縁から53 cmの長さになるようにする。

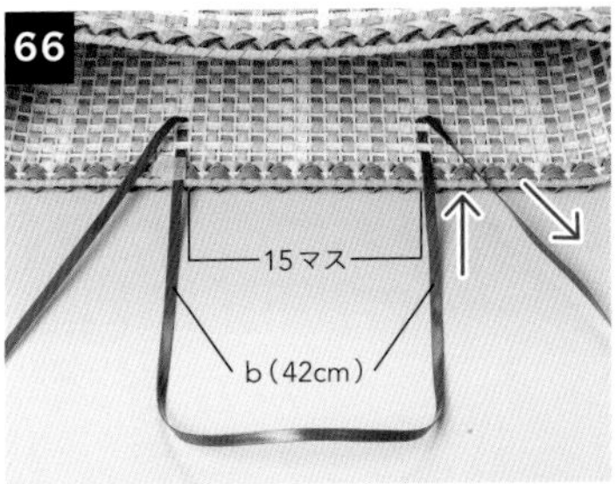


bのテープを縁でマスキングテープで固定し、縁から42 cm分（持ち手分）をとり、もう一方の持ち手つけ位置（端から14マスめ）に通す。

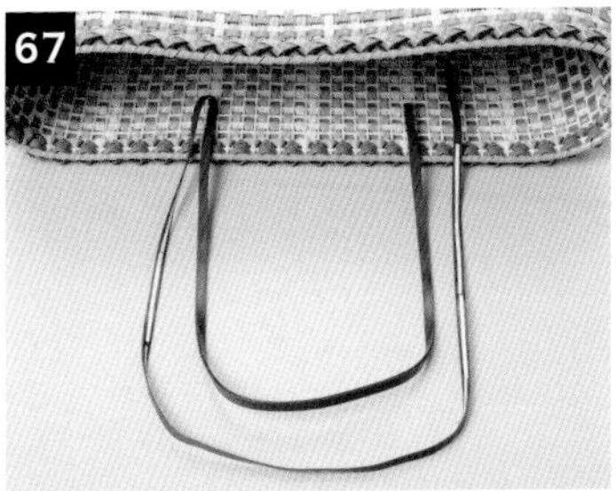


接着シートを貼り、三重になるように貼り合わせる。まずbから貼り、折り返しに合わせて余分を縁でカットする。aもbに重ねて貼る。

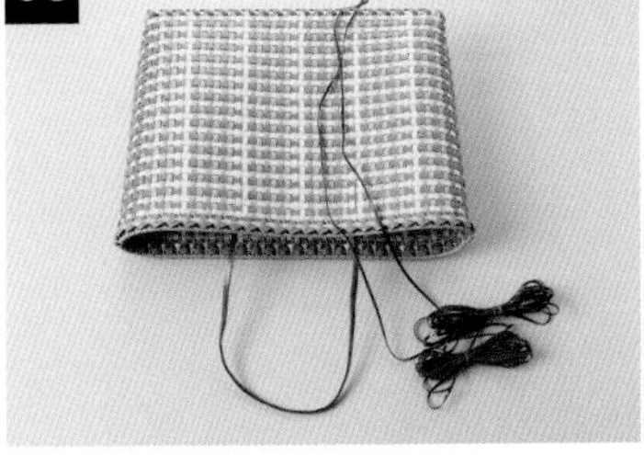


⑦結び2本を用意する。

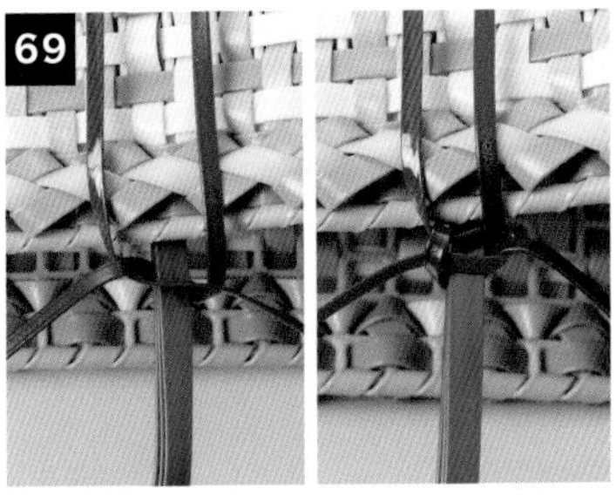


⑥を芯テープとし、⑦で⑥を包みながら平結びをする（結び方はp.23参照）。結び始め（縁）の位置からテープ端を25 cm残してから結び始める。1回結んだところ。

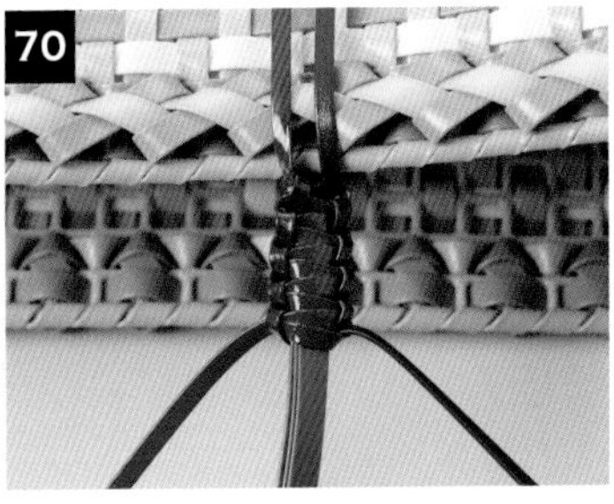


テープがねじれないように気をつけながら持ち手42cm分結ぶ。

持ち手分結んだら⑦を始末する。まずバッグの外側から内側へ縁かがりの下に通す。

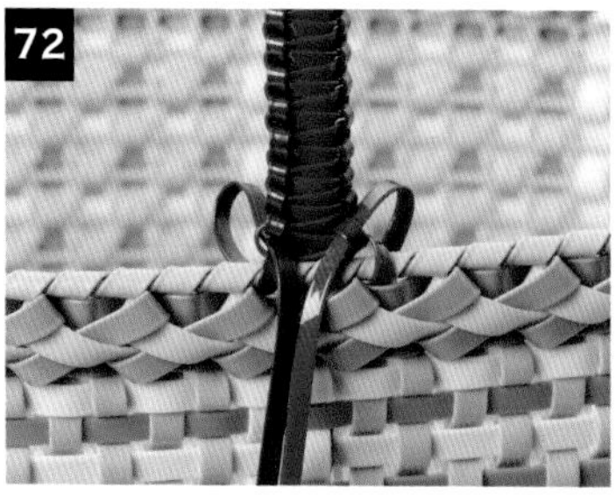

平結びの両側の結び目に通しながら1巻きする。

[**71**]で通したマス、1段めのテープの下に通す。

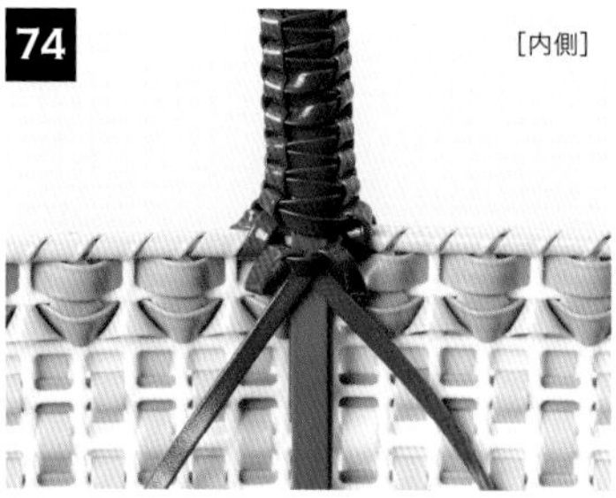

内側に通してきたテープは平結びの中央の結び目に上から通し、交差させて下に出す。

⑥の隣のマスのネットにかけ、交差させて⑥の隣のネットに通す。

⑦を折り上げて交差させ、ネットに通す。交差させたらネットに通し、縦のテープの上に沿わすわせて通す。結び始め側の持ち手も残していた25cm分で同様に始末する。

※面によって交差位置は変わります。

## ▶タッセルをつける場合

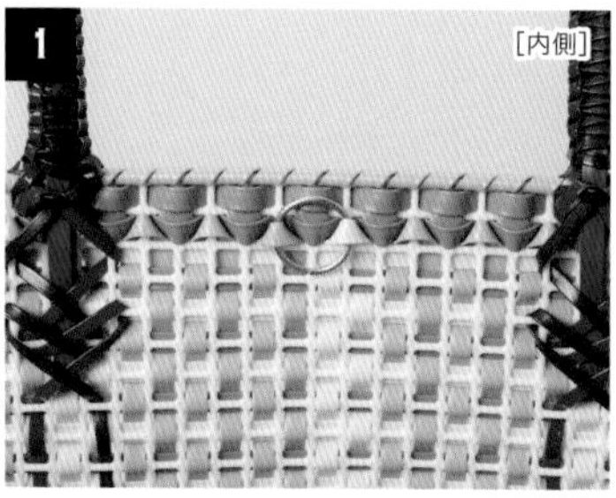

丸カン（直径18 mm）を2段めのテープに通す。

チェーンを丸カンに通し、反対側の正面に出す。チェーンについたカニカンをリングにつなぎ、丸カン（直径12mm）でタッセルにつなぐ。

### 丸カンのタッセル（No.1につけたもの）

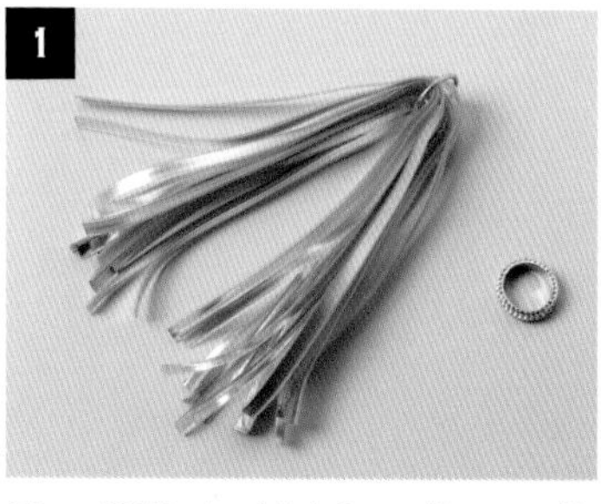

25 cm程度にカットした5 mm幅のテープを約18本、丸カン（内径14 mm）に通して二つ折りにする。

※使用するテープカラーにより本数が変わります。

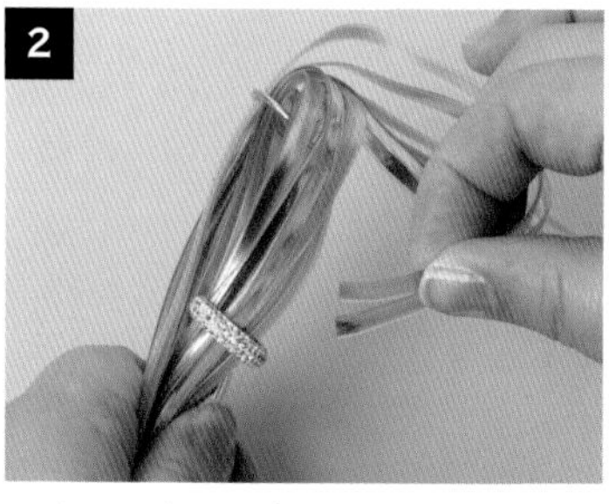

パヴェリングにテープを通す。使用するパヴェリングの内径に合わせて本数を調整する。

パヴェリングが動かないようきつめにテープを通したら、テープ端を揃えてカットする。

No. 03

# ブロックチェックのトート

**PH**／p.5
**SIZE**／W32×H25.5×D10cm

**MEMO** 横のテープの色替えの仕方と四つ組みの持ち手の作り方は、この作品で確認しましょう。

## 材料

ラ メルヘン・テープ（5mm幅）
……マットホワイト［142/㋱］2束
……マットアースブルー［180/㋱］2束
ラ メルヘン・テープ（3mm幅・10m）
……マットホワイト［175/㋱］1束
あみあみファインネット……白［㋩］1枚

## ネットの準備

側面　幅57マス×34マス……2枚
底　幅43マス×13マス……1枚

## テープの準備

①脇縦……（142）275cm×2本、（180）170cm×2本
②縦……（142）80cm×24本、（180）80cm×24本
③横……（142）365cm×2本、（180）365cm×2本
④横……（142）365cm×2本、（180）435cm×2本
⑤底……（142）430cm×1本
⑥飾り……（180）600cm×1本
⑦持ち手芯……（142）130cm×2本
⑧四つ組み……（142）180cm×2本、（180）180cm×2本
⑨持ち手巻き（3mm）……（175）130cm×4本
⑩始末（3mm）……（175）100cm×1本

※指定外はすべて5mmテープを使用。
※仮どめ用に、底用80cm×2本、脇用40cm×2本用意する。
※⑩は省いてもよい。



## 作り方

### ネットを組み立て、側面にテープを通す

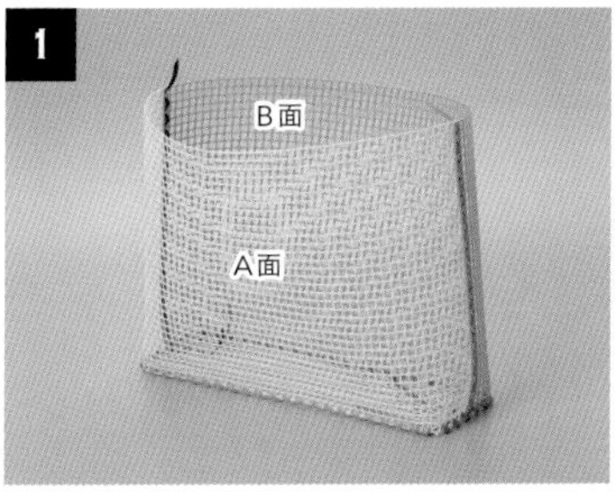


No.1［**1**］～［**8**］を参考に、側面と底のネットを組み立てる（p.24）。ただし、［**1**］、［**3**］は側面のネット端から7マスあけて底のネットを合わせる。脇は13マスになる。

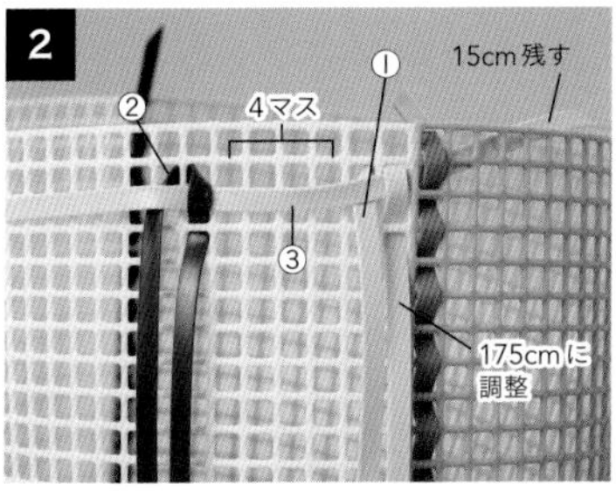


①脇縦（142）1本を上から2段め、脇中心から1列左に通し、中心側のテープを175cmに調整する。③横（142）をセットし、4マスあけ②縦（180）を通す。No.1［**9**］～［**11**］参照（p.25）。

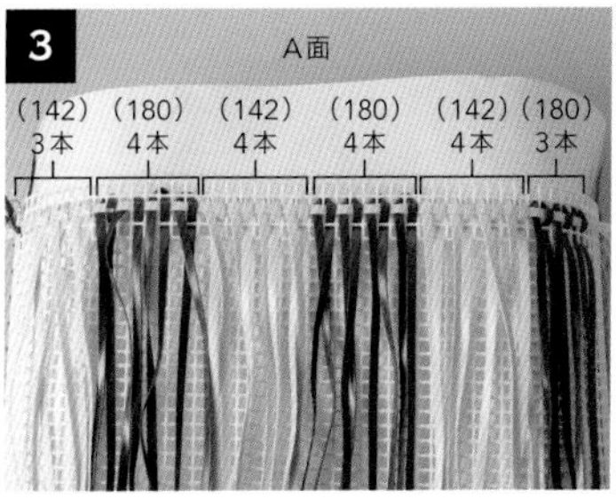


②を計22本通す（A面）。（180）3本、（142）4本、（180）4本、（142）4本、（180）4本、（142）3本の順に③を渡して固定する。

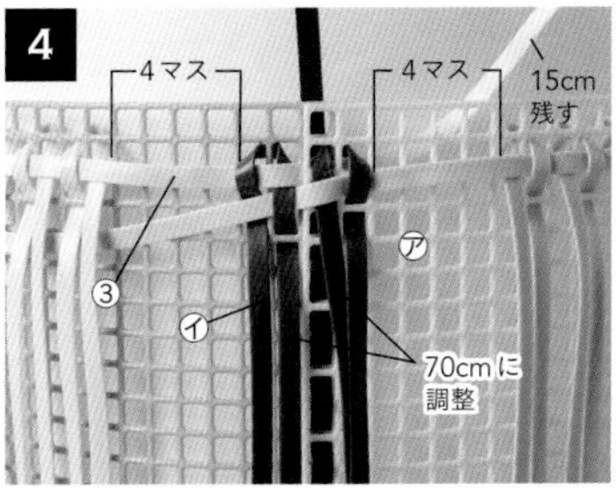


A面の②から4マスあけて①（180）を2本通し（写真㋐、㋑）、脇中心側のテープを70cmに調整する。新しく③（142）1本をセットする。㋑で③を押さえる向きが変わるので注意。

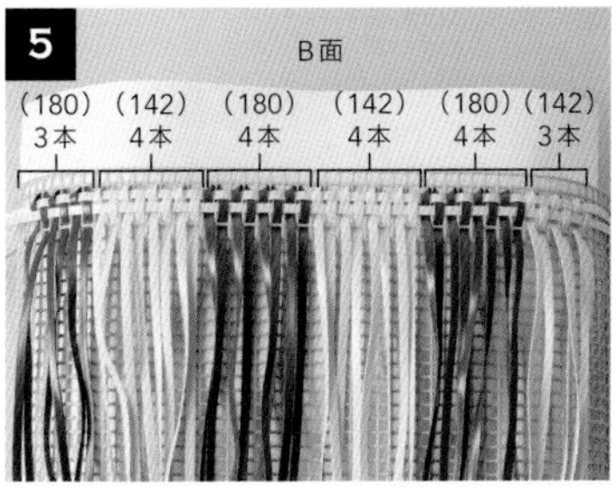


②を計22本通す（B面）。（142）3本、（180）4本、（142）4本、（180）4本、（142）4本、（180）3本の順に③を渡して固定する。

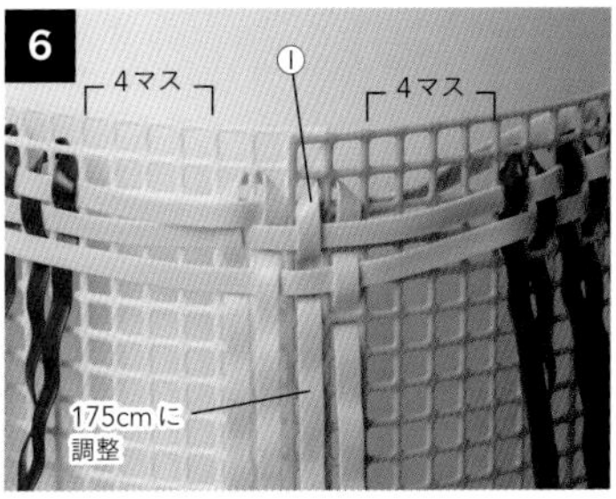


残りの①（142）を②（180）から4マスあけてネットに通し、脇中心側のテープを175cmに調整する。

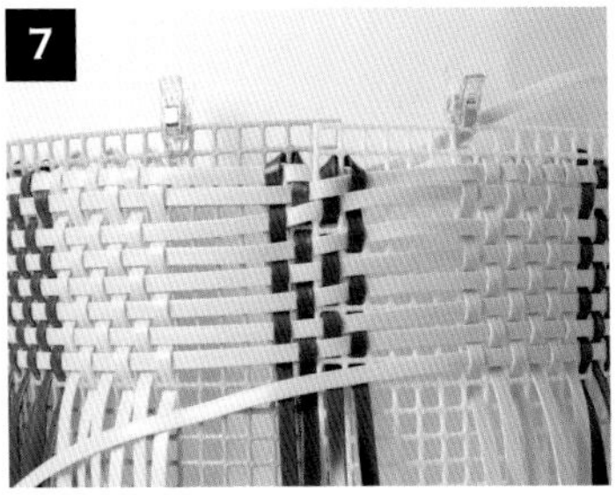


③2本でそれぞれ4周し、8段分できたところ。ここで、最初にセットした③1本を（142）から（180）に替える。

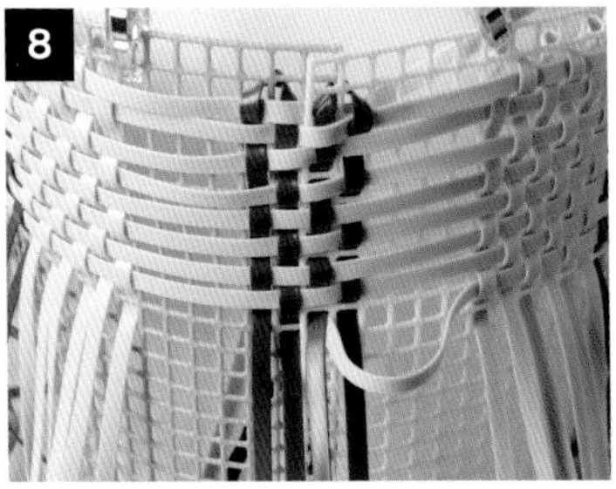


脇の中心で色替えする。③（142）はネットの内側に入れて休ませる。

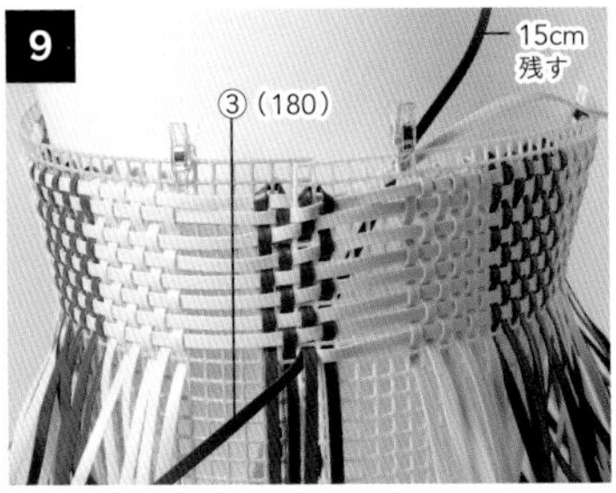


内側に入れた③（142）とつながるように、③（180）を始末分15cmほど内側に残してネットに通す。

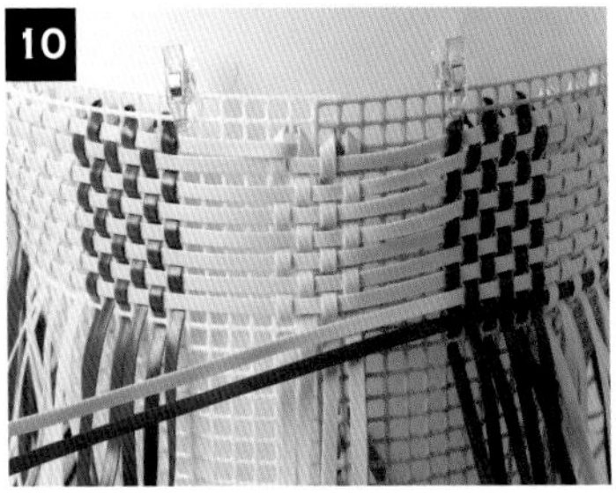


③（180）で半周したら、もう1本の③（142）を（180）に替える。

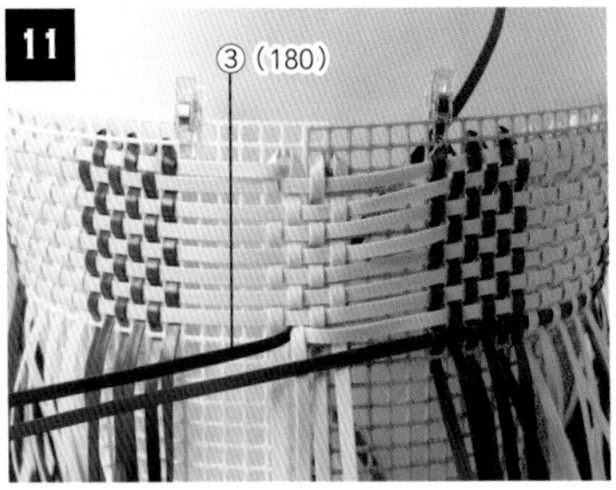


［**8**］、［**9**］と同様に脇の中心で色替えする。③が（180）2本になったところ。

③（180）2本でそれぞれ4周（8段）する。

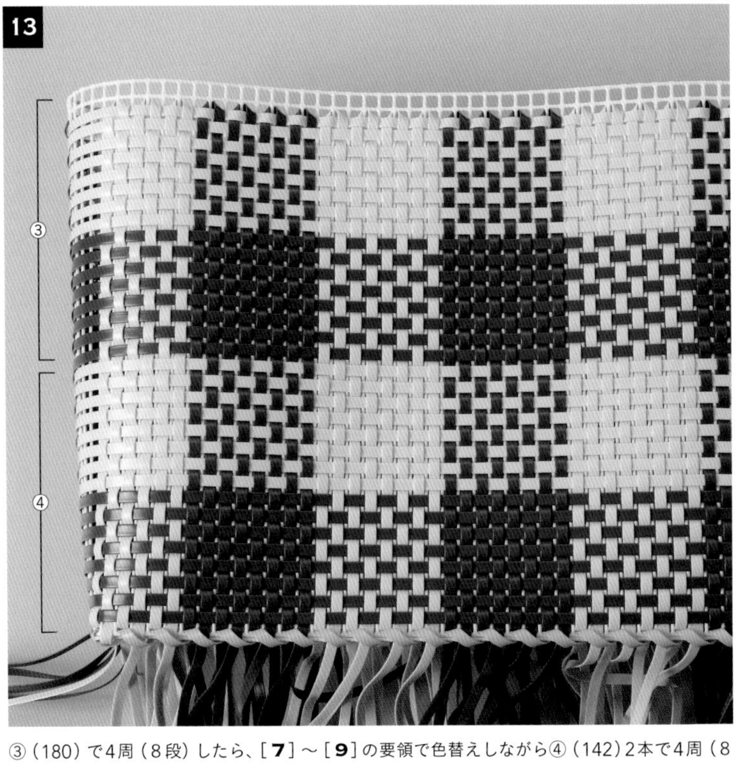


③（180）で4周（8段）したら、［**7**］～［**9**］の要領で色替えしながら④（142）2本で4周（8段）、④（180）2本で4周（8段）する。残りの②を脇に追加して通し、8マス×8マスの柄にする。写真はA面の右端に②（180）を追加したところ。④（180）の最終段を固定するときは縦のテープを底に出す。No.1［**20**］参照（p.26）。

②（142）をA面の左端に追加しているところ。

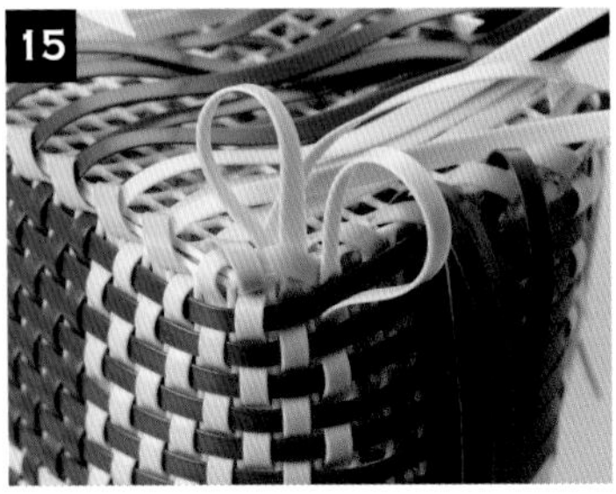


脇に通した②はネットの内側に入れ、始末する。仮どめがループのマスはループに通して底面から内側へ、仮どめがマスに通っているところは底面に出さずに内側に入れる。

①の外側のテープで脇のあいた列を上下に通して埋める。No.1［**24**］～［**33**］参照（p.27）。

①の内側のテープを折り返し、上へと通す。①（142）は休ませる。

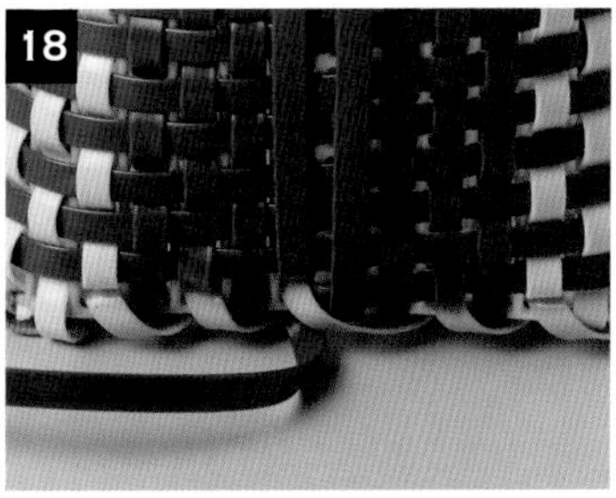

反対側も［**16**］［**17**］と同様に通す。No.1［**24**］～［**33**］参照（p.27）。ただし、①（180）は通し終えたら内側で始末する。

**Point!**

色替えをしたテープの始末は、写真のように内側でネットに通し、接着シートを貼ってさらに縦のテープに重ねて通す。数マス通したら余分をカットする。

## 底を巻きかがり、テープを通す

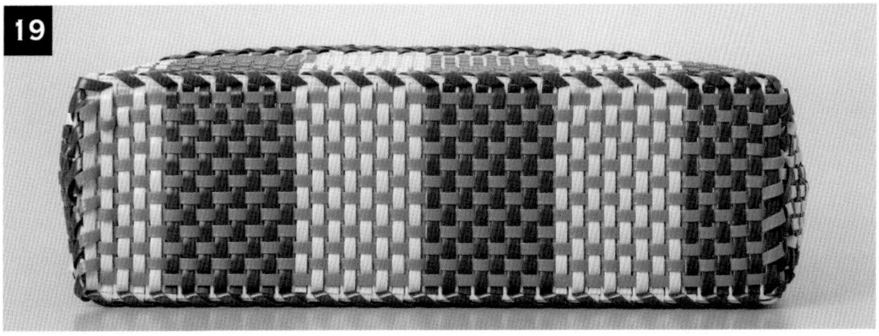

⑩始末を側面の最終段に1周通して端を貼り合わせる。③で側面と底のネットを1マスとばしで斜めに半周ずつ巻く。底のネットに⑤底を渡しながら②で固定する。No.1［**34**］～［**53**］参照（p.28）。

## 縁飾りをし、縁を巻く

⑥飾りをA面の右側の脇から巻く。内側に315cm残してスタートし、それぞれ1周して縁飾りをしたところ。No.1［**54**］～［**58**］参照（p.30）。

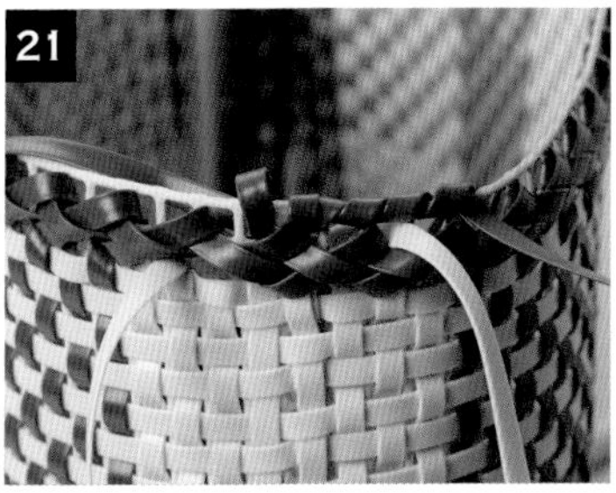

飾りができたら、⑥の残りでネットの縁を1マスずつ巻く。左右それぞれで半周巻く。巻き終わりは内側で始末する。No.1［**59**］、［**60**］参照（p.31）。

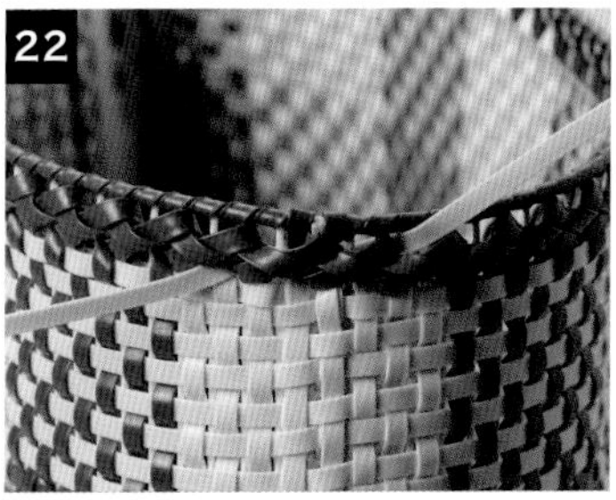

［**17**］で休ませていた①で1段めと2段めにネットの縦ラインを隠すように1周ずつ通す。

1周してきたところ。内側に通して始末する。

縁を始末したところ。

**Advice**

縁飾りを紺ではなく、白でしたい場合は、①脇縦（142）を170cm、（180）を275cmにし、⑥飾りを（142）で作ってください。

## 持ち手を作る［四つ組み］

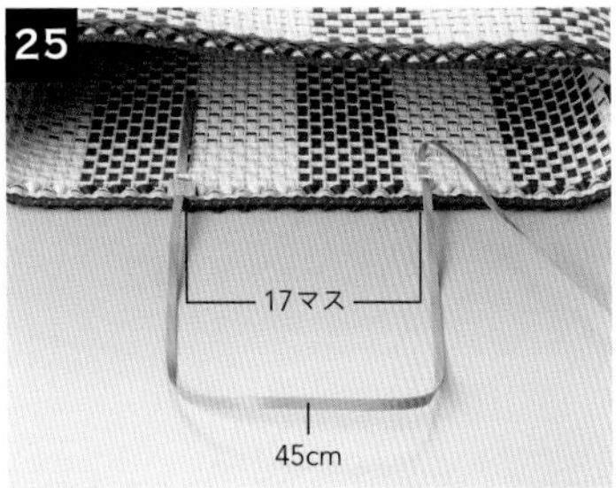

⑦持ち手芯を側面端から13マスめ、上段から4～7マスめ（B面は3～6マスめ）に通す。55 cmほど出し、45 cmのところに印をつけて17マスあけたところ（端から13マスめ）に通す。

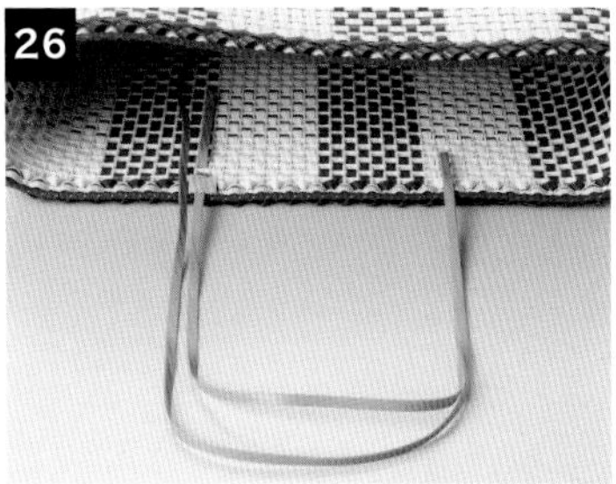

接着シートをテープに貼り、二重にする。

テープを貼り合わせたら、写真のようにネットに通して折り上げる。

※B面は折り返す位置が変わります。

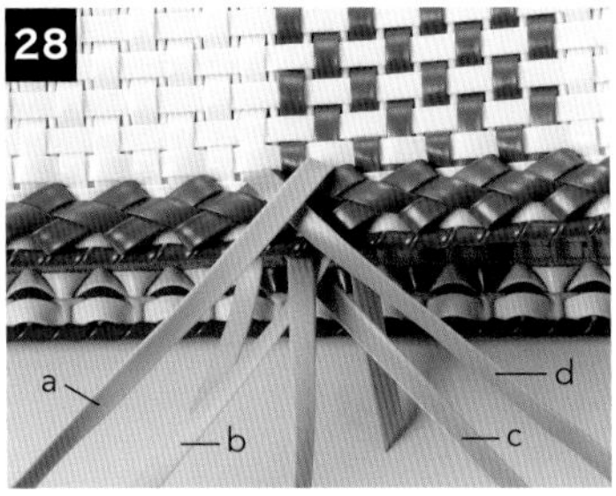

⑧四つ組み2本を⑦の両脇、縁飾りの下に写真のように通す。⑧はそれぞれ中心で折り、長さを均等にする。四つ組みをする（組み方はp.23参照）。

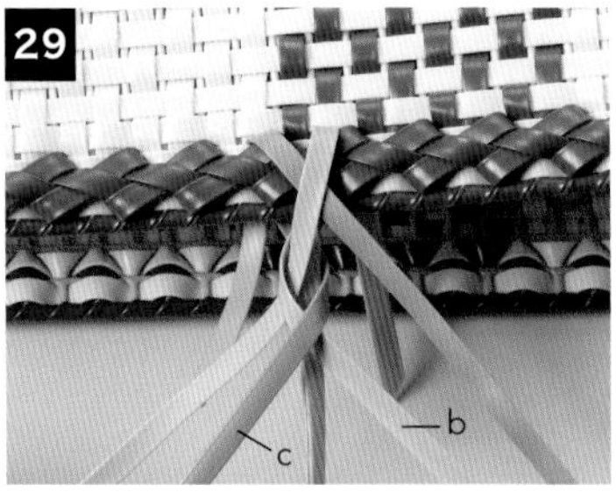

真ん中の2本（b、c）を交差させるようにテープを折り返す。

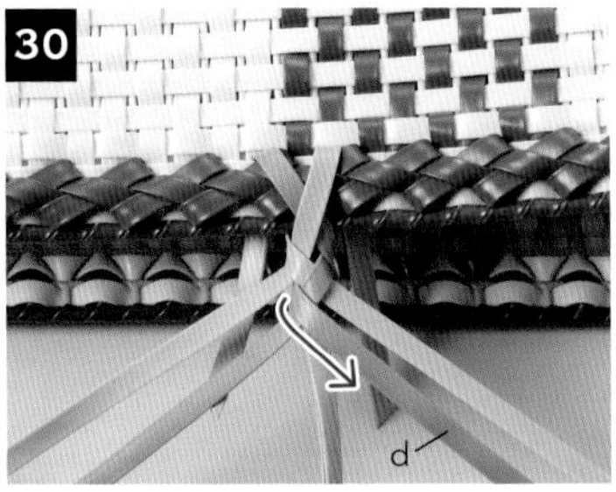

右端のテープを⑦の芯を下からくるむようにして左の2本の間に折り返す。

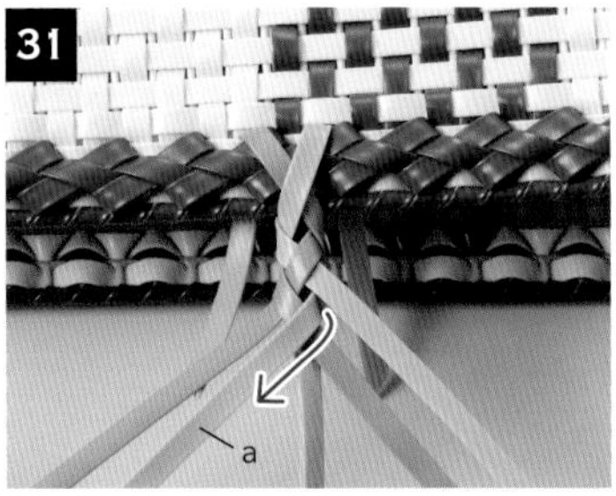

左端のテープを⑦の芯を下からくるむようにして右の2本の間に折り返す。

[**30**][**31**]のように、右端のテープ、左端のテープと交互に繰り返して組む。

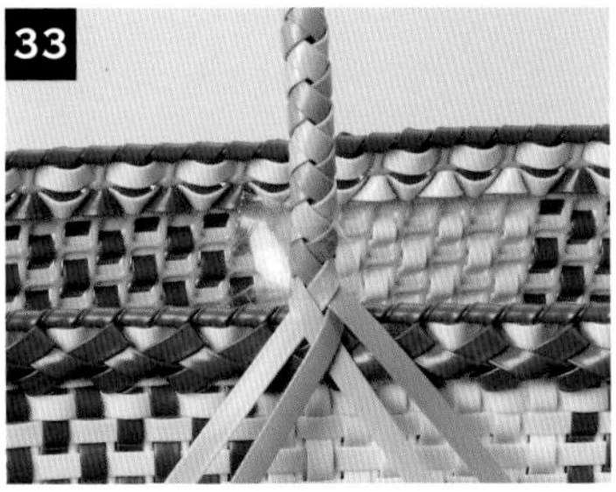

四つ組みをし終えたところ。

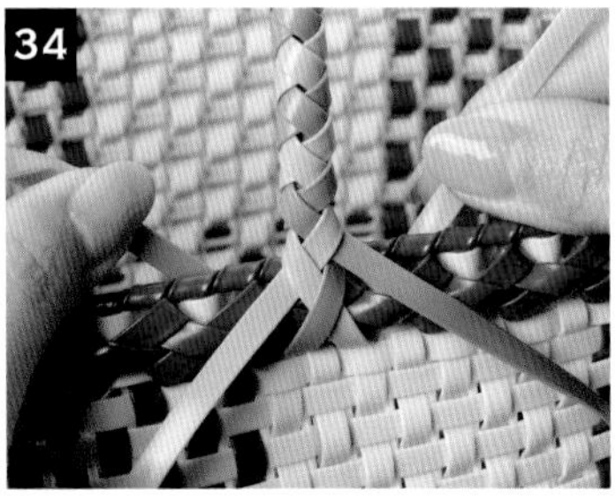

真ん中の2本を交差させたまま縁かがりの下に通し、内側で折り上げる。

残りの2本を内側に回し、⑦の両脇のネットに通す。

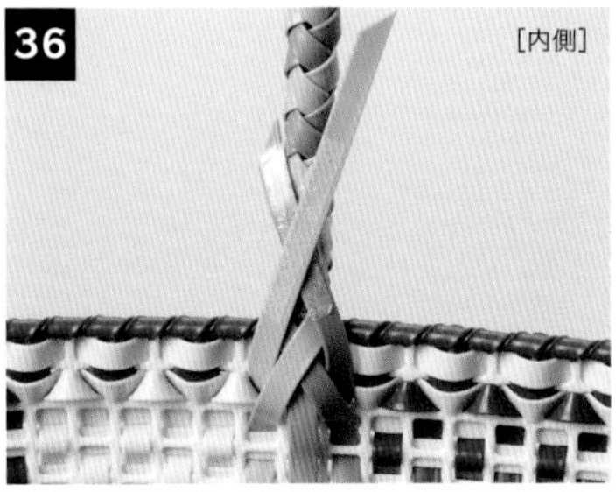

持ち手の根元部分（3 cmほど）に接着シートを1周貼り、[**34**]のテープを貼る。貼ったテープにも接着シートをつける。

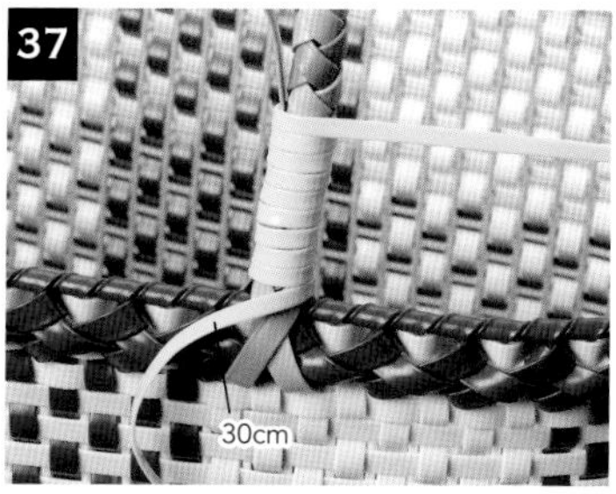

⑨持ち手巻きで持ち手を巻く。30 cmほど残して根元から上に巻いていく。

10巻きめあたりで、折り上げた⑧の余分をカットし、⑨に接着シートをつけてから11巻きめを巻く。

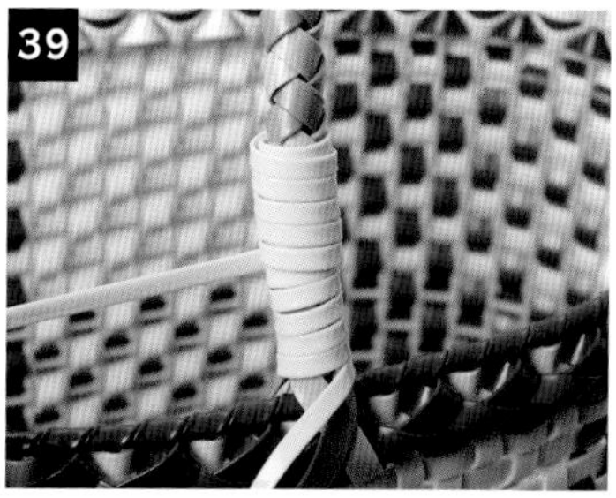

11巻きしたら接着シートの剥離紙をはがし、下方向に巻き重ねる。

巻き始めに残したテープと持ち手の裏で2回固結びをし、⑦の芯の後ろで交差するように通す。

両脇のネットに通し、⑦の芯の上で交差させる。

さらに両脇のネットに通し、⑦の芯の上で交差させたら、両脇の縦のテープの上に沿わせて通す。結び始め側も同様に⑨で巻く。

## カツラのタッセル（No.2につけたもの）

接着シートを14×1 cmにカットし、5 mm幅テープを11 cm×6本、3 mm幅テープを11 cm×約32本貼る。テープの長さはお好みで。

5mm幅テープ側から巻いていく。

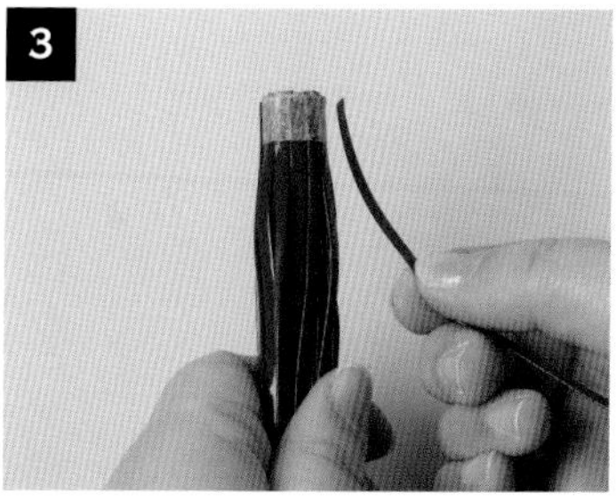

カツラのサイズに合わせてテープを追加する。

接着シートを1周貼り、上部にも十字に貼る。

カン付きのカツラをかぶせる。

テープ端を揃えてカットする。保管時はリボンでタッセルを束ねておくと形が整う。

No. 04

# シェブロン・ストライプのトート

**PH** / p.6
**SIZE** / W30 × H26 × D9cm

**MEMO** 縦のテープをネットに通してから、横のテープを通して山形のデザインに。テープの通し方はここで詳しく解説します。

## 材料

ラ メルヘン・テープ（5mm幅）
……フェイクレザーホワイト［150/ⓧ］2束
……フェイクレザーグリーン［144/ⓧ］1束
あみあみファインネット……スノー［ⓗ］1枚
持ち手……合皮ベルト付き［YSM-3004/ⓘ］1組
金具……足折れ金具［AK-3-2/ⓘ］8個

## テープの準備

①縦……（150）75cm × 40本
②脇縦……（150）190cm × 4本
③横……（144）720cm × 2本
④横……（144）780cm × 2本
⑤底……（150）345cm × 1本
※仮どめ用に、底用80cm × 2本、脇用40cm × 2本用意する。

## ネットの準備

側面　幅53マス × 33マス……2枚
底　　幅41マス × 11マス……1枚

## 作り方

### ネットを組み立て、側面にテープを通す

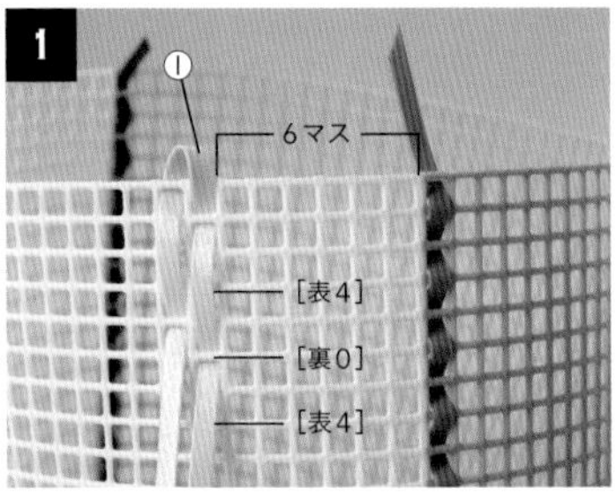


側面と底のネットを組み立てる。No. 1［**1**］～［**8**］参照（p. 24）。①縦を均等な長さで軽く二つ折りし、脇中心から左に6マスあけ、写真のように通す。

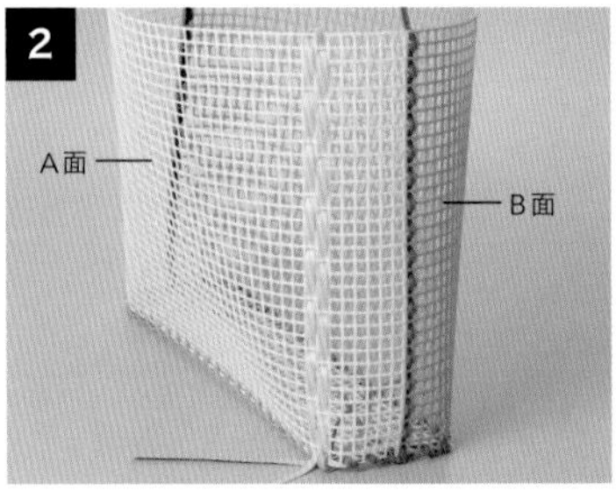


［表4裏0表4］と底側まで通す。隣り合う列のテープは1マスずれる。縁にかけた折り山は3mm程度余裕をもたせる（縁を巻くときにテープを通すため）。

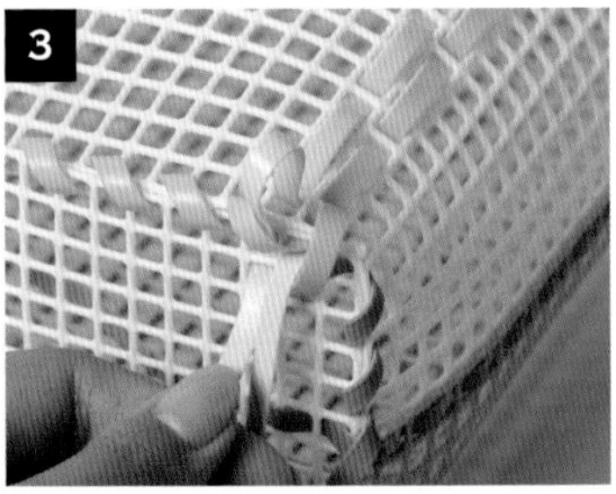


仮どめテープがネットに通っている列はネットの内側から底に出す。仮どめが通っていない列は、側面と底のネットをまたぎ、ループの下を通して、底の次のマスに出す。

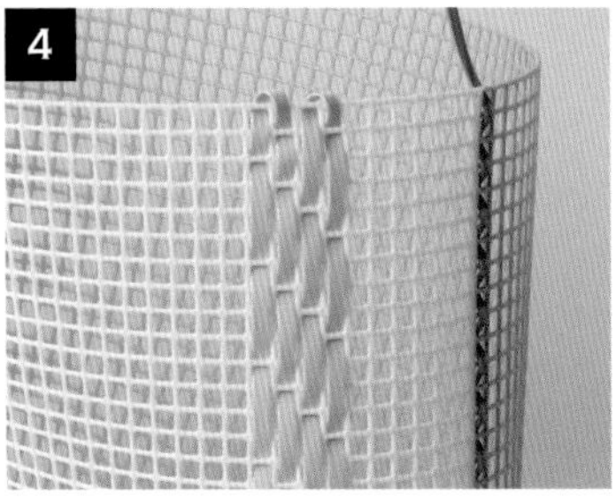


さらに①2本めを二つ折りし、シェブロン柄になるように［表4裏0表4］で写真のように通す。

①3本めも同様に写真のように通す。

①4本めも同様に写真のように通す。

**7**

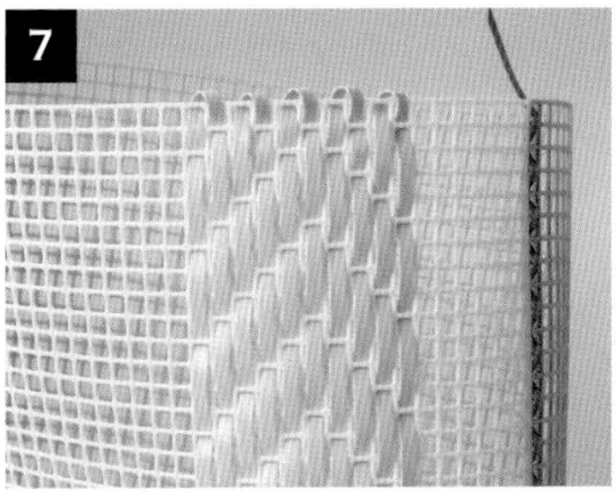

①5本めも同様に写真のように通す。

**8**

①を5本底まで通したところ。

**9**

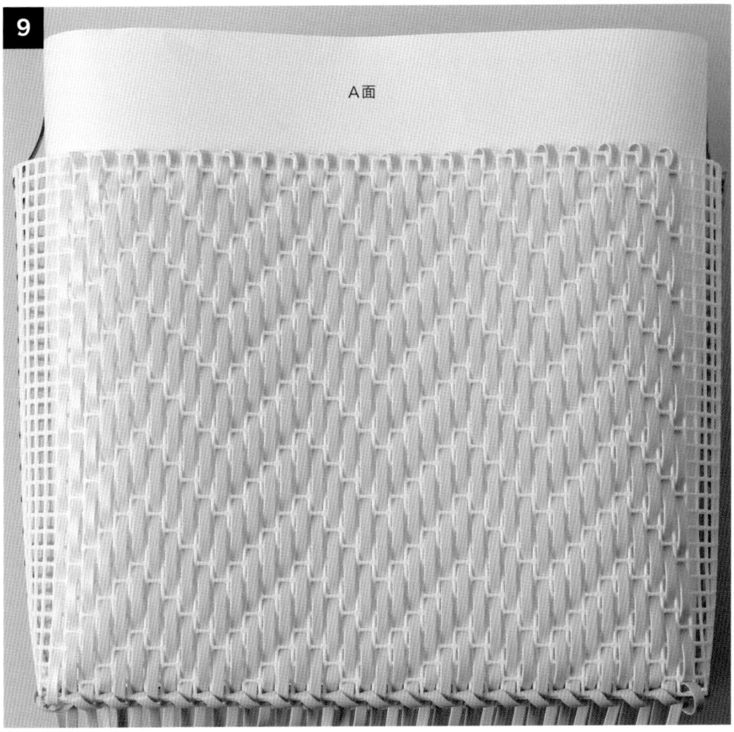


[**2**]～[**8**] を繰り返し、①を計20本通したところ。→A面

**10**

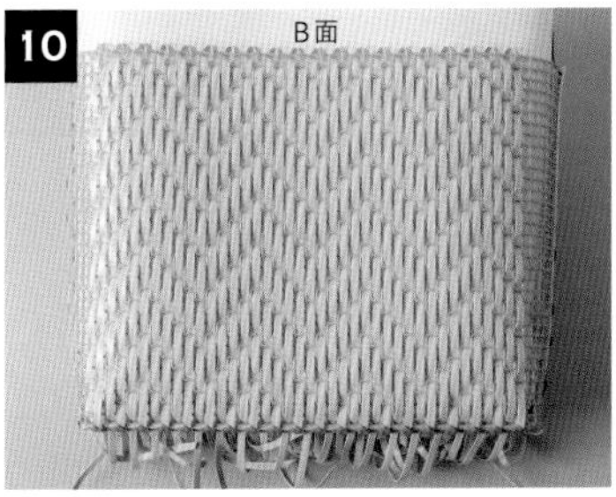


反対側も同様に、脇中央から6マスあけて①を20本通す。→B面

**Point!**

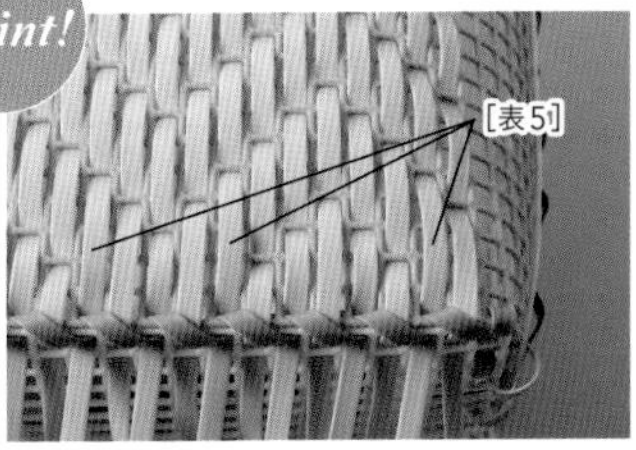


B面の底のネットへの出し方は、[**3**]のルールを優先するので、最後が一部 [表5] になるテープもある。

**11**

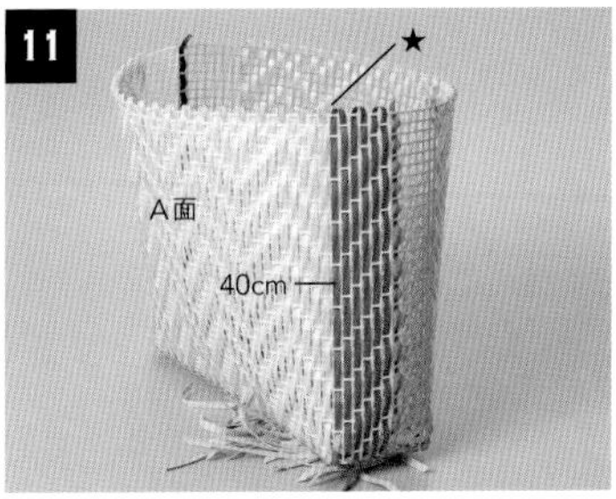


②脇縦の端から40 cmを★の位置にかけ、A面と柄がつながるように [表4裏0表4] で左に1列通す。★から右側を底と上縁で折り返して5列通し、内側で始末する。

**12**

底から見たところ。底側の折り返しは底のネットにも通す。②40cmの残り（左端のテープ）は底に出して休ませる。

**13**

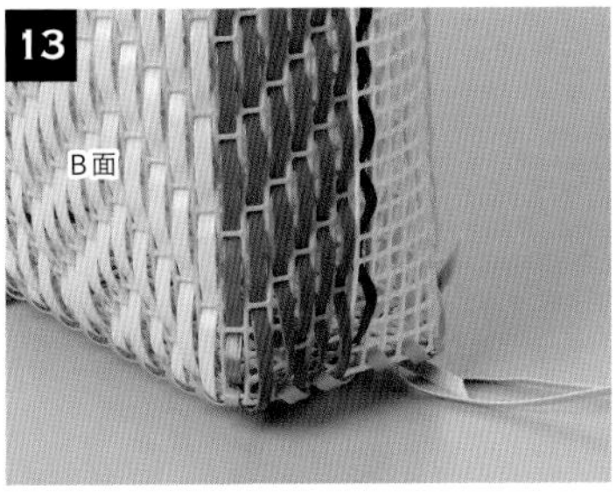


反対側も同様に②を通す。底への折り返しの際、[**3**] のルールを優先するのでA面側と異なり、最後が一部 [表5] になる列もある。

**14**

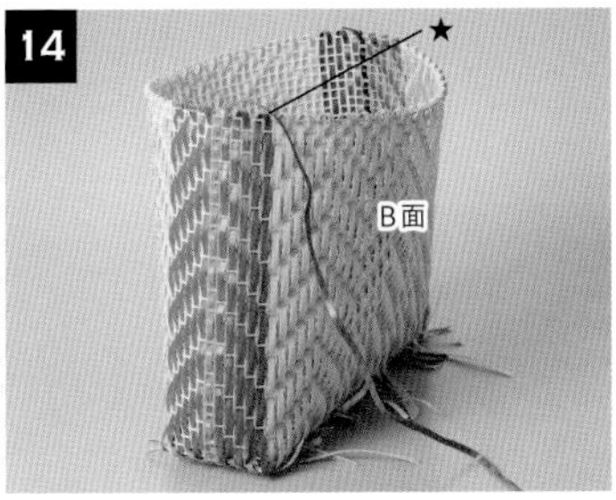


②を40 cmで★の位置にかけ、B面と柄がつながるように [表4裏0表4] で右に1列通し、内側で始末する。★から左側を4列通したらテープを休め、脇中心の列をあけておく。反対側も同様に②を通す。

## 横テープを通す

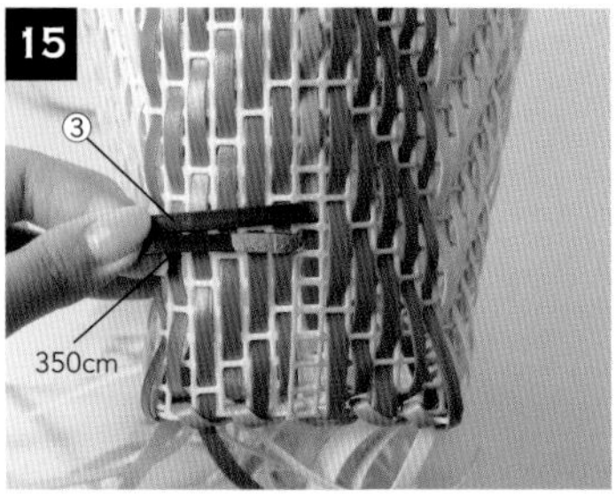


③横を350 cmの位置に印をつけ、A面の右脇中心の下から7、8段めに写真のように通す。下のテープが350cmになるようにする。

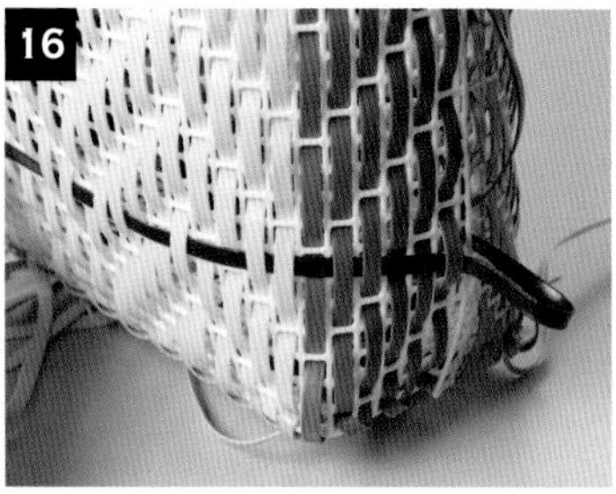


下のテープをA面に通していく。縦のテープが浮いている（ネットにかかっていない）ところは縦の裏に、それ以外は縦の表に渡す（③はネットには通さない）。

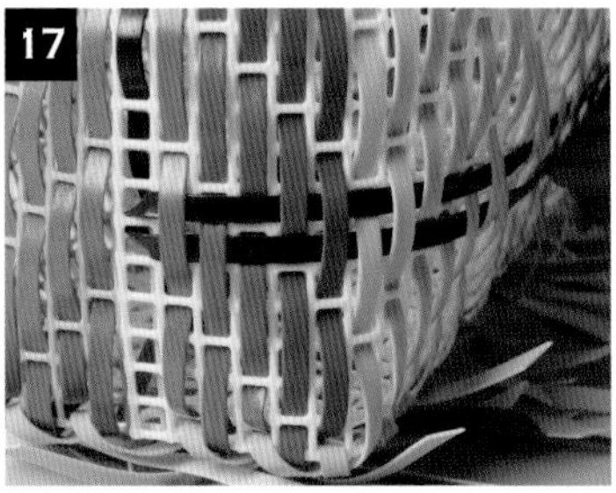


下から7段めに1段通したら、左脇の中心で下の段へ折り返す。左右の脇中心で折り返しながら、縦のテープに通していく。脇の仮どめテープは適宜外す。

最終段はネットにも通す。写真のように、角や縦2本をくぐるところはネットに通す。

7段分渡したところ。

渡し終わりはネットの内側で1マス分折り返し、底のネットに出して休ませる。

③の上のテープを同様に渡していく。

左右の脇中心で折り返しながら、9段分（合計16段）通したところ。

④横を410 cmの位置に印をつけ、A面の右脇の上から8、9段めに通す。上のテープが410 cmになるようにする（上側は縁も巻くので長い）。

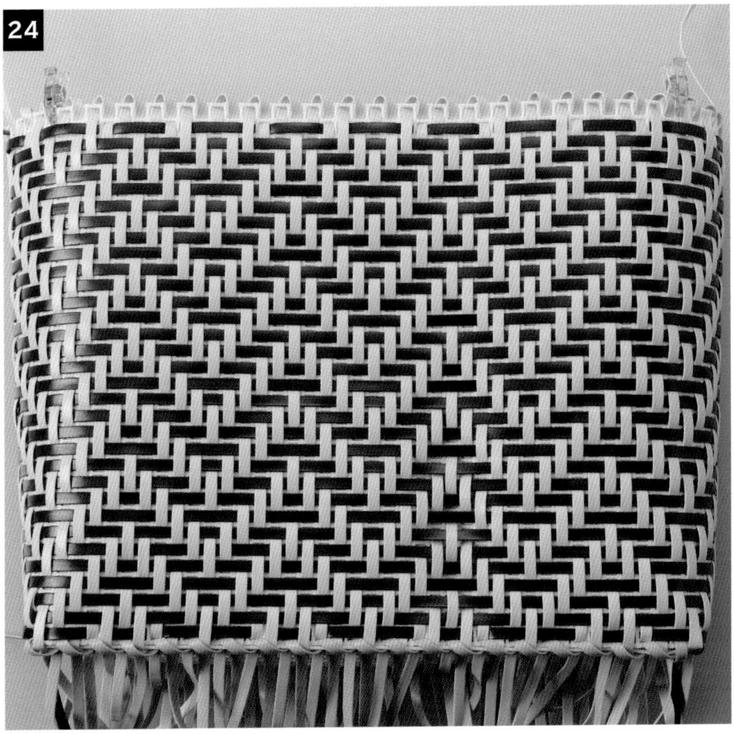


下のテープで9段分、上のテープで7段分渡したところ。上から2段めはネットにも通し、最上段を残したところで休ませる。

B面も［**15**］～［**24**］と同様に③横と④横を渡す。③横で16段分通して、④を通すところ。

A面の休ませていた④の上側のテープを折り返し、［**14**］で休ませていた②をあいている脇の中央の列に通す。

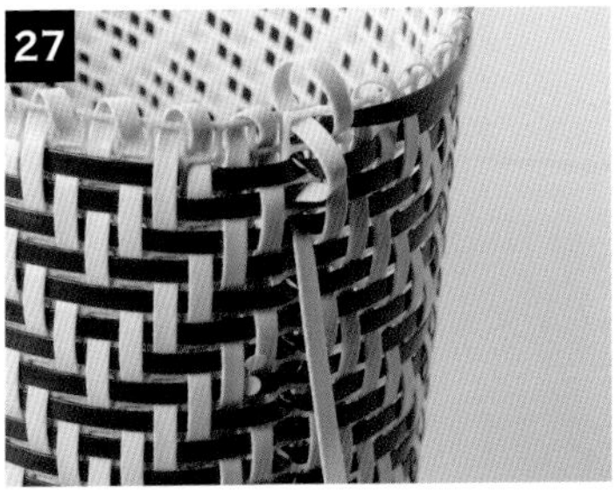


折り返し部分を隠すように②を通しているところ。

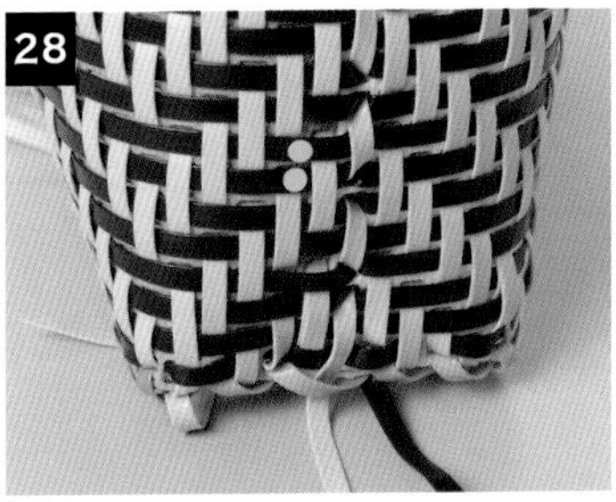


下まで通したら、底の仮どめのループの下を通し、底のネットのマスに入れ、内側で縦テープに沿わせて通し、接着シートでとめる。

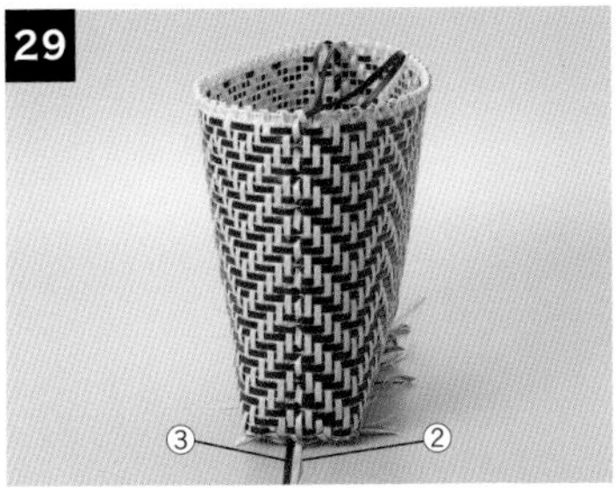


もう一方の脇も同様に休ませていた②を下まで通す。B面の最下段を通した③は脇中央の1マス左列の底から出しておく。

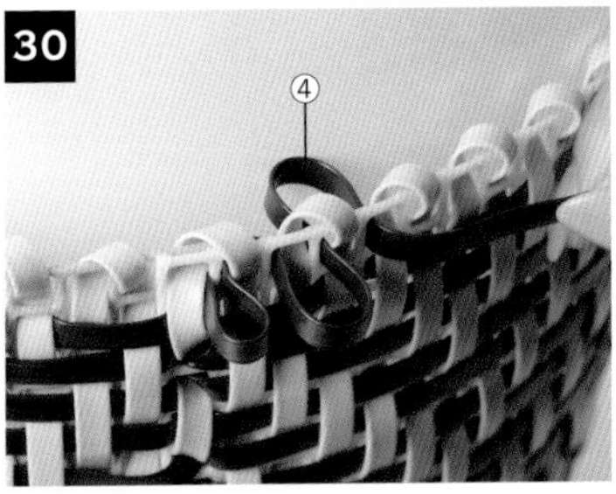


［**26**］で折り返した④のテープを最上段に1マスずつネットに通す。写真のようにネットに対し直角にテープを入れるようにするとよい。水平方向に強く引くとネットが切れやすいので注意。

A面の最上段を通したところ。B面も同様に通す。

## 縁を巻く

最上段を通した④の続きで、縁を巻く。脇中心（ネットの重なり）にも通したら（写真左）、最上段のテープの下に通して内側に出す（写真中央）。縦テープのループに通したら、最上段のテープの下に通して内側に出す（写真右）。これを繰り返し、半周ずつ縁を巻く。

半周ずつ巻いたところ。テープ端はそれぞれ内側に入れ、縦テープに沿わせて通し、接着シートでとめて始末する。

## 底を巻きかがり、テープを通す

［**20**］と［**29**］で休ませていた③の下のテープで側面と底のネットを1マスとばしで斜めに巻く。No.1［**35**］～［**38**］参照（p.28）。

半周ずつ巻く。巻き終わりはもう一方の巻き始めのマスに入れる。★が巻き終わり。☆がもう一方の巻き始め。

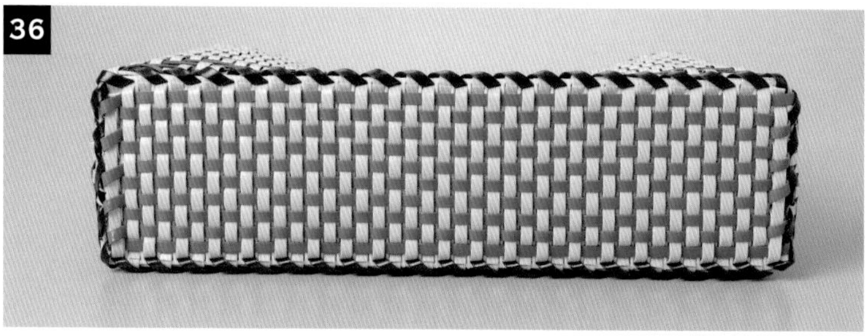


底のネットに⑤底を渡しながら、①で固定する。No.1［**39**］～［**52**］参照（p.28）。内側に入れたテープを始末する。No.1［**53**］参照（p.30）。

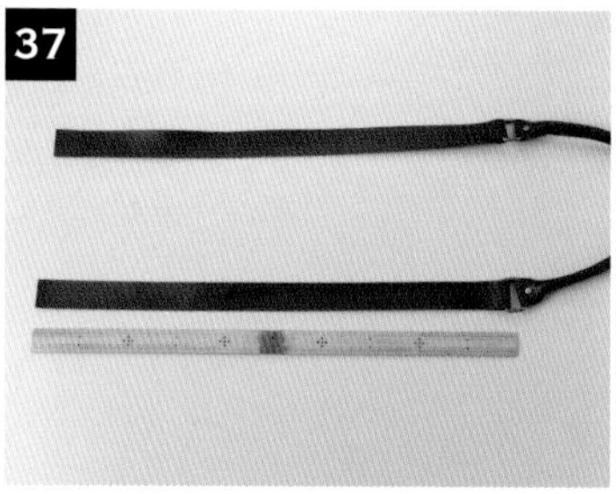


持ち手のベルトを側面の高さと底マチの幅に合わせてカットする。

## 持ち手をつける

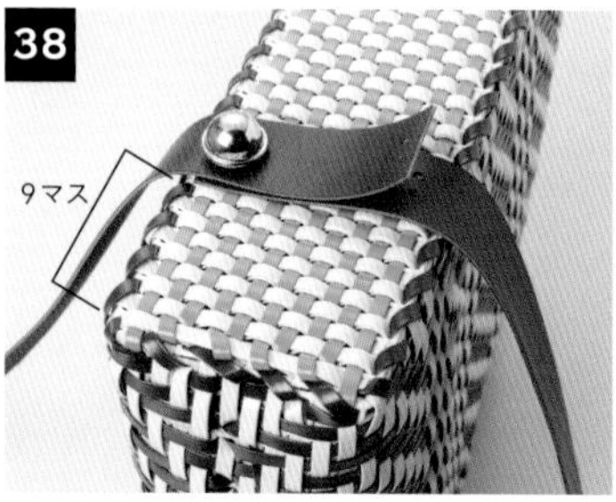


ベルトに足折れ金具の足を通す穴をあけ、持ち手のベルトを重ねて足折れ金具を底につける。脇から11マスめ、側面から2マスめにつけたところ。

内側で座金を通し、金具の足を曲げ、固定する。底には4つつける。

側面のベルトも同様に足折れ金具で固定する。場所によってはネットの縦に切り込みを入れて差し込む。

No. 05

# ストライプのトート

**PH**／p.7
**SIZE**／W32×H26×D10cm

**MEMO** 縦のテープをネットの縁で折り返すパターンです。縁の始末が変わるのでここで確認してください。

## 材料

ラ メルヘン・テープ（5mm幅）
……フェイクレザートープ［187/㋱］2束
……フェイクレザーアイボリー［186/㋱］2束
あみあみファインネット……白［㋩］1枚
四角カン……シルバー（幅1×内径3cm）［㋕］4個

## ネットの準備

側面　幅57マス×34マス……2枚
底　幅43マス×13マス……1枚
持ち手　幅3マス×66マス……2枚

## テープの準備

①持ち手縦……（187）360cm×2本
②持ち手横……（187）250cm×2本
③脇縦……（187）A320cm×2本、B245cm×2本
④縦……（187）85cm×22本、（186）85cm×22本
⑤横……（187）1600cm×1本、（186）1430cm×1本
⑥底……（186）430cm×1本
⑦横……（187）95cm×1本
※仮どめ用に、底用80cm×2本、脇用40cm×2本用意する。



## 作り方

### 持ち手を作る

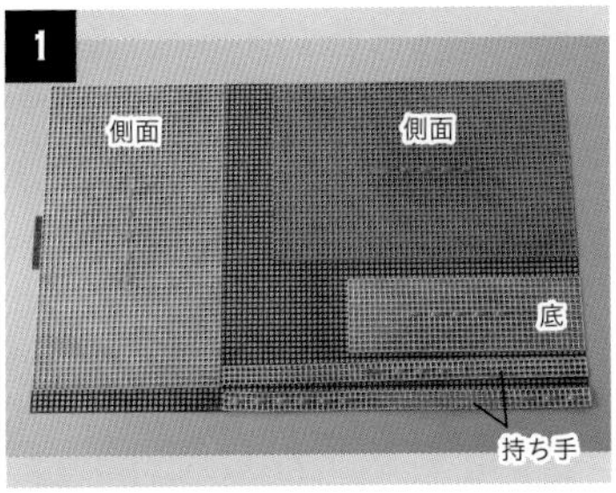


ネットの準備をする。1枚をうまく裁つには写真のようにとる。

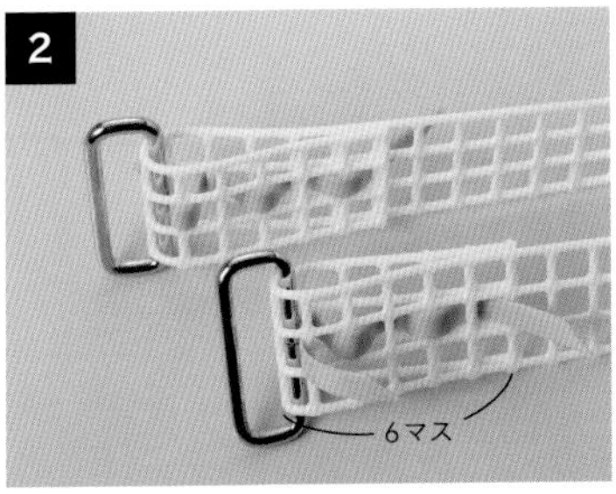


持ち手のネットの端から6マスを折り、四角カンを挟んで仮どめする。両端とも四角カンを挟む。これを2つ用意する。

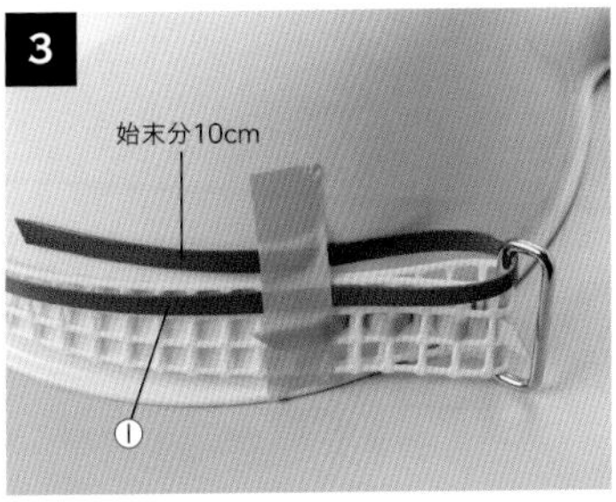


①持ち手縦を始末分10cmほど残し、四角カンに通してネットの表に渡す。平らな場所ではなく、ボウルなどカーブのあるものを利用して作業するとよい。

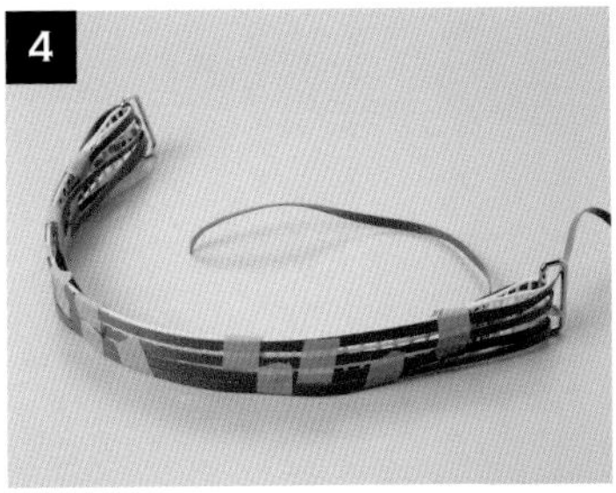


マスキングテープ（材料外）などで仮どめしながら端で折り返し、ネットの表、裏とテープを渡し、4周する。

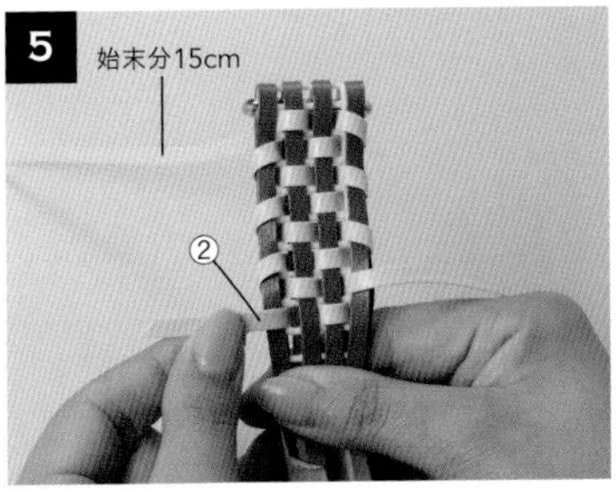


②持ち手横を始末分15cmほど残し、ネットに通しながら①に交互に通す。両端はネットを包むように折り返し、表・裏と②を通す。

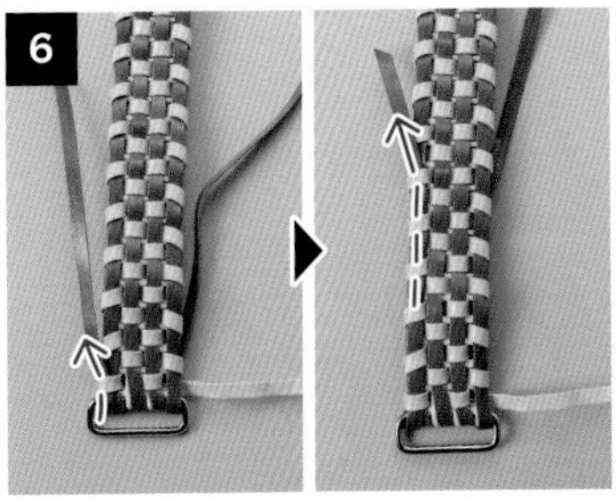


通し終えたらテープの始末をする。①を②に1目通し、①の裏に接着シートを貼ってさらに数目分通し、余分をカットする。

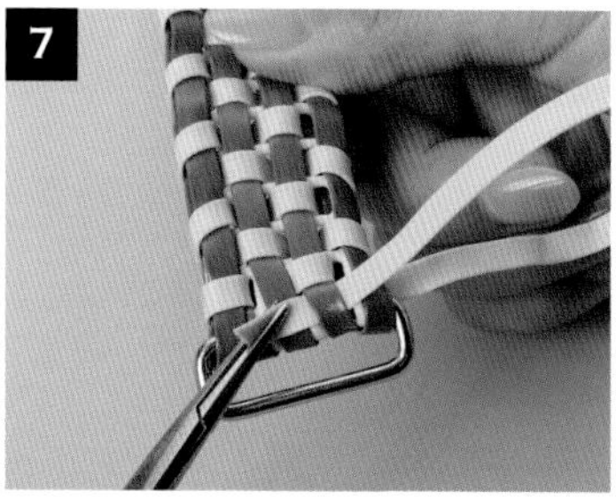


②を写真のようにもう1段通す。鉗子を使うと作業しやすい。

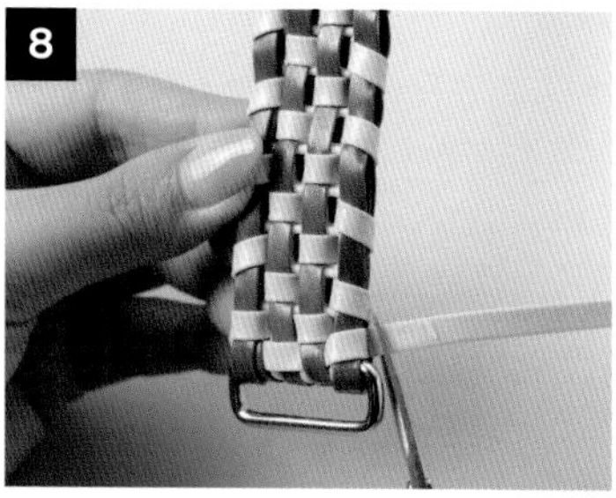


接着シートを貼って裏にも通し、もう一度、表を通したら（1周半）余分をカットする。

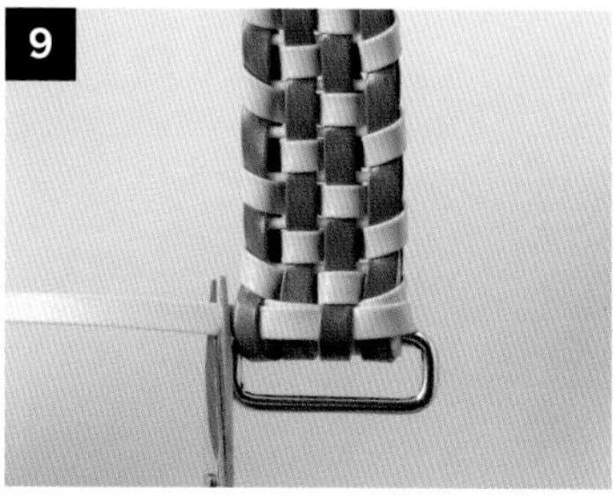


反対側も同様に、残しておいた始末分の②で1周半通してから始末する。持ち手のできあがり。2本作る。

## 側面にテープを通す

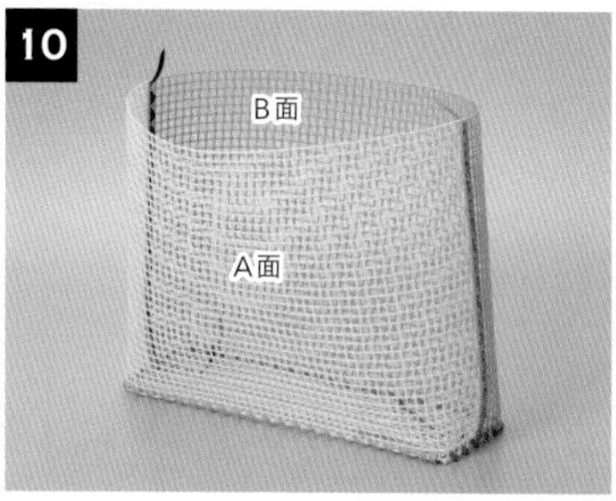


No. 1［**1**］～［**8**］を参考に、側面と底のネットを組み立てる（p.24）。ただし、［**1**］、［**3**］は側面のネット端から7マスあけて底のネットを合わせる。脇は13マスになる。

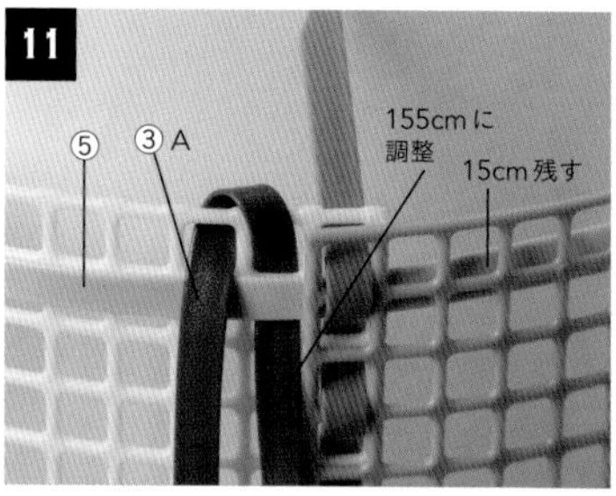


③脇縦Aを脇中心から1マス左の縁にかけ、脇中心側のテープを155 cmに調整する。折り山は3mmほど余裕をもたせる。⑤横（186）1本を2段めにセットする。

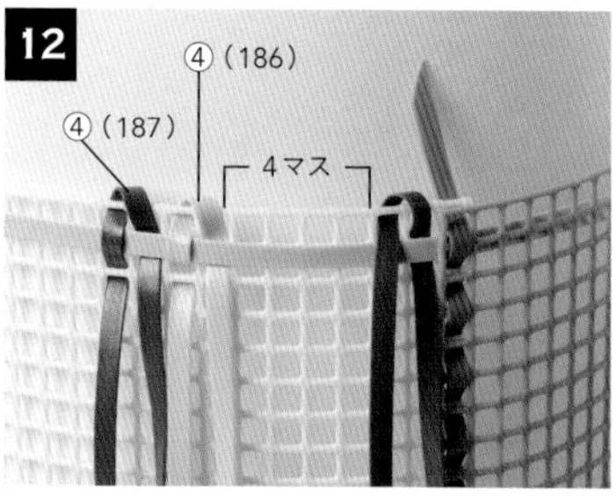


③Aから左に4マスあけて④縦（186）を均等な長さで二つ折りしてセットし、⑤を渡しながら④（187）と交互にセットする。

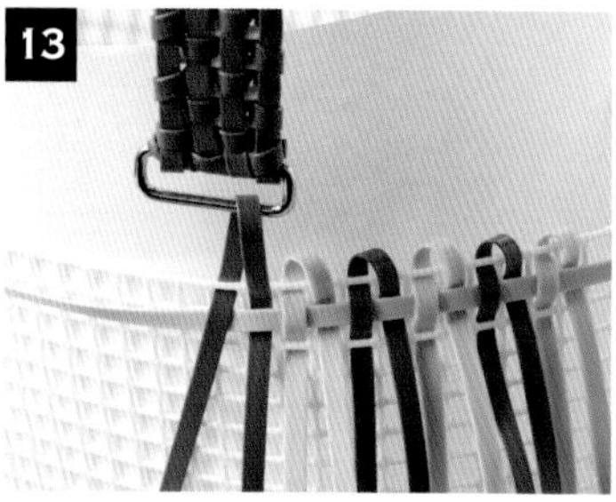


④を5本セットしたら、6本めから持ち手の四角カンに通し、持ち手を取りつける。

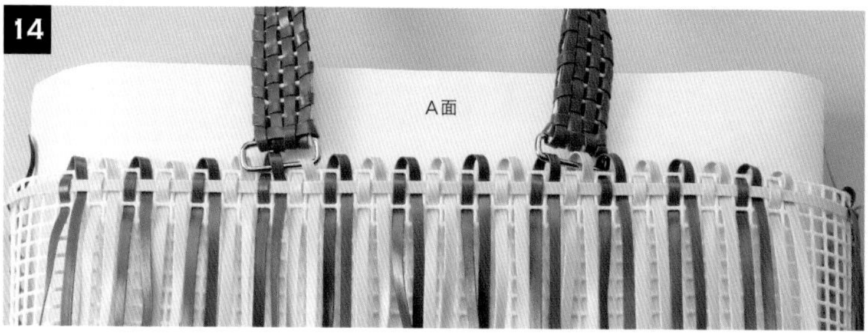


④の6本～8本めと15、16本めをセットする際、持ち手の四角カンに通す。A面に④を計22本セットしたところ。

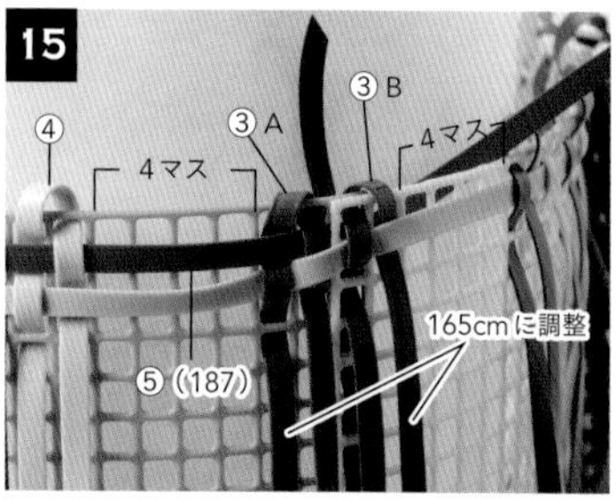


A面の④から4マスあけて③B、③Aの順に2本通し、脇外側のテープを165cmに調整する。新しく⑤（187）1本をセットする。ここで③のループの向きと⑤（187）を押さえる③が変わるので注意。

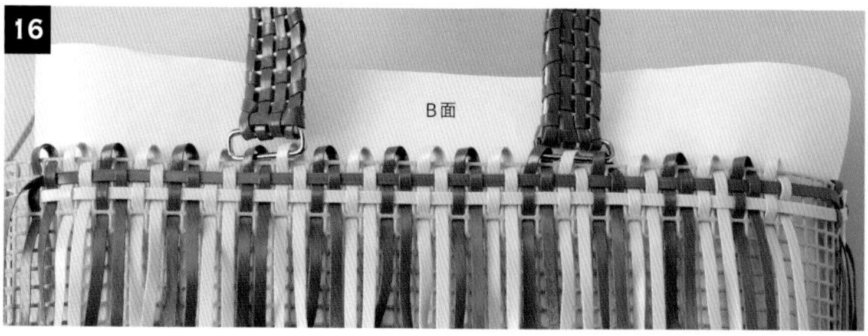


B面も［**13**］、［**14**］と同様に持ち手の四角カンを取りつけながら④を22本セットする。

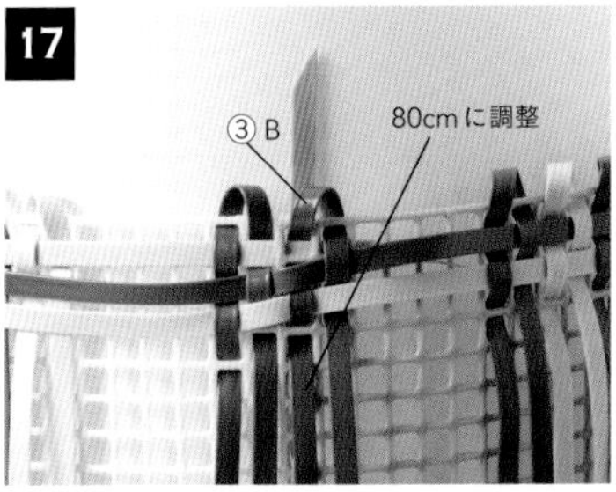


残りの③B１本を通し、脇中心側のテープを80cmに調整する。

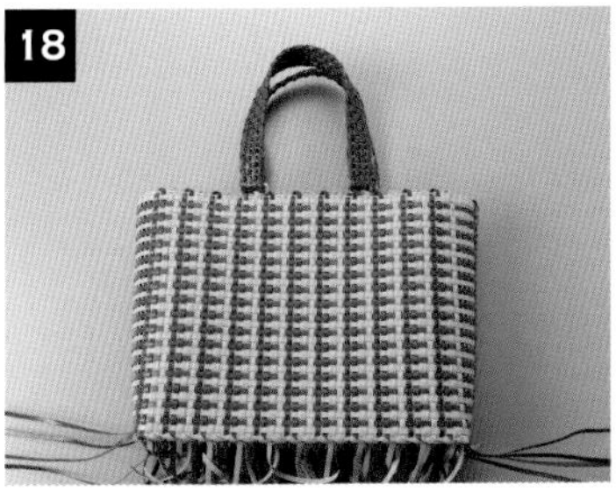


縦のテープで固定しながら、ぐるぐると⑤（186）と⑤（187）を渡し、33段分通したところ。No.1［**18**］～［**23**］参照（p.26）。

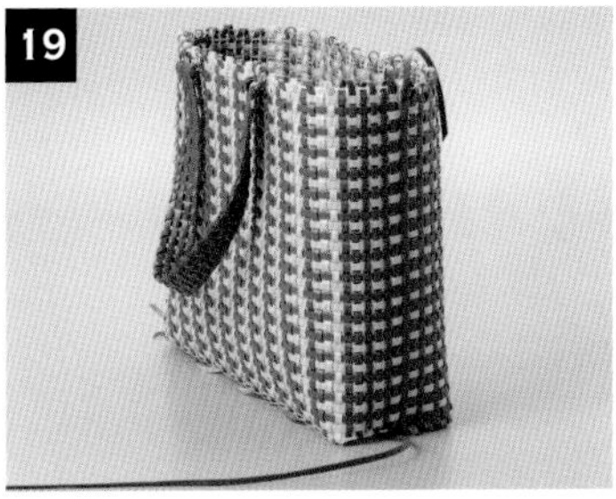


③の外側のテープで脇のあいた列を上下に通して埋め、内側のテープは折り返し、上へと通す。No.1［**24**］～［**33**］参照（p.27）。⑤（187）は休ませ、⑤（186）は内側で始末する。

## 底を巻きかがり、テープを通す

⑤（187）で側面と底のネットを１マスとばしで斜めに１周巻く。

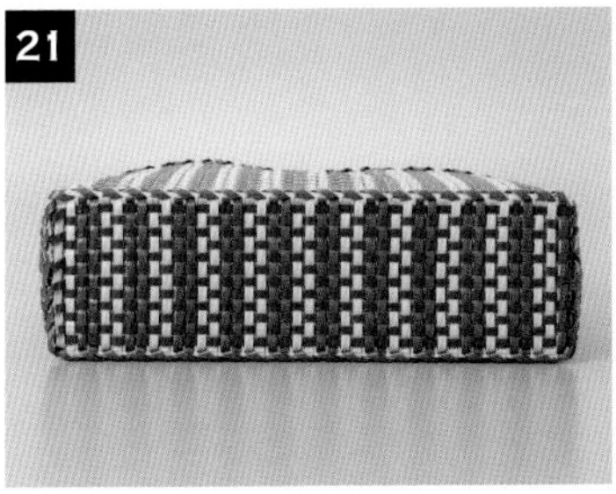


底のネットに⑥底を渡しながら④で固定する。No.1［**39**］～［**53**］参照（p.28）。

## 縁を巻く

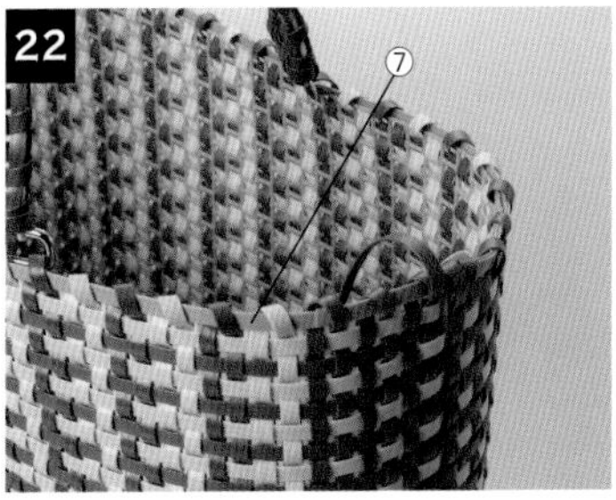


⑦横を縦のテープのループに１周通し、端を接着シートで貼り合わせる。

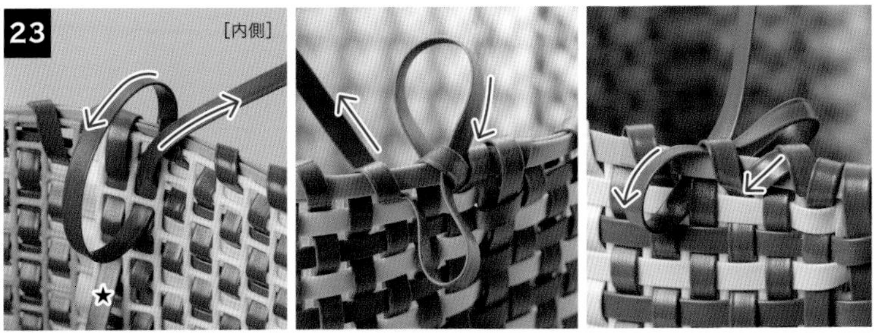


A面右側の休ませていた③Aで縁を巻く。③Aをネットの裏に通す（写真左）。縦のテープのループを上から下へ通し、⑦の下を通して内側に出す（写真中央）。縦のループに通しながら１マスとばしで縁を半周巻いていく（写真右）。もう１本の③B（★）は内側で始末する。

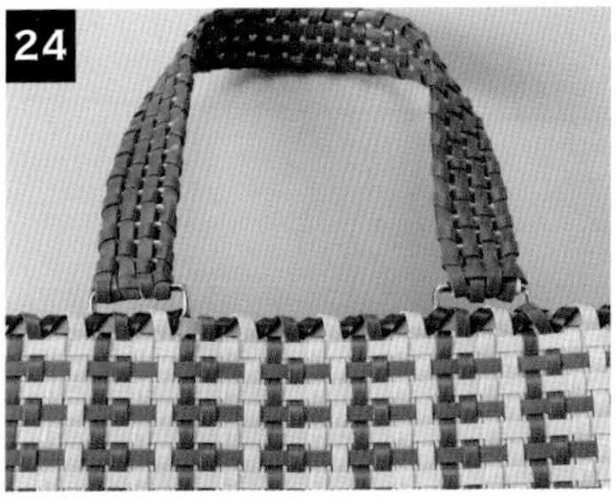


A面の縁を巻いたところ。

※わかりやすいように色を替えています。

もう一方の③Aは、縁を１周巻いて内側に出してスタート（写真左）。⑦の下をくぐって外側に出し（写真中央）、縦のループを下から上へ通しながら１マスとばしで縁を半周巻いていく（写真右）。もう１本の③Bは内側で始末する。

B面の縁を巻いたところ。

※わかりやすいように色を替えています。

No. 06

# コンビカラーのトート

**PH**／p.8
**SIZE**／W35×H29×D10cm

**MEMO** 基本のトートのサイズ違い。色替えはNo.3を参考に、縁の巻き方はNo.5を参考にして作りましょう。

## 材料

ラ メルヘン・テープ（5mm幅）
……フェイクレザーレッド［191/㋱］3束
……フェイクレザーホワイト［150/㋱］1束
あみあみファインネット……白［㋩］1枚
四角カン……シルバー（幅1×内径5cm）［㋕］4個
持ち手
……太パッチン持ち手（48cm）赤［YAS-4850/㋑］1組

## テープの準備

①脇縦……（191）A350cm×2本、B265cm×2本
②縦……（191）91cm×48本
③横……（150）1080cm×2本
④横……（191）700cm×2本
⑤底……（191）470cm×1本
⑥横……（150）105cm×1本

※仮どめ用に、底用100cm×2本、脇用45cm×2本用意する。

## ネットの準備

側面　幅61マス×37マス……2枚
底　　幅47マス×13マス……1枚

## 作り方

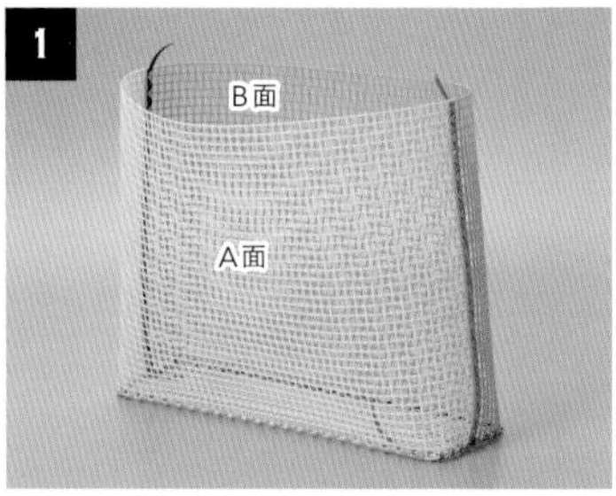


No. 1［**1**］～［**8**］を参考に、側面と底のネットを組み立てる（p. 24）。ただし、側面のネット端から7マスあけて底のネットを合わせる。脇は13マスになる。

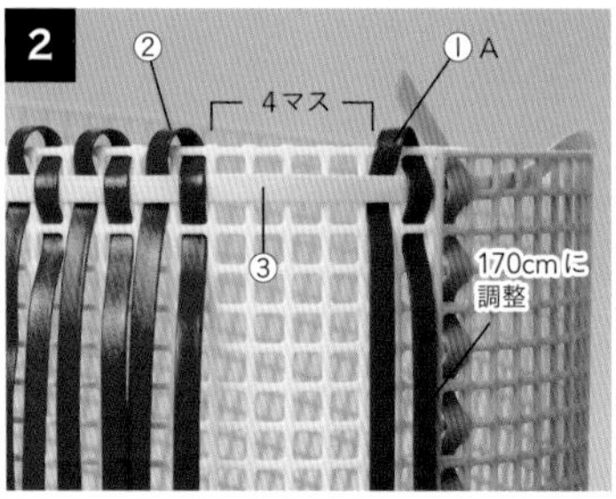


①脇縦Aを二つ折りして上から1段め、脇中心から1マス左に通し、中心側のテープを170 cmに調整する。折り山は3 mm程度余裕をもたせる。③横をセットし、4マスあけ②縦を①Aと同じ向きに通す。

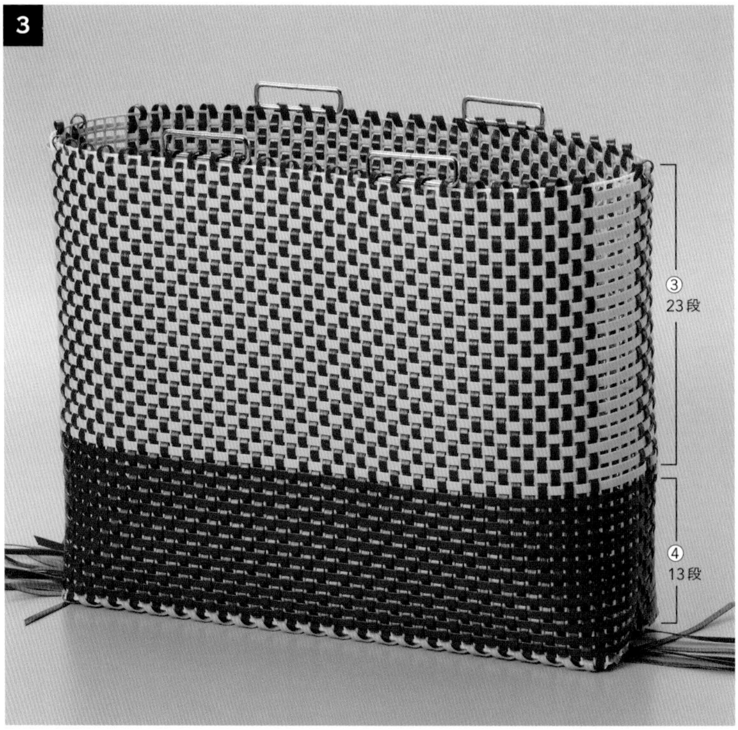


A面に②を計24本セットする。側面の両端（角）それぞれから11マスめ～17マスめにある②の山に、持ち手の四角カンを通す。4マスあけて①B、①Aの順に通し、脇中心側のテープを①B85 cm、①A170 cmに調整し、新しく③をセットする（①AでA面とはループの向きを変える）。4マスあけてB面に②を24本、A面と同様に四角カンを通しながらセットする（この場合、A面には②4本ずつB面には②3本ずつカンに通す）。さらに4マスあけて①Bを脇中心側のテープを85 cmにしてセットする。No.5［**11**］～［**17**］参照（p.44）。③で23段分通したら、④横に色替えし、13段通す。No.3［**7**］～［**11**］参照（p.34）。

①の外側のテープで脇のあいた列を上下に通して埋める。内側のテープは折り返して上へと通し、休ませる。④で側面と底を1マスとばして斜めに半周ずつ巻く。No.1［**24**］～［**38**］参照（p.27）。

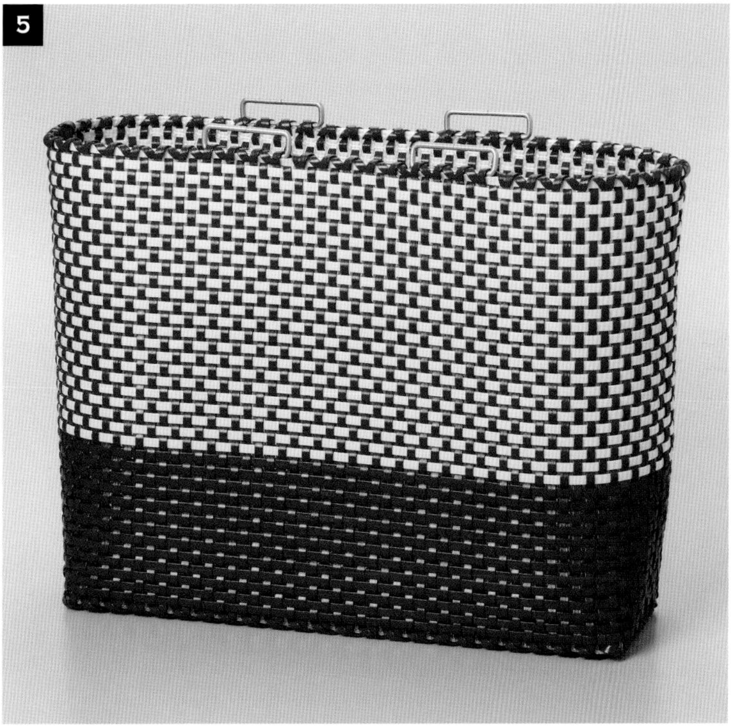


⑤底を底のネットに渡しながら②で固定し、底にテープを通す。No.1［**39**］～［**53**］参照（p.28）。
⑥横を縦のテープのループに1周通して貼り合わせ、［**4**］で休ませていた①Aで縁を半周ずつ巻く。①Bは内側で始末する。No.5［**22**］～［**26**］参照（p.45）。ただし、①Aの巻き方向はNo.4とは逆で、A面は［**25**］、B面は［**23**］と同じになる。



## No./08～10 スクエアトートネット裁ち図

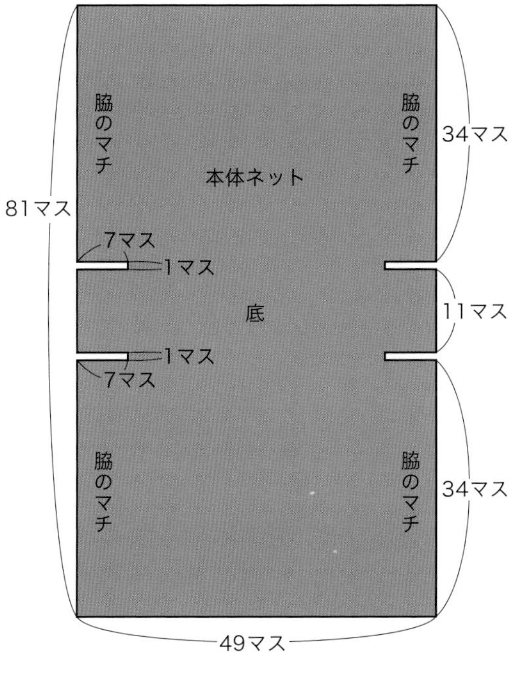


## No./13 リボンフラップのパーティバッグネット裁ち図

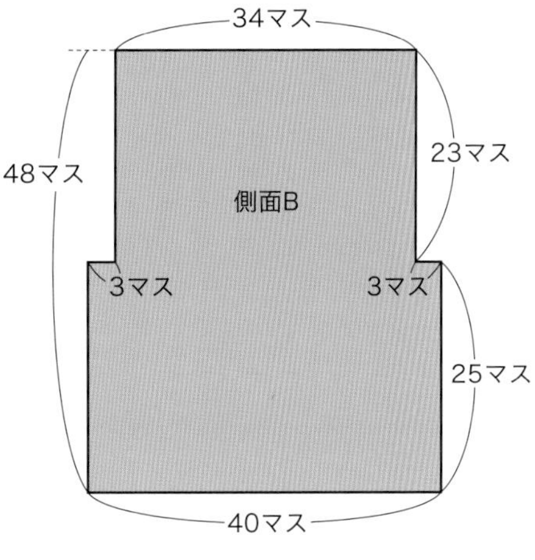

No.
07

# モノトーンのビッグトート

**PH**／p.9
**SIZE**／W37×H31×D9cm

**MEMO** No.4のサイズ違い。詳しい作り方はNo.4を参考にしてください。

## 材料

ラ メルヘン・テープ（5mm幅）
……マットブラック［127/㋦］2束
エナメルブラック［123/㋦］2束
あみあみファインネット……黒［㋩］1枚
四角カン……BNi（幅1×内径5cm）［㋕］4個
持ち手
……太パッチン持ち手（60cm）黒［YAS-4850/㋑］1組

## テープの準備

①縦……（127）87cm×48本
②脇縦……（127）225cm×4本
③横……（123）1030cm×2本
④横……（123）1080cm×2本
⑤底……（123）410cm×1本
※仮どめ用に、底用100cm×2本、脇用50cm×2本用意する。

## ネットの準備

側面　幅61マス×41マス……2枚
底　幅49マス×11マス……1枚

## 作り方

**1**

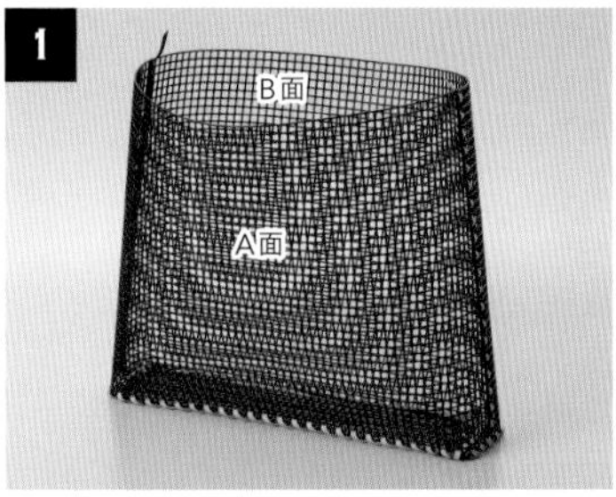


No. 1［**1**］～［**8**］を参考に、側面と底のネットを組み立てる（p.24）。

**2**

①縦を二つ折りし、脇中心から左に6マスあけ、写真のように通す。折り山は3 mm程度余裕をもたせる。隣りのテープは1マスずらし、シェブロン柄になるように［表4裏0表4］と底側まで通す。

**3**

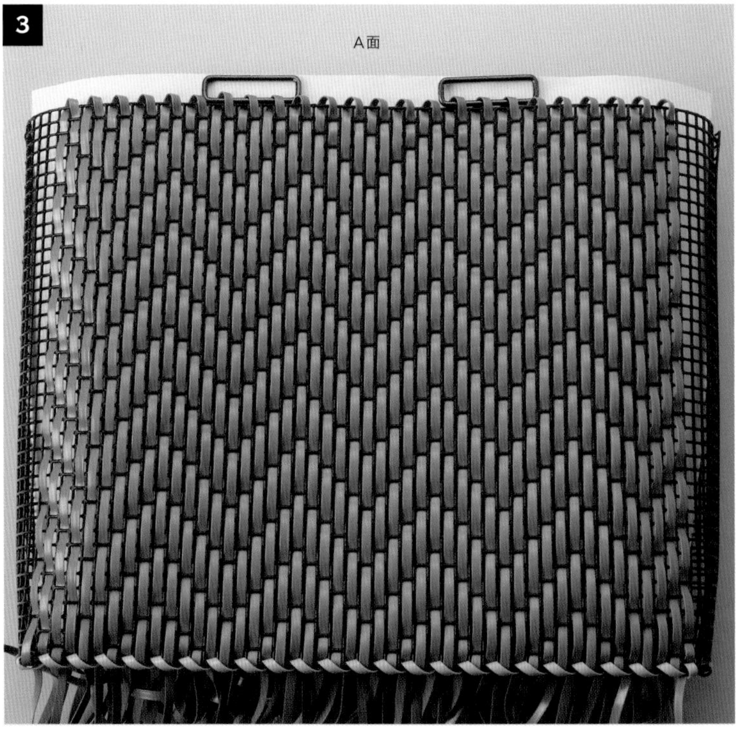


A面に①を24本セットする。側面の両端（角）それぞれから13マスめ～19マスめにある①の山に、持ち手の四角カンを通す。①の通し終わりは底に出す。No.4［**3**］参照（p.38）。

B面もA面と同様に四角カンを通しながら①を24本セットする。通し終わりに底のネットへ出す際は、最後が一部［表5］になるテープもある。No.4［Point!］参照（p.39）。

②脇縦を通す。A面と柄がつながるよう44 cm分で1列通したら、脇中央へ5列通す。反対側も同様に②を通す。中央の列にくるテープはここでは通さず休ませる。No. 4［**11**］～［**14**］参照（p.39）。



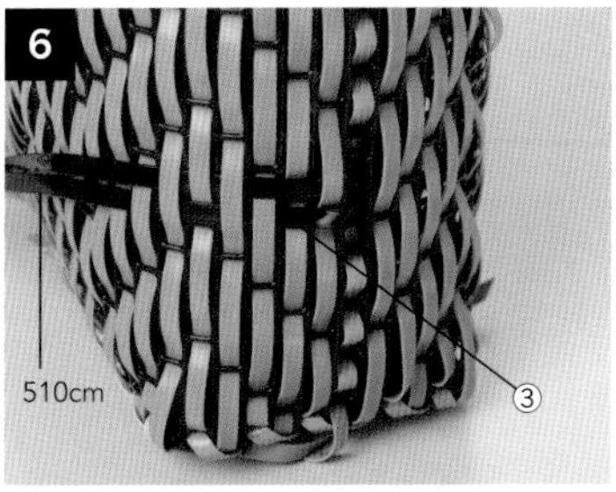


③横を右脇の下から9、10段めに通す。下のテープが510 cmになるようにし、A面に通していく。No.4［**15**］～［**22**］参照（p.40）。

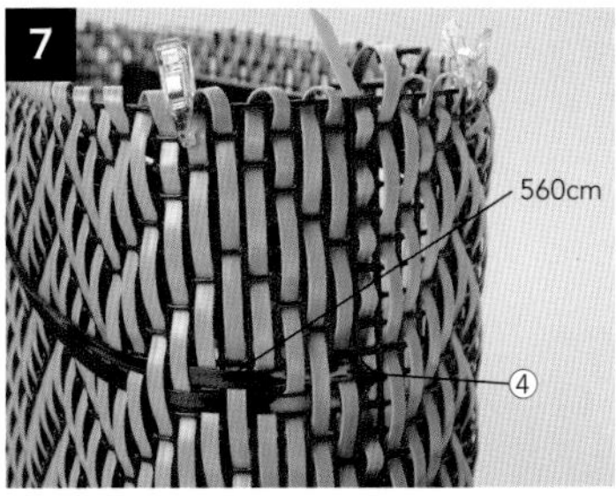


④横を右脇の上から10、11段めに通す。上のテープが560 cmになるようにし、A面に通していく。最上段は通さず休ませる。B面も同様に③④を通す。No.4［**23**］～［**25**］参照（p.41）。

［**5**］で休ませていた②を脇中央の列に通す。［**7**］で休ませていた④を最上段のネットに通し、通し終えたら縁を巻く。最下段を通した③で底を巻きかがる。⑤底と底のネットに出した①で底を作る。No.4［**26**］～［**36**］参照（p.41）。

No. 08 09 10

# スクエアトート

**PH**／p.10、11
**SIZE**／W27×H26.5×D9cm

**MEMO** 同じサイズと作り方で3パターンのアレンジです。オリジナルのカラーバリエを楽しんで。

## 材料

**No.8**（ゴールド系）
ラ メルヘン・テープ（5mm幅）
……シャンパンゴールド［139/㋱］3束
ラ メルヘン・テープ（3mm幅・10m）
……シャンパンゴールド［128/㋱］2束
あみあみファインネット……金［㋩］1枚
ワイヤーロープ持ち手……35cm［S1067/㋱］1組

**No.9**（ピンク系）
ラ メルヘン・テープ（5mm幅）
……ルビー［164/㋱］2束
キラキラリボン（6mm幅・5m巻）
……ピンク［18/㋒］6巻
ラ メルヘン・テープ（3mm幅・10m）
……ルビー［166/㋱］2束
あみあみファインネット……白［㋩］1枚
ワイヤーロープ持ち手……40cm［S1068/㋱］1組

**No.10**（グレー系）
ラ メルヘン・テープ（5mm幅）
……グレー［190/㋱］3束
ラ メルヘン・テープ（3mm幅・10m）
……グレー［101/㋱］2束
ラ メルヘン・テープ（1.5mm幅）
……グレー［101/㋱］1束
あみあみファインネット……黒［㋩］1枚
ワイヤーロープ持ち手……45cm［S1069/㋱］1組

## テープの準備

共通
①脇縦……280cm×4本
②縦……80cm×36本
③横……1240cm×2本
④底……370cm×1本
⑤飾り……530cm×1本

**No.8**
①～⑤はシャンパンゴールド
⑥持ち手芯（3mm）……130cm×4本
⑦持ち手結び（3mm）……340cm×2本

**No.9**
①②④⑤はルビー、③は6mm幅リボン
⑥持ち手芯（3mm）……140cm×4本
⑦持ち手結び（3mm）……380cm×2本
⑧底かがり……150cm×1本

**No.10**
①～⑤はグレー
⑥持ち手芯（3mm）……150cm×4本
⑦持ち手結び（3mm）……420cm×2本
⑧縦（1.5mm）……440cm×6本
※指定外はすべて5mmテープを使用。
※仮どめ用に40cm×2本用意する。

## ネットの準備

本体　幅49マス×81マス……1枚
※一部カットする箇所あり。裁ち図（p.47）参照。

## 作り方

### ネットを組み立て、側面にテープを通す

**1**

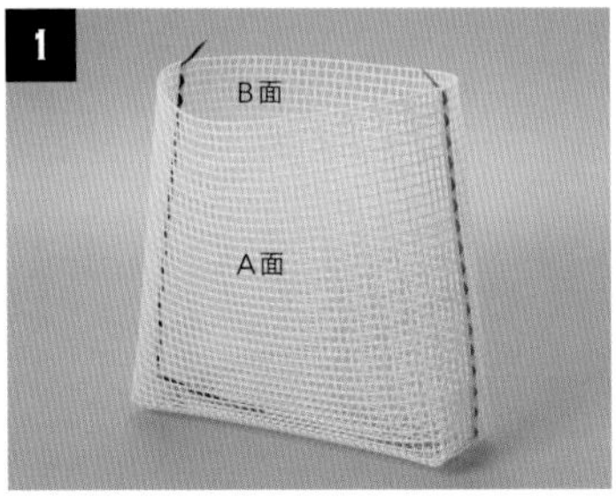


脇のマチは右を上にして1マス分重ね、底のマチは6マス分折り上げて内側に重ねる（1マス重ねない）。仮どめテープを脇中心に通して仮どめする。

**Point!**

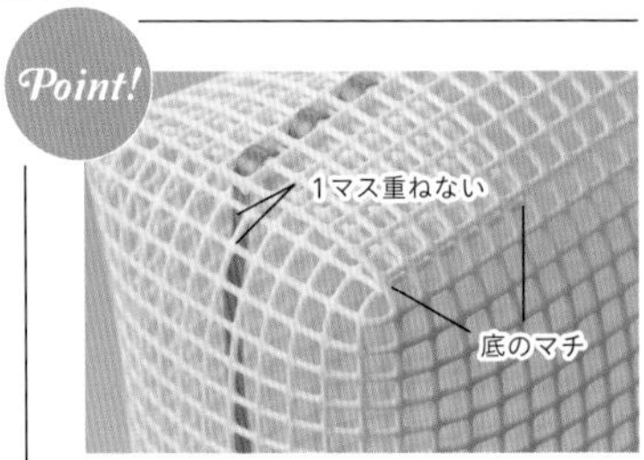


底から折り上げたネットは1マス重ねていないので、四隅の隙間が三角になる。

**2**

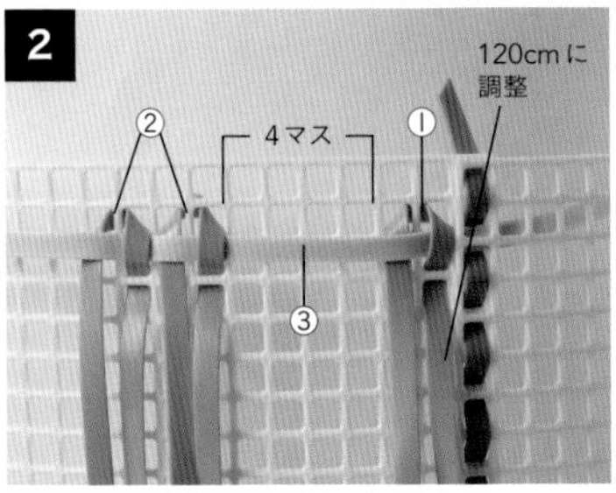


①脇縦を上から2段め、脇中心から1列左に通し、中心側を120cmに調整する。③横をセットし、4マスあけ②縦を18本通す。No.1［**9**］～［**11**］参照（p.25）。

## No. 09の場合

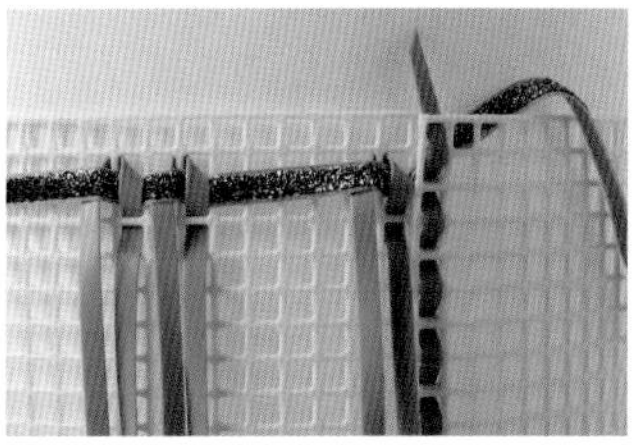

No. 9は③横がリボンになる。リボンを継ぐときは、脇の中央で新しいリボンに替える。No.3［**8**］［**9**］参照（p.34）。

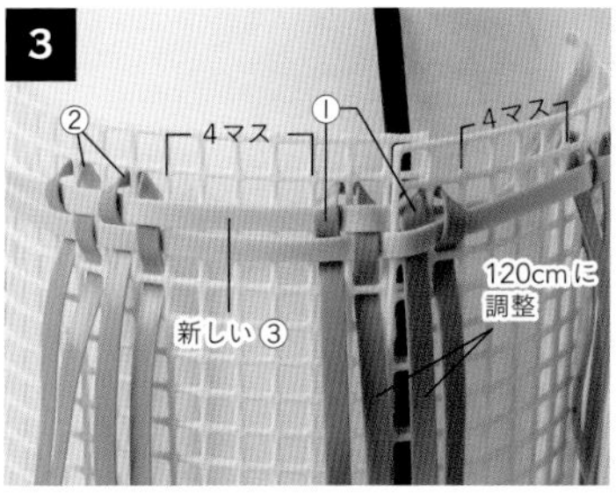


A面の②から4マスあけて①を2本通し、脇中心側を120cmに調整する。新しく③1本をセットし、4マスあけてB面に②を18本セットする。No.1［**13**］～［**19**］参照（p.26）。

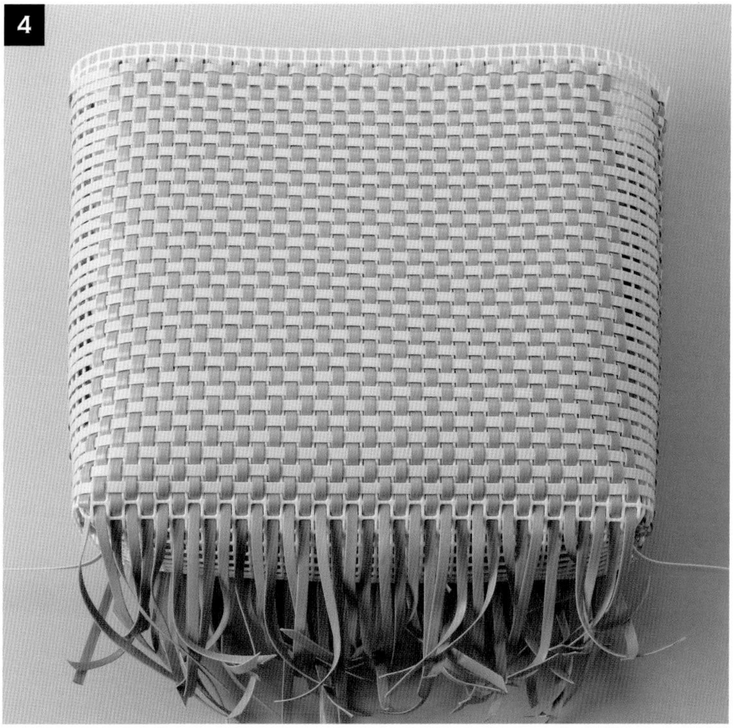


③横で32段通したところ。③の通し終わりは休ませる。ただし、No.9のリボンは内側で縦のテープに通して始末する。

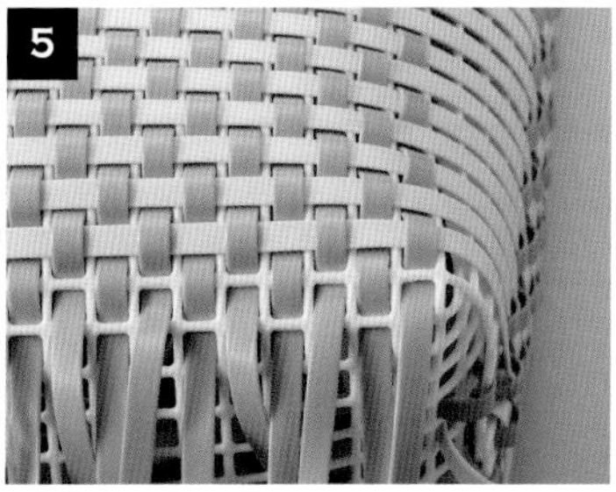


②は写真のように底面まで出す。

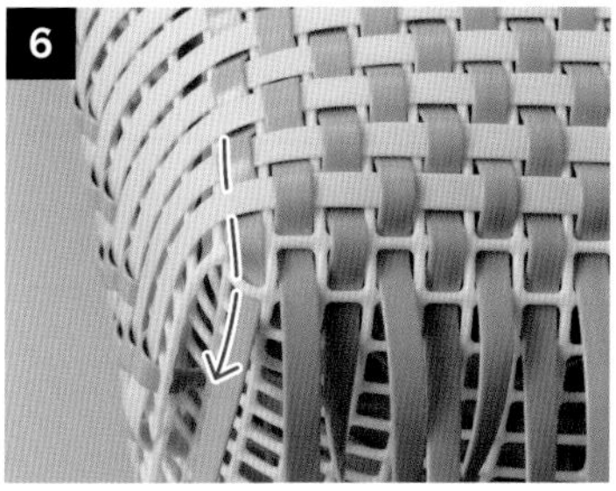


左側の②は三角の隙間にも通す。

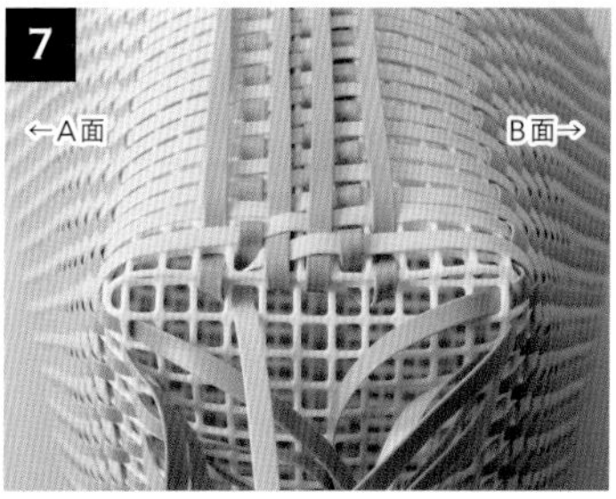


①2本の両側のテープでネットのあきを上下に通し、中心側のテープを折り返して、上へと通す。No.1［**22**］～［**33**］参照（p.27）。

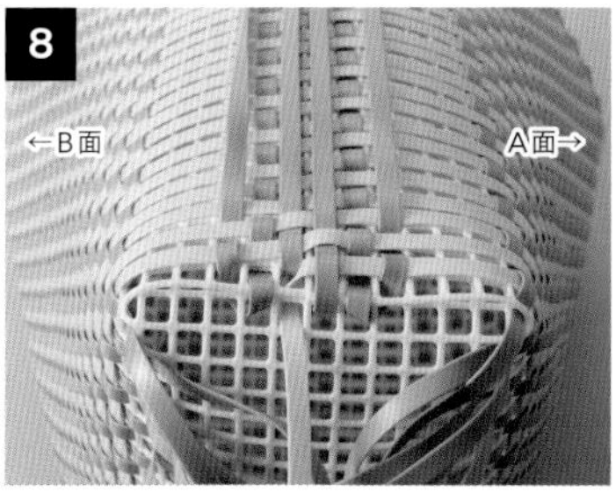


反対側の脇も同様にする。③の通し終わりが左右の脇で変わるので注意。

### 底を巻きかがる

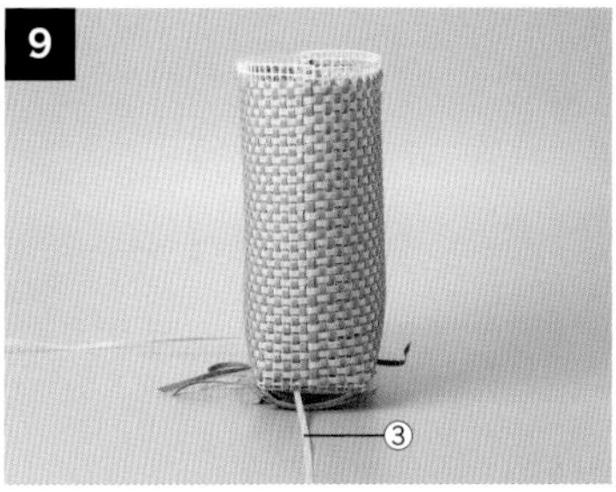


①2本を通し終えたところ。③で側面と底のネットを1マスとばしで斜めに半周ずつ巻く。No. 1［**35**］～［**38**］参照（p.28）。

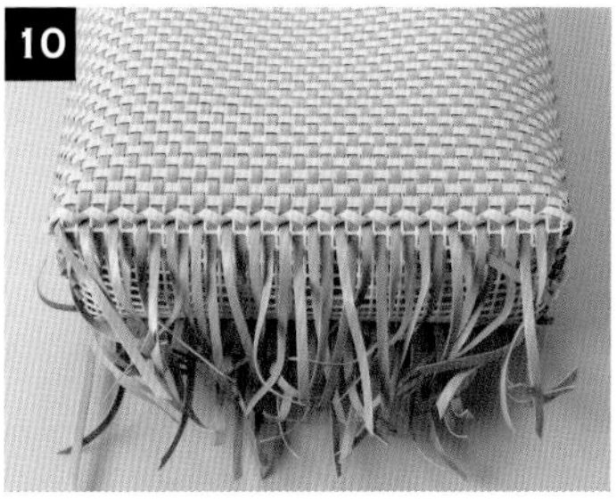


③で巻いたところ。巻き終わりは一方の巻き始めのマスに入れ、内側で始末する。

## No./09の場合

No.9は③のリボンではなく、⑧底かがり1本で同様に1周巻く。内側に始末分を15cm残し、★からスタートする。

## No./10の場合

No.10はここで⑧縦を通す。長い縫い針などで横テープを浮かせて通す。ネットを隠すように通し、上下で折り返す。通しやすいよう側面6等分し、6本で作業する。通し終わりは内側で始末する。

## 底にテープを通す

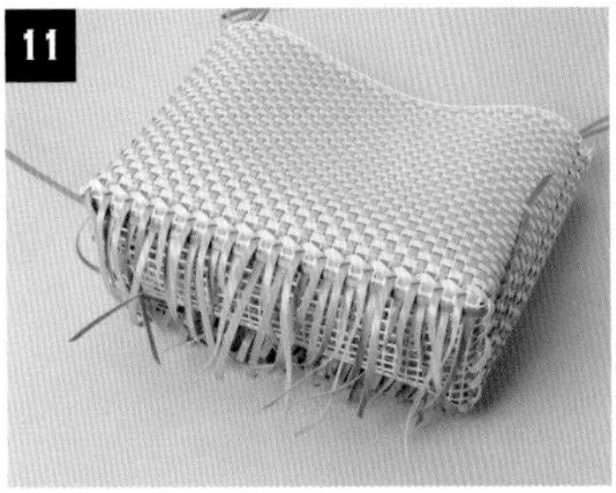

④底を始末分15 cmを脇側に出して仮どめし、写真のように底に渡す。

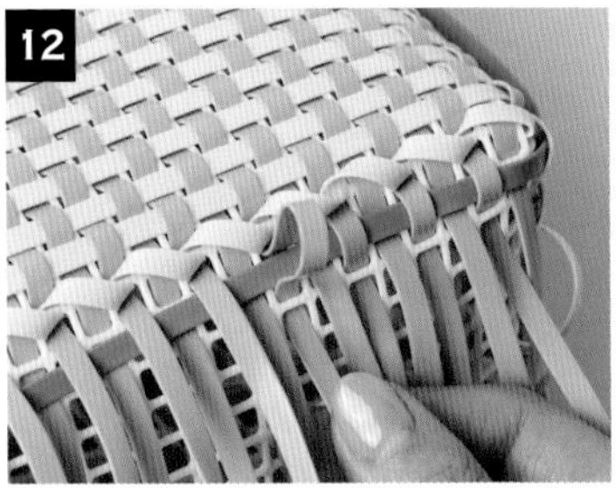

②縦のテープで1本おきにネットに通して固定する。

④を端まで固定したら折り返す（2列め）。2列めはテープの下を渡す。折り返して3列めを1列めを固定した縦のテープで固定する。同様に、偶数の列は渡すだけ、奇数の列は縦のテープで固定する。

11列めまできたところ。固定した②縦のテープは内側に入れる。

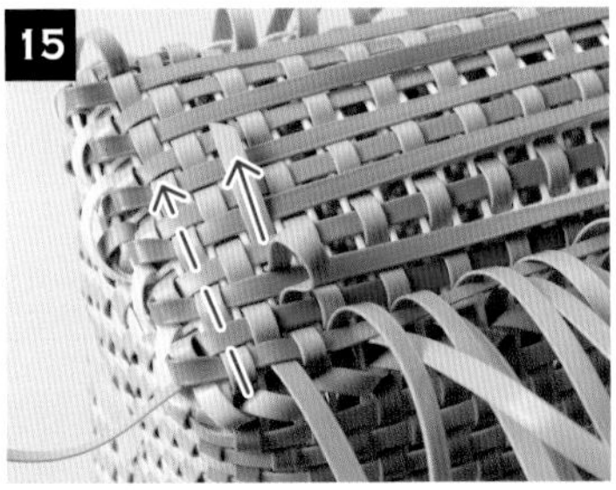

折り返して12列めを渡したら、反対側（写真手前）の縦のテープで④の偶数の列を固定する。

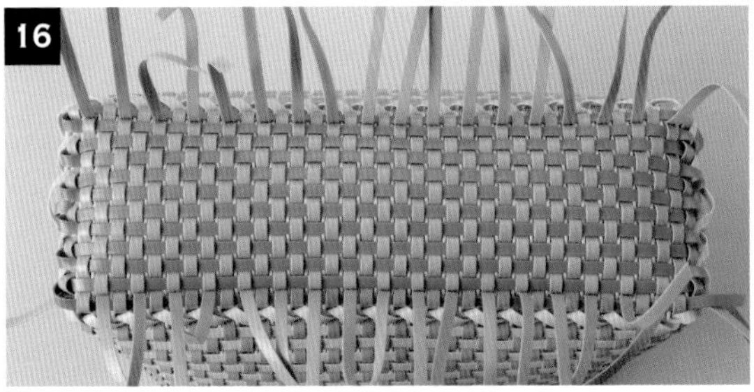

12列分固定したところ。残りの縦のテープに接着シートを貼り、重ねて通し、通し終わり（最後の列の④を通すとき）のみネットにも通す。

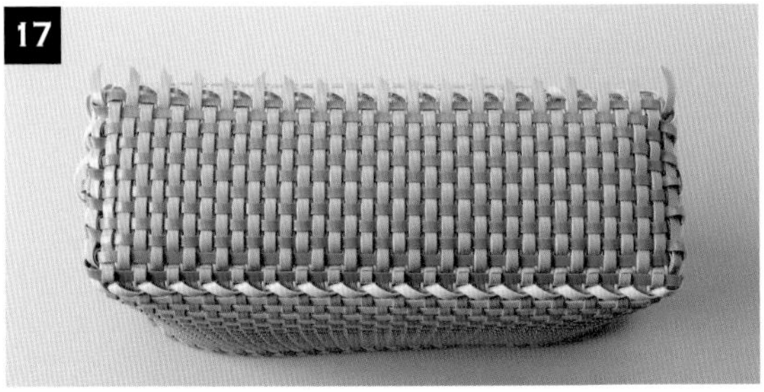

縦テープを通したところ。テープ端は④のキワから5 mmほど残してカットする。内側に入れたテープ端も同様にカットする。No.1［**51**］～［**53**］参照（p.30）。

## 縁飾りをし、縁を巻く

**18**

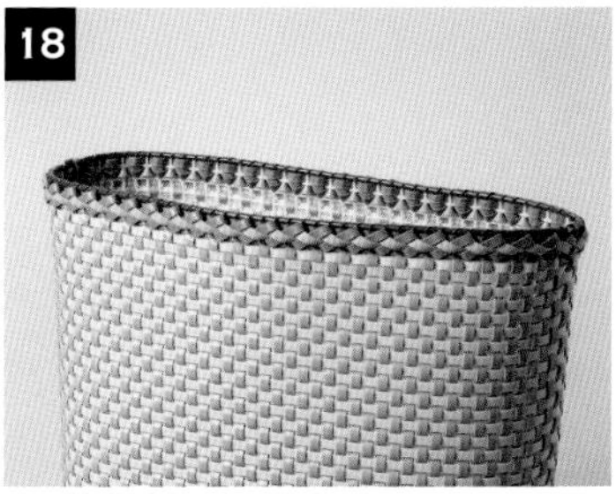

⑤飾りを内側に280 cm残して縁飾りをする。縁を巻いたら、1段めと2段めに半周ずつネットの縦ラインを隠すように通す。No.1［**54**］〜［**64**］参照（p.30）。

※持ち手つけ位置の縁巻きはあとでテープを通すのでゆるめにする。

## 持ち手を作る［タッチング］

**19**

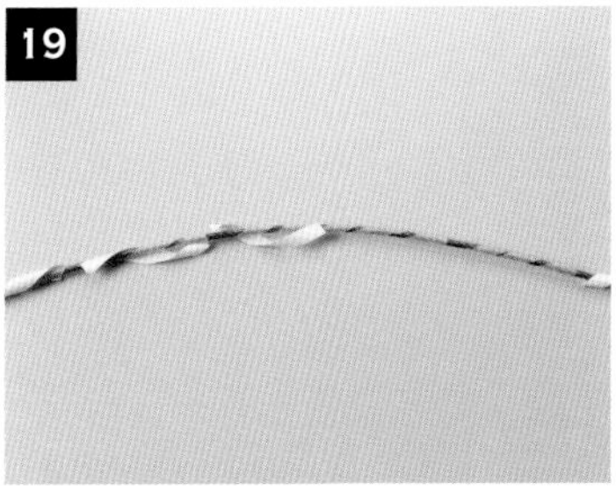

ワイヤーロープに接着シートを巻くようにして貼る。

**20**

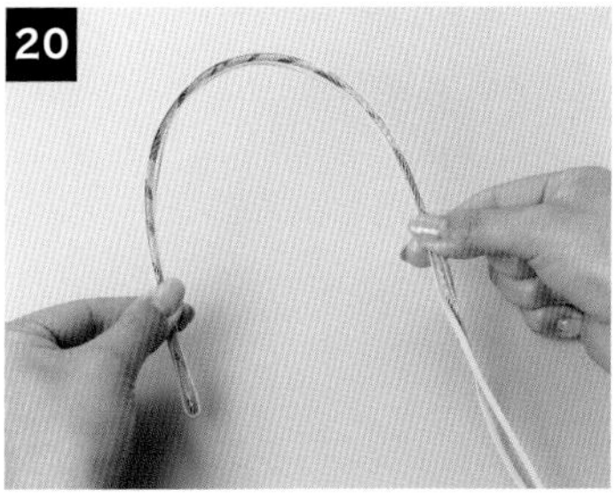

⑥持ち手芯1本を二つ折りにし、始末用にそれぞれ端30 cmとってワイヤーロープに貼る。折り返して貼ったところ。

**21**

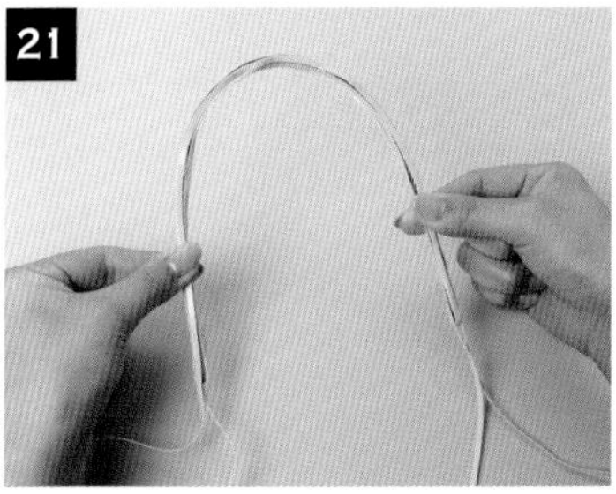

⑥1本を同様に始末分30 cmとって反対側からワイヤーロープに貼る。始末テープが両端から2本ずつ出ているところ。

**22**

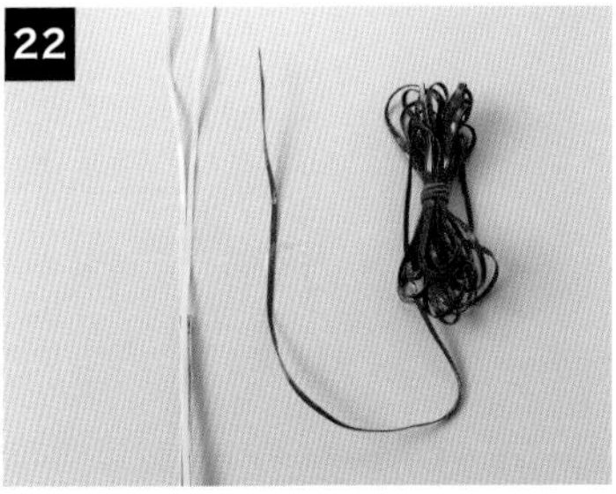

⑦持ち手結びを用意する。芯テープをマスキングテープなどで固定する。

**23**

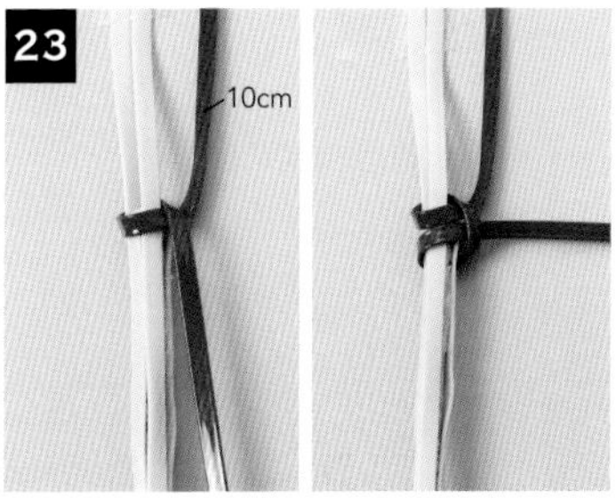


⑦の端をワイヤーの端から10 cm残し、タッチング結び（p.23）を結ぶ。1回結んだところ。

**24**

持ち手（ワイヤーの長さ）分結ぶ。結び始めと結び終わりの4回分は、あとでテープを通すので少しゆるめに結ぶとよい。

**25**

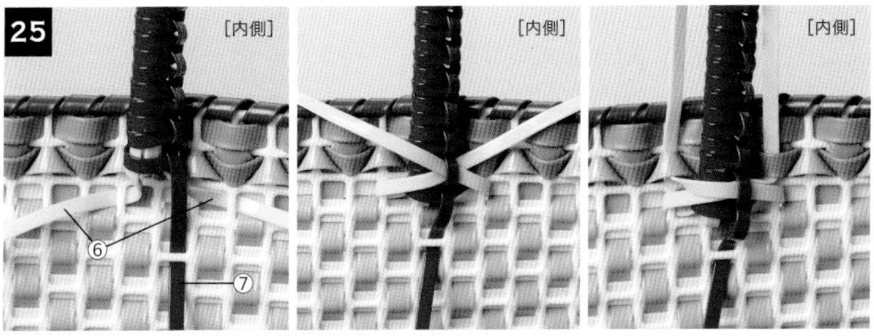


持ち手を中心17マス挟んだ位置につける。⑦を持ち手位置の下側のマスに通し、⑥2本を縁から3マスめ、⑦の両脇のマスに通す。⑥を折り返し、結び目に通して交差させ、2段めのテープに通す。結び目（山）が外側になるよう向きに注意する。

**26**

結び目を1つ上にとばして結び目に通して交差させる。縁巻きのテープに通して交差させ、先ほどとばした結び目（山）に通して交差させ、⑦を通したマスの両脇に通して始末する。

**27**

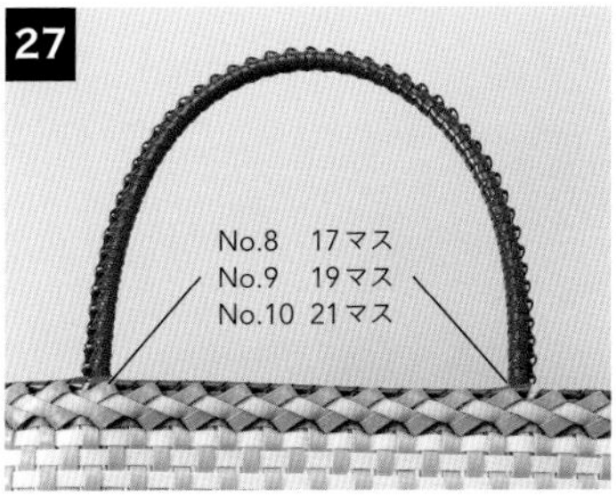


もう一方も同様につける。写真は35cm持ち手の場合。40cm持ち手は中央19マス挟んだ位置に、45cm持ち手のつけ位置は中央21マス挟んだ位置につける。

No. 11

# ショルダーバッグ

**PH** / p.12
**SIZE** / W25 × H18 × D6.5cm

**MEMO** センターのラインを色変えしていますが、こちらはお好みで。フラップの通し方はPVCのバッグと共通です。

## 材料

ラ メルヘン・テープ（5mm幅）
……フロストローズクォーツ［193/㋱］2束、
……マットモーヴ［158/㋱］1束
あみあみファインネット……白［Ⓗ］1枚
留め金具……シルバー［AA-113/Ⓚ］1組
ナスカン付きチェーン
……シルバー（122cm）［BK-128/㋑］1本
ショルダー用三角カン
……シルバー（15mm）［㋕］2個

## テープの準備

①フラップ横……690cm × 1本
②縦……A135cm × 1本、B115cm × 1本
③縦……83cm × 14本、（158）83cm × 2本
④横……75cm × 1本
⑤脇中心縦……A145cm × 1本、B85cm × 1本
⑥脇縦……A125cm × 1本、B95cm × 1本
⑦横……670cm × 2本
⑧縦……52cm × 14本、（158）52cm × 2本
⑨飾り……160cm × 1本
⑩縁……95cm × 1本
⑪底……240cm × 1本

※指定外はすべて（193）を使用。
※仮どめ用に脇用30cm × 2本用意する。
※センターラインを入れない場合は、③83cm × 16本、⑧52cm × 16本にする。

## ネットの準備

本体　幅42マス × 69マス……1枚

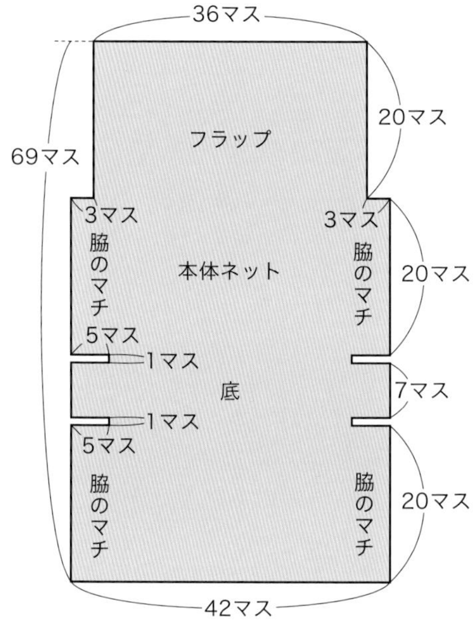


## 作り方

### ネットを組み立て、フラップにテープを通す

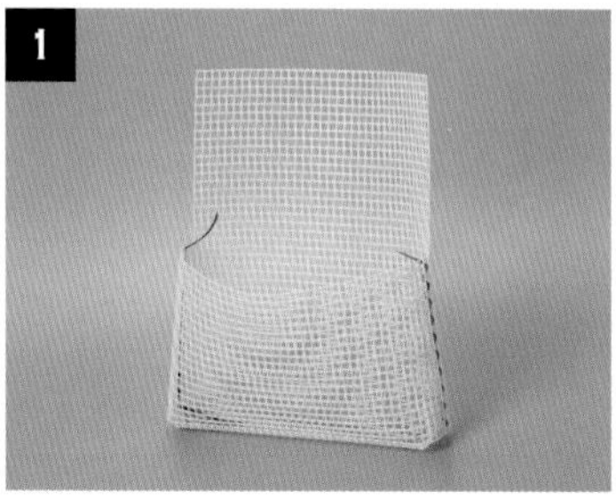

1 脇のマチは右を上にして1マス分重ね、底のマチは5マス分折り上げて内側に重ねる（1マス重ねない）。No. 08～10 Point! 参照（p.50）。

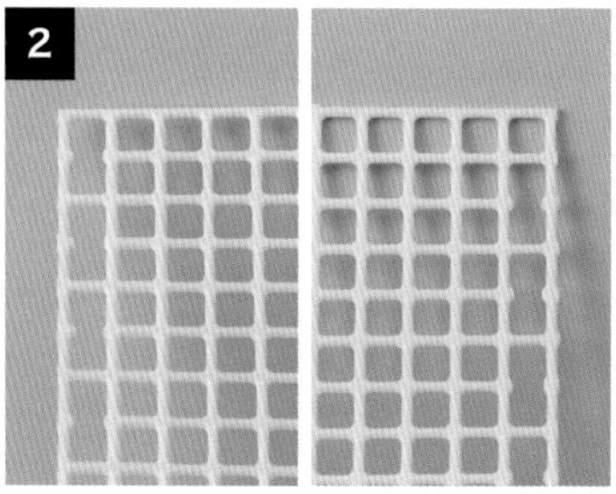

2 ネットのフラップ部分の両脇を写真のようにカットする。写真はフラップ背面表側から見たもの。

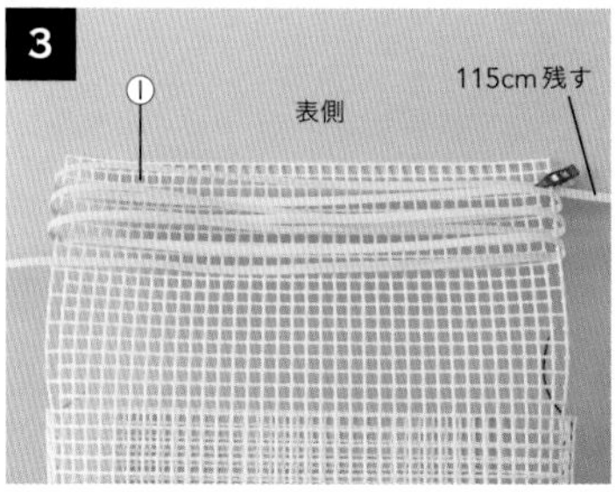


3 ①フラップ横を縁飾り分115 cmとって上側3マスめにネットの下から上へと出す。ネットの左右で折り返し、ネットの上をジグザグと18段分、渡していく。

**Point!**

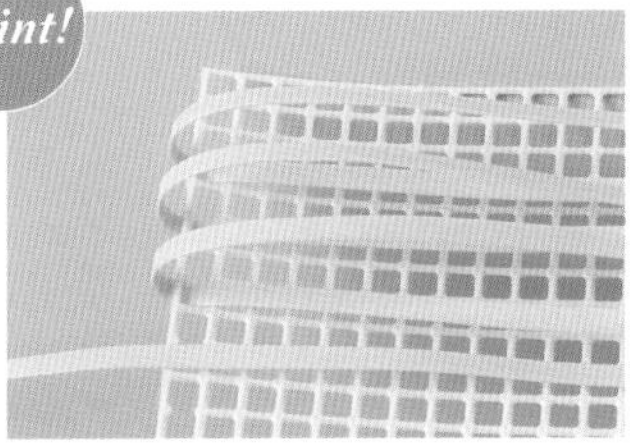

折り返したら、ネットの下（カットしたマス目）から出す。

**4**

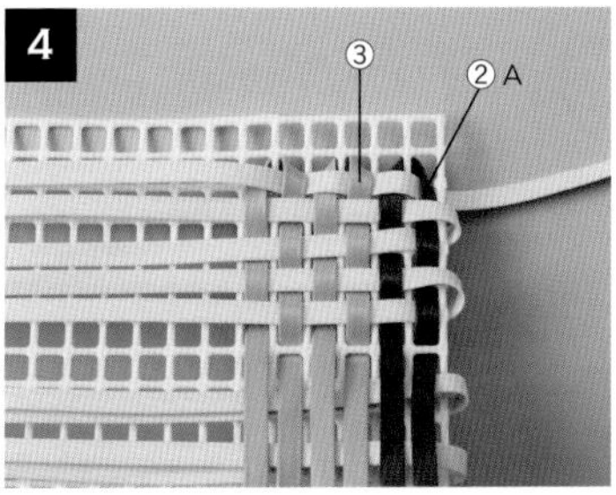


②A縦をネットの右端、上から2マスめに、左が41 cm（③の二つ折りの長さ）になるように二つ折りしてセットする。③縦をセットしながら、ラティスウィーヴ（No.1）の要領でネットに通していく。

**5**

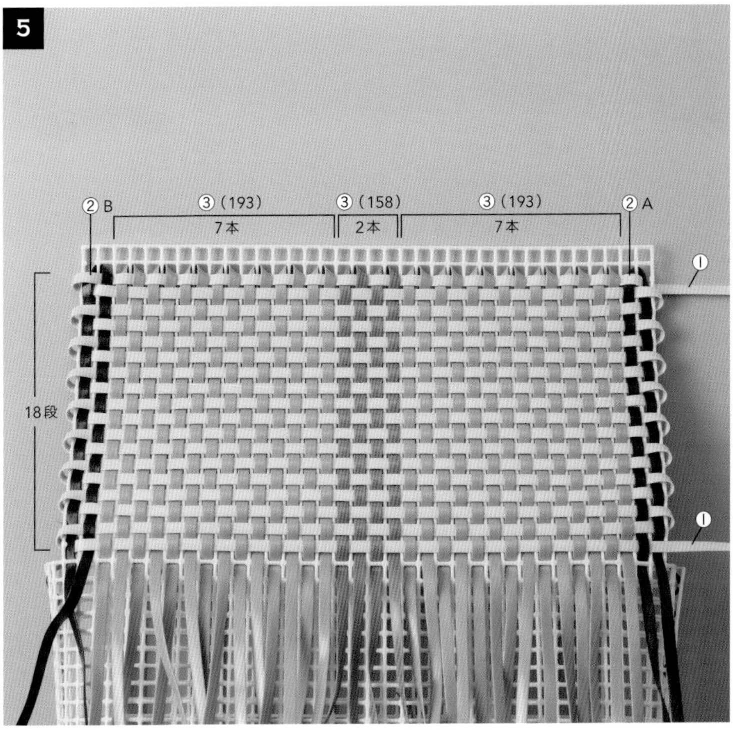


②A1本、③（193）7本、（158）2本、（193）7本、②B1本の順にセットし、18段分通したところ。左端の②Bは右側が41 cm（③の二つ折りと同じ長さ）になるようにする。①のテープ端は上下とも休ませておく。

## 本体にテープを通す

**6**

④横1本を貼り合せ分6 cm残して①の最終段の下に通して②③で固定する。

**7**

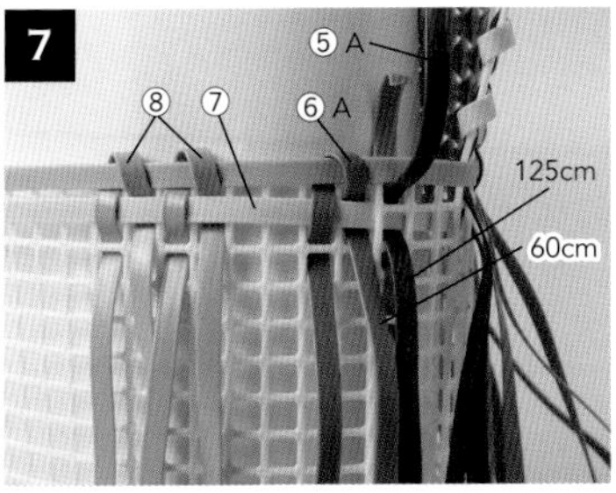


④を本体前面に回し、⑤脇中心縦Aと⑥脇縦A、⑦横を写真のようにセットする。さらに2マスあけて⑧縦を二つ折りしてセットし、ラティスウィーヴの要領でネットに通していく。

**8**

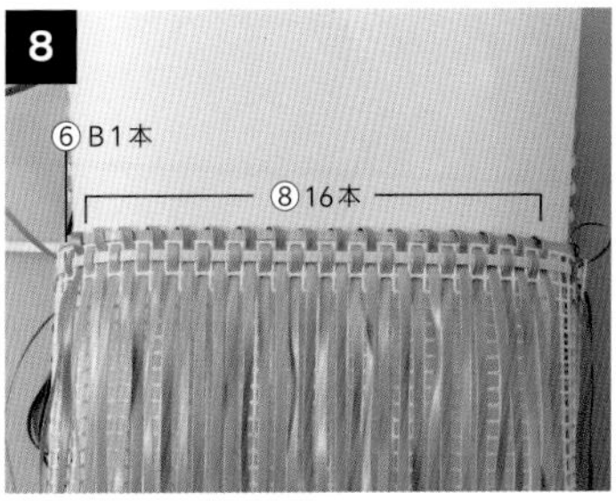


⑧を16本をセットし、⑥Bを右側26 cmで二つ折りしてセットする。

※この面にもセンターラインを入れるなら⑧2本を（158）にして、8、9本めにセットする。

**9**

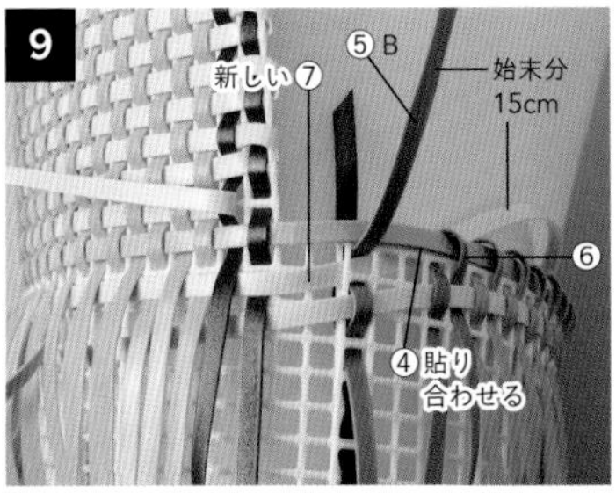


[**8**]でセットした⑥Bから2マスあけて⑤Bと新しい⑦をセットする。④は1周したら貼り合わせる。

**10**

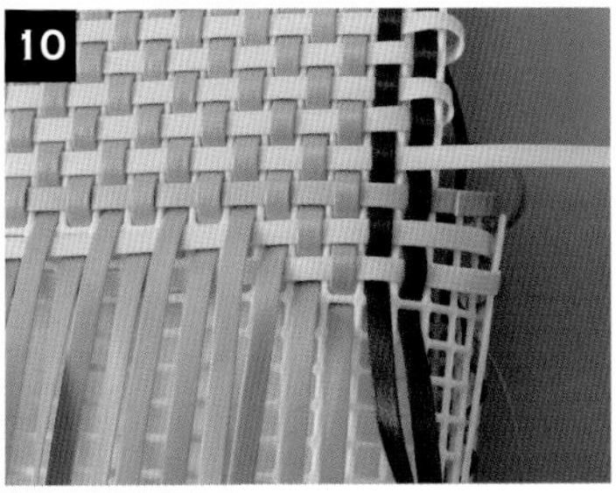

⑦2本で本体のネットにラティスウィーヴで通していく。

**11**

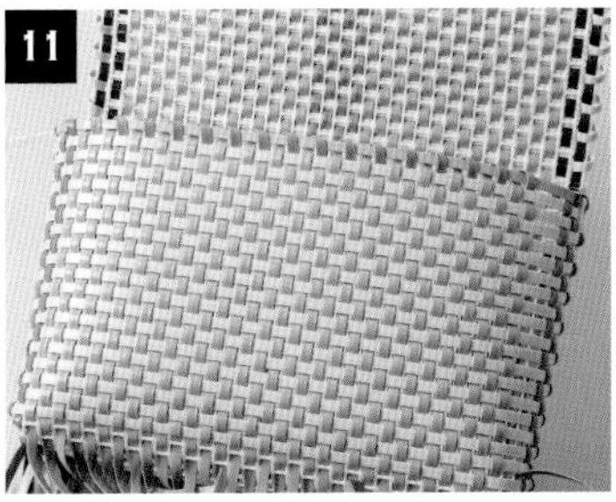

ぐるぐると19段通したところ。

## カンをつけて、縁を巻く

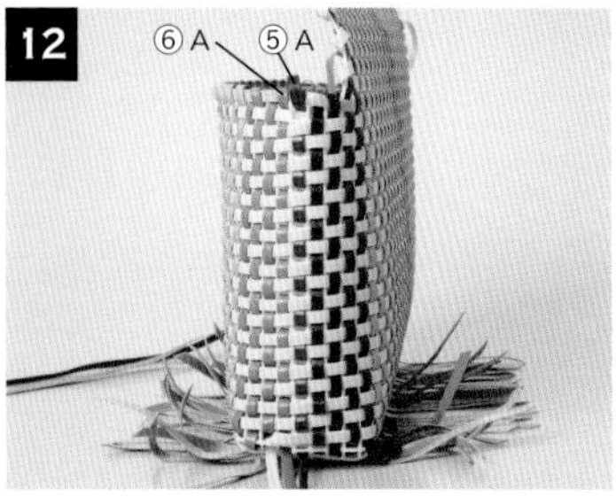


②Bの外側のテープ（写真・ワイン）と⑥A（左側）は脇のあいた列に上下に通して埋める。⑤Aと⑥A（右側）は同じ列で折り返し、上へと通し、休ませる。

反対側の脇も同様に②Aと⑥Bで脇のあいた列を埋め、②（右側）と⑤Bは折り返し、上へと通し、休ませる。

左側の脇［**13**］は折り上げた②と⑤Bの2本、⑤B始末分で三角カンに通す。②はネットの内側を通してから縁を1回巻く。それぞれ内側で始末する。

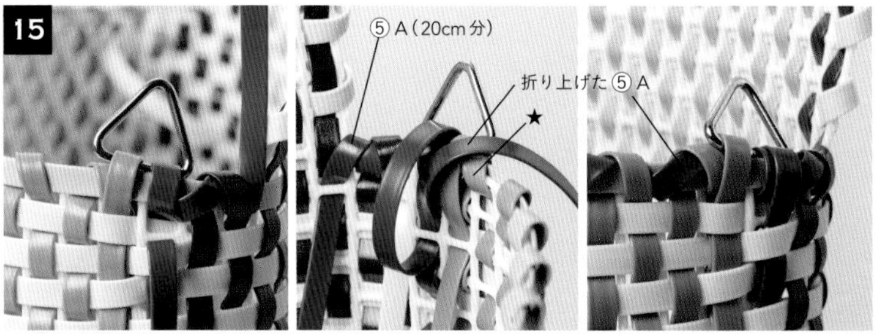


右側の脇［**12**］は折り上げた⑥Aと上で休ませていた⑤A（20 cm分）で三角カンに通す。⑥Aは内側で始末する。⑤Aで縁を1回巻いて同じマスに出し、右のループに通して1回巻く（写真左）。折り上げた⑤Aは三角カンに通してから内側でネットに通して固定し、★のループを通して外に出し、縁を巻く。No.5［**23**］参照（p.45）。

右側の脇から縁を巻いてきた⑤Aは⑤Bのループに通して内側で始末する。

## フラップに縁飾りをし、縁を巻く

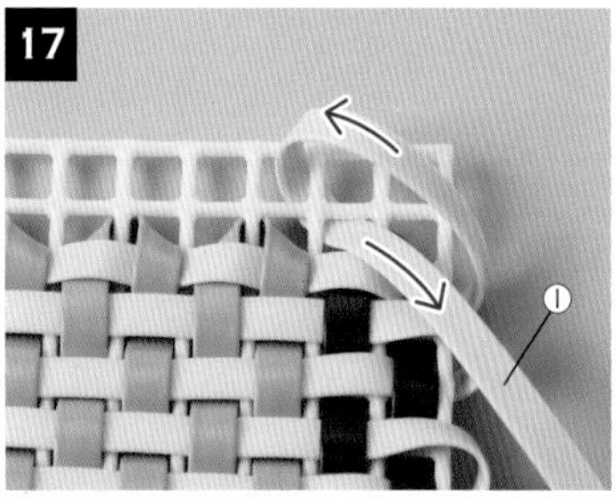


［**3**］で残していた①のテープで縁飾りをする。最初のスタートは写真のように上段の端から3マスめに上から入れ、1マス戻った2段めに出す。

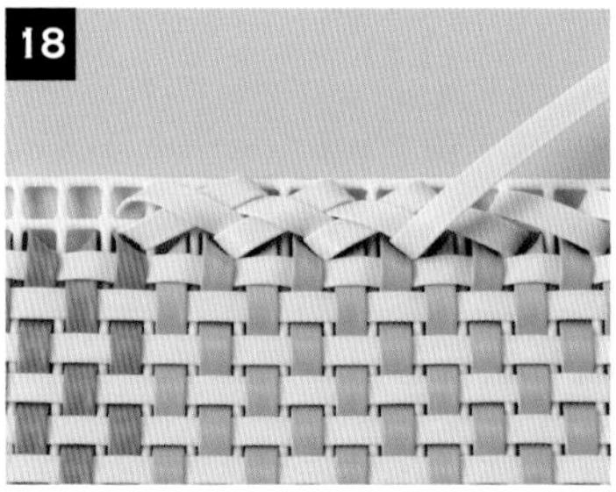


これを繰り返し、16マス分進んだら、17マスめで折り返す。No.1［**57**］参照（p.30）。

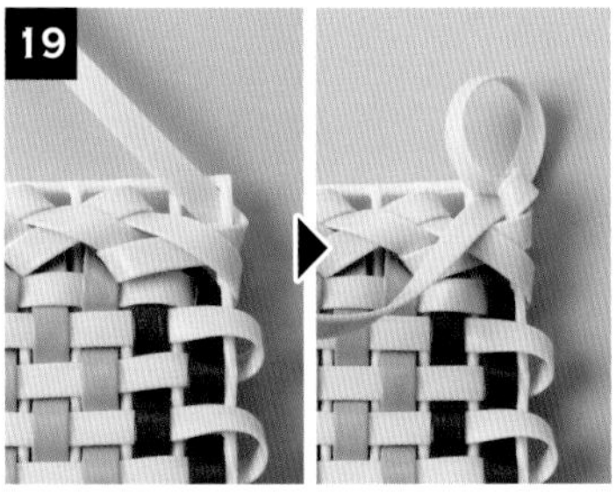


往復したら、角のマスに2回巻いて、ネットの縁を1マス1回ずつ巻く。

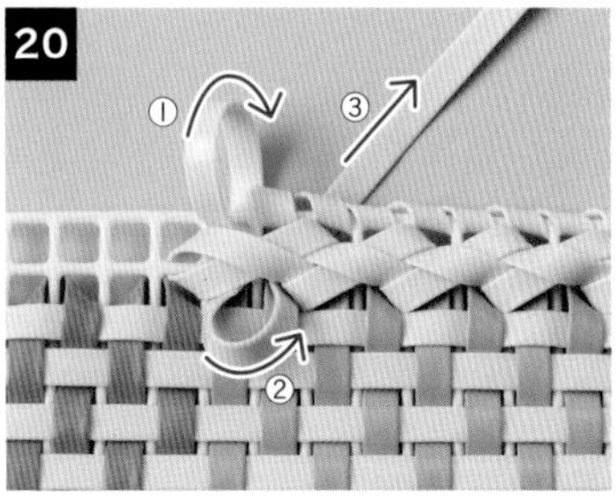


16マス分巻いたら、裏から2段めに出し、2段めの隙間を埋めるように右端へと通す。

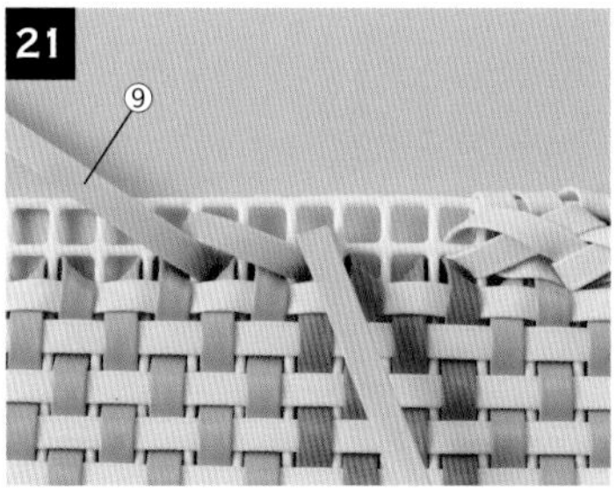


⑨飾りを、左端から17マスめに写真のように通す。テープを上下均等な長さに調整したら、2段めに出したテープで縁飾りをする。

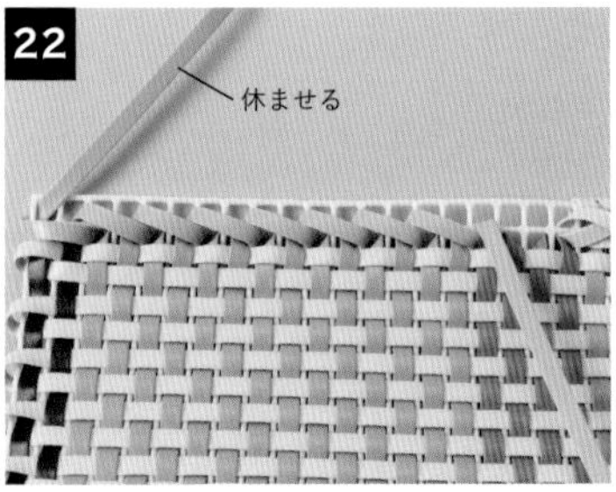


左端まで巻いたら、写真のように休ませる。

**23**

上側のテープで飾りを巻く。端まで巻いたら、裏から2段めに出し、2段めの隙間を埋めるように中央へと通す。

**24**

中央まで通したら、写真の位置からネットの縁を巻く。縁を巻いたら休ませる。[**22**] で休めていたテープ（a）で上段の隙間を埋めるように端まで通す。

**25**

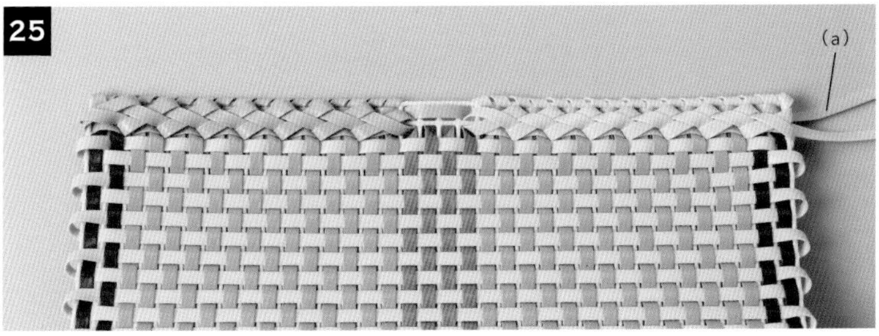


中央の金具つけ位置はとばし、端まで通したとところ。

**26**

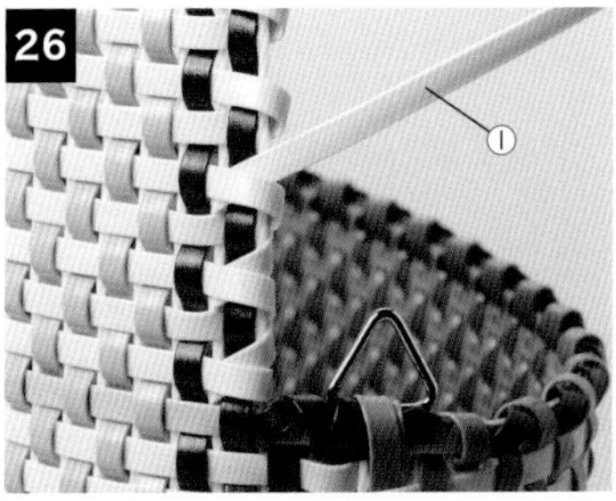


[**5**] で休ませていた①の下側でフラップの縁を巻く。すでにあるループの下を通す。

**27**

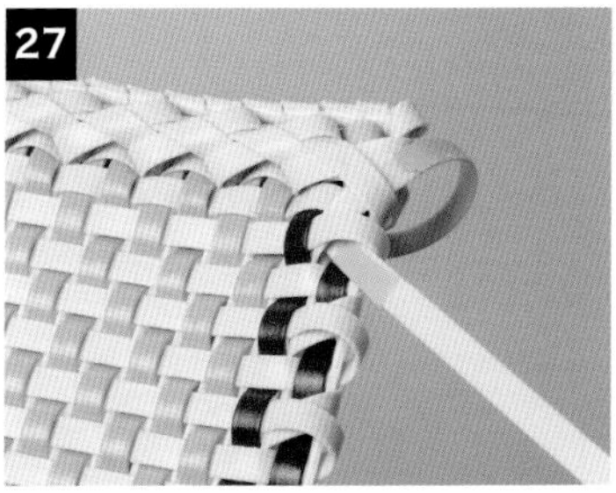

端まで巻いたら、写真のように飾りのループにも通してから折り返す。

**28**

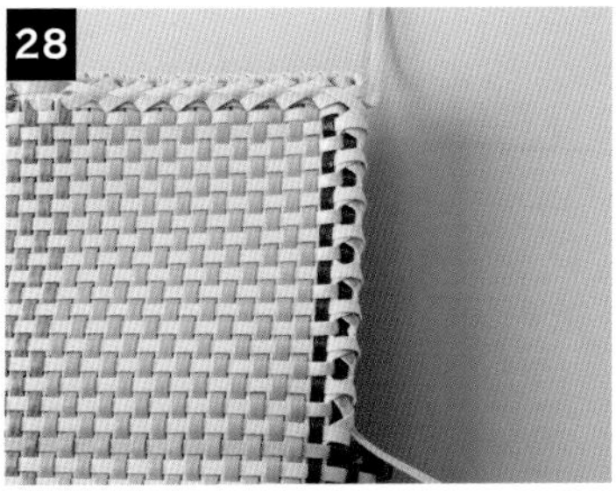

さらにループの下を通し、縁を巻く。

**29**

⑩縁でもう一方のフラップ縁を巻く。始末分を15cm残し、下から上へ巻く。

**30**

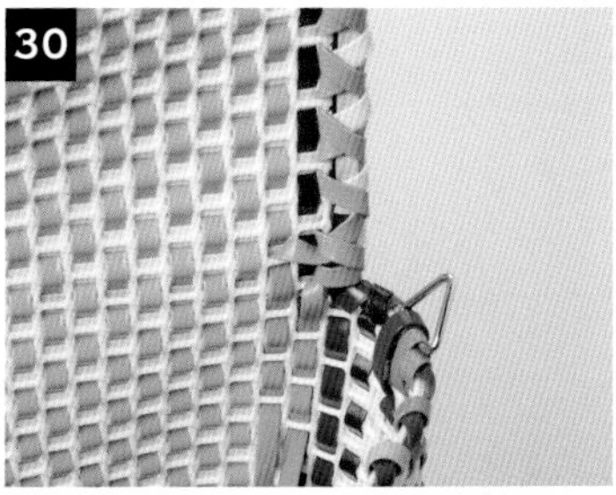

端まで巻いたら [**27**] [**28**] と同様にループの下を通して巻き始めまで戻し、始末する。

**31**

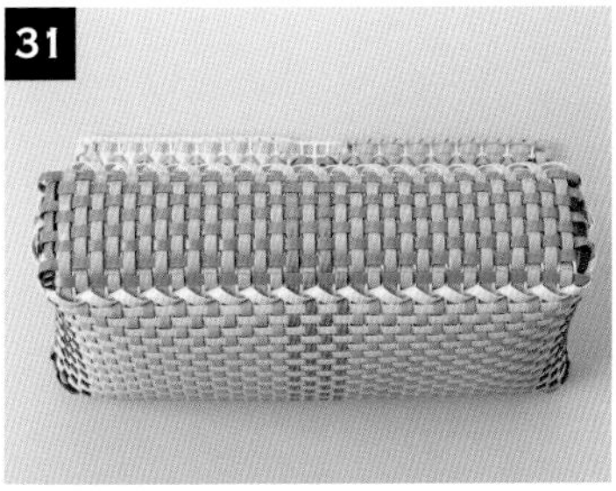

⑦で底を半周ずつ巻きかがり、⑪底を底のネットに渡しながら縦のテープで固定する。No. 8 [**12**]〜[**18**] 参照（p.52)。

**32**

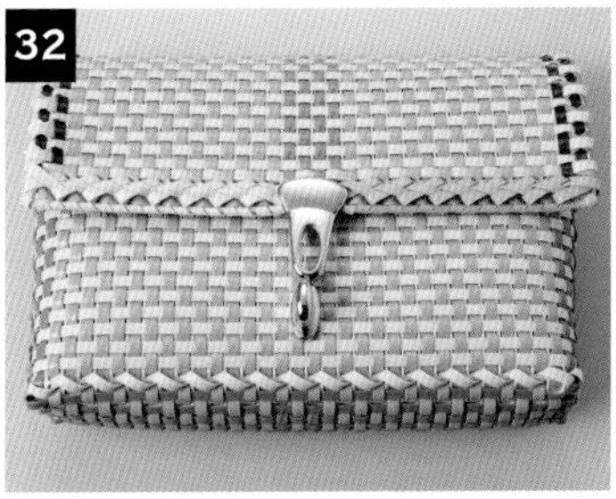

金具をつける。ひねり金具は本体の底から3マスめと6マスめのネットに切り込みを入れて差し込む。

No. 12

# シェブロン・ストライプの2wayバッグ

**PH** / p.13
**SIZE** / W24 × H20 × D7cm

**MEMO** 前面と後面で縦と横の色を入れ替えたデザイン。シェブロン柄の通し方はNo.4を参考にしましょう。

## 材料

ラ メルヘン・テープ（5mm幅）
……エナメルミッドナイト［126/㋱］1束
……フェイクレザーレモン［197/㋱］1束
あみあみファインネット……白［㋩］1枚
持ち手
……竹持ち手（幅20cm）生成り［BB-23/㋑］1本
持ち手用Dカン
……ネジ式（幅28mm）［AK-112/㋑］1組
留め金具……ゴールド［AA177-L/Ⓚ］1組
ナスカン付きチェーン
……本革付きアンティークゴールド［BM-1205/㋑］1本
ショルダー用三角カン
……ゴールド（15mm）［㋕］2個

## テープの準備

①縦……（126）58cm × 15本
②脇縦……（126）150cm × 2本
③横……（197）930cm × 1本
④縦……（197）140cm × 2本
⑤縦……（197）95cm × 12本
⑥縦……（197）60cm × 2本
⑦縦……（197）55cm × 6本
⑧横……（126）880cm × 1本
⑨フラップ横……（126）585cm × 1本
⑩フラップ横……（126）80cm × 1本、50cm × 1本
⑪フラップ縁……（197）140cm × 1本
⑫底……（126）230cm × 1本

※仮どめ用に、底用60cm × 2本、脇用30cm × 2本、補強用10cm × 2本用意する。

## ネットの準備

| | |
|---|---|
| 側面A | 幅42マス × 25マス……1枚 |
| 側面B | 図参照……1枚 |
| 底 | 幅32マス × 9マス……1枚 |
| 補強 | 幅9マス × 4マス……2枚 |

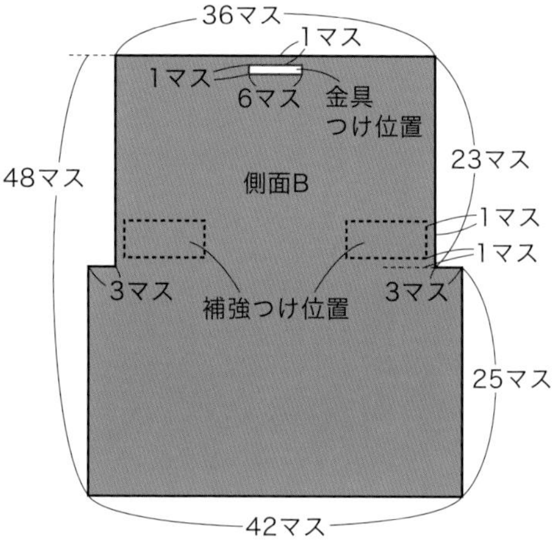


## 作り方

### ネットを組み立て、側面にテープを通す

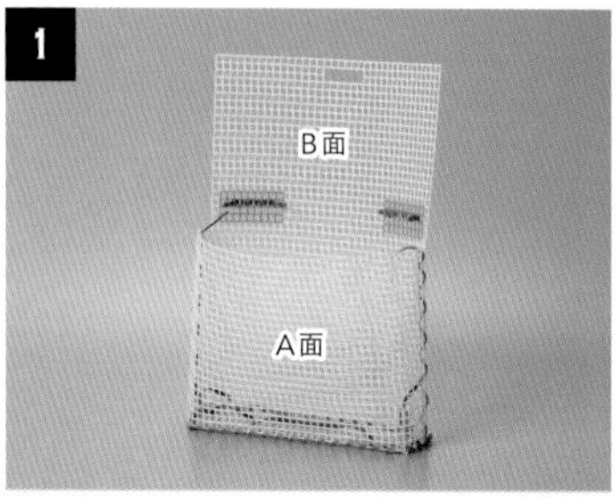


側面A、Bと底のネットを組み立てる。側面のネット、端から5マスあけて底のネットと合わせる。No.1［**1**］～［**8**］参照（p.24）。

Point!

A面、B面ともに底のネットの右端1マスをあけて仮どめテープを巻くこと。仮どめのループが底面の同じ列で1マスずれていること。No.1［**4**］参照（p.25）。

Point!

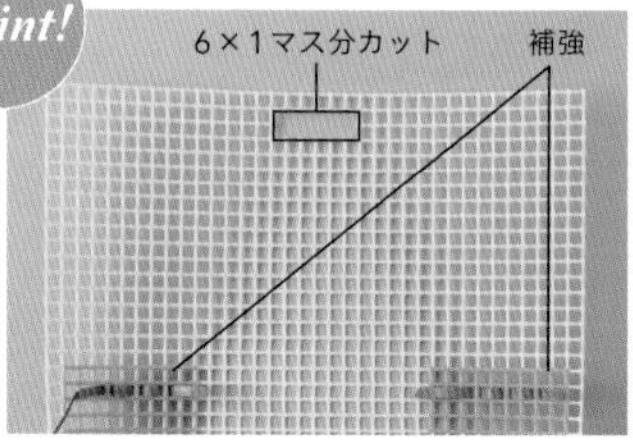


B面のネットは金具つけ位置をカットし、持ち手つけ位置の裏側で補強のネットを仮どめする。

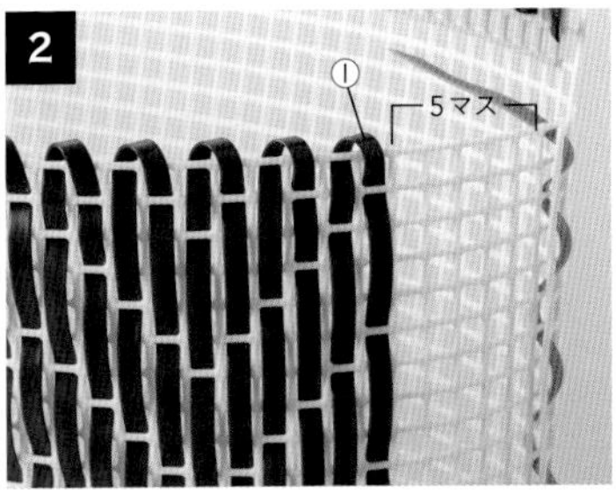


脇中心から左に5マスあけ、①縦を二つ折りにして、シェブロン柄になるように［表4裏0表4］で通す。折り山は3mm程度余裕をもたせる。No.4［**1**］～［**7**］参照（p.38）。

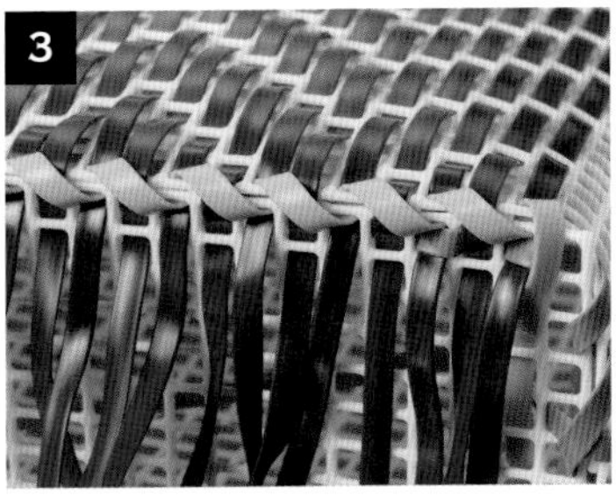


仮どめがネットに通っている列はネットの内側から底に出す。仮どめが通っていない列は、側面と底のネットをまたぎ、ループの下を通して、底の次のマスに出す。

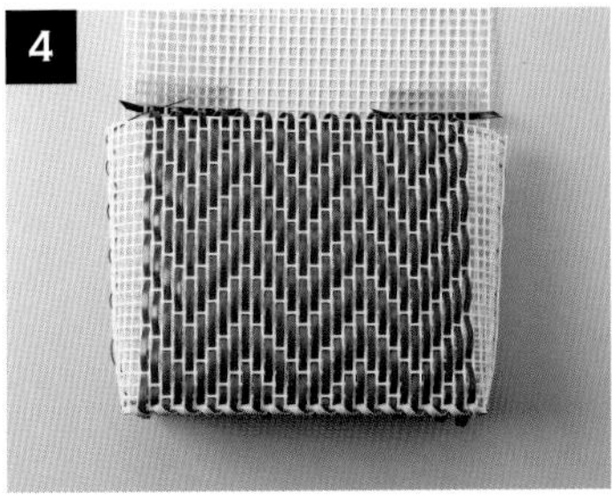


①を計15本通したところ。→A面

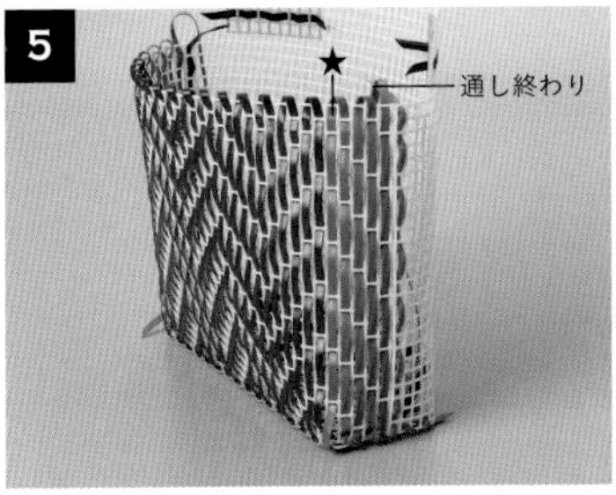


②脇縦の端から30cmを★の位置にかけ、A面と柄がつながるように左に1列通す。残りを右に4列通したら通し終わり（上）で休ませる。反対側の脇も同様に②を通す。No. 4［**11**］～［**13**］参照（p.39）。

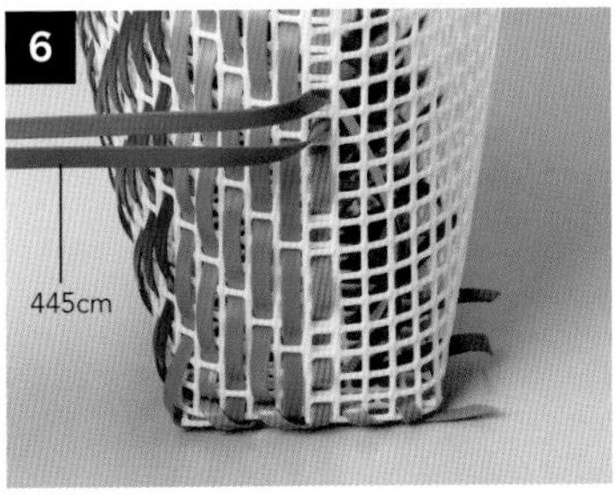


③横を右脇の下から12、13段めに通す。下のテープが445cmになるようにする。下のテープをA面に通していく。

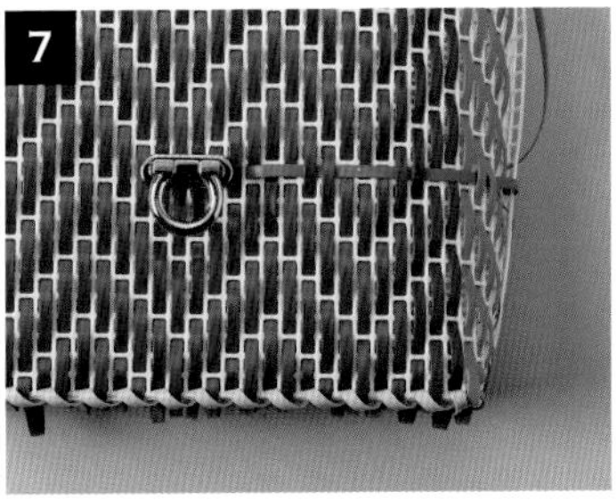


縦のテープが浮いているマスは縦の裏に、それ以外は縦の表に渡す（ネットには通さない）。①の真ん中のテープ（左右から8本め）を中心とした4マスに留め具を差し込む。差し込んだら、③は内側に入れる。

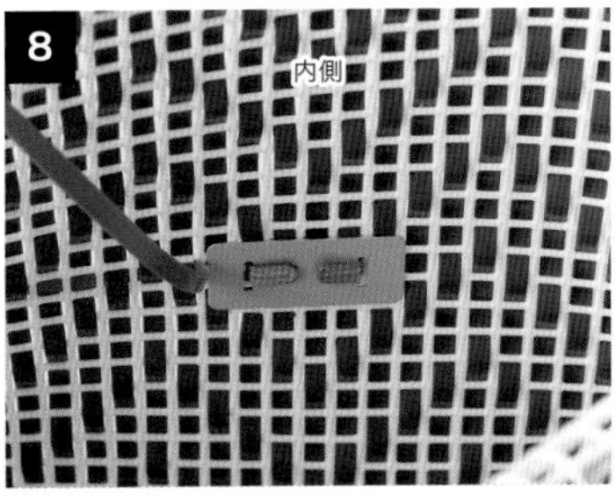


内側で座金を通し、ペンチで留め具の足を曲げて固定する。内側に入れた③を座金の上に渡し、表側に出す。

左脇の中央で折り返し、下の段に通していく。No.4［**15**］～［**19**］参照（p.40）。

最終段（12段め）を通すときは、写真のように縦2本をくぐるときにネットにも通す。

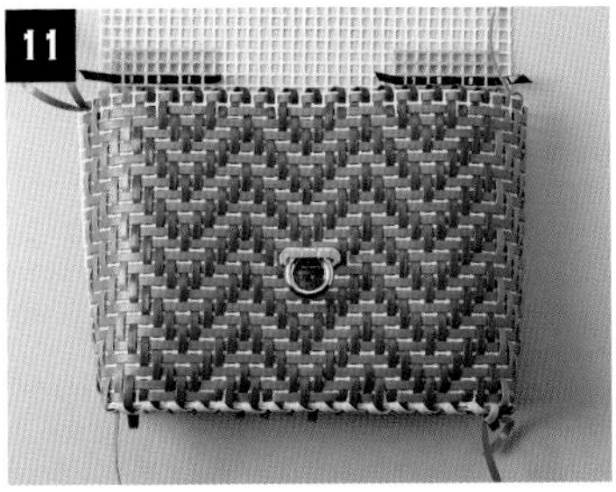


同様に残りの③で上半分（13段分）を通す。上から2段めはネットにも通し、最終段（最上段）は1マスずつネットに通す。No. 4［**30**］参照（p.41）。

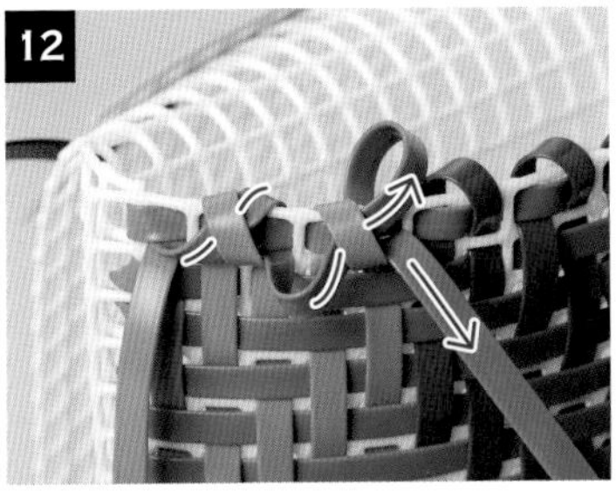


③の続きで縁を巻く。縦テープのループに通したら内側から出す。

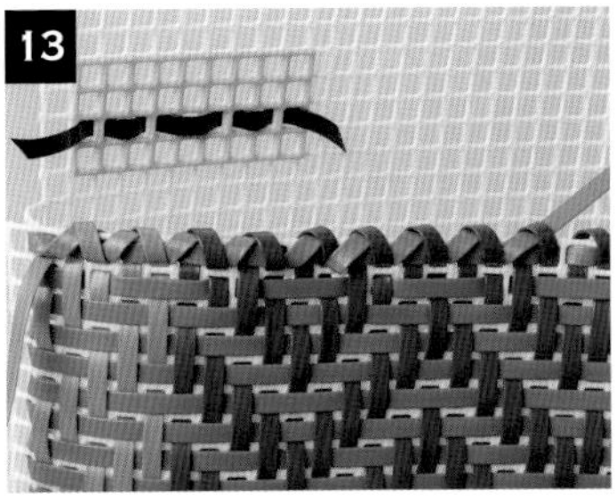


縁を巻いているところ。

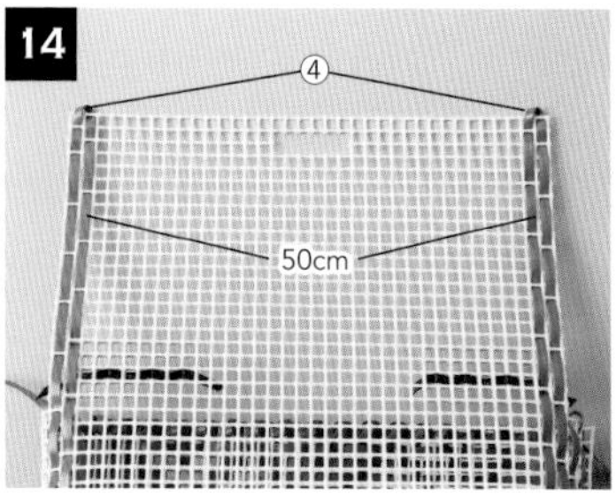


④縦をB面の端に内側が50 cmになるように二つ折りし、50cmを内側に残りを外側にシェブロン柄になるように通す。

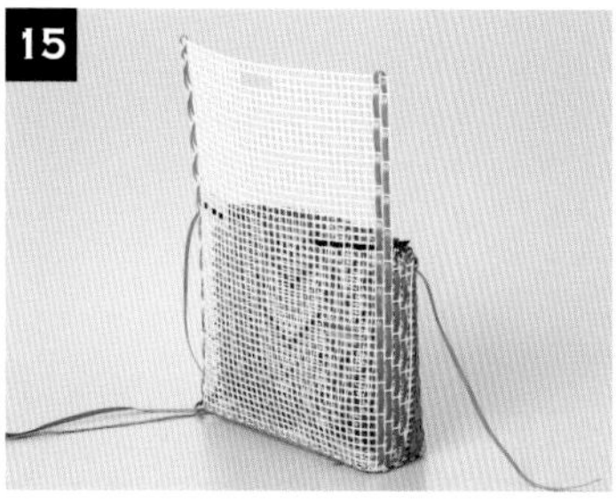


④の外側のテープはそれぞれ脇のネットに2列通す。

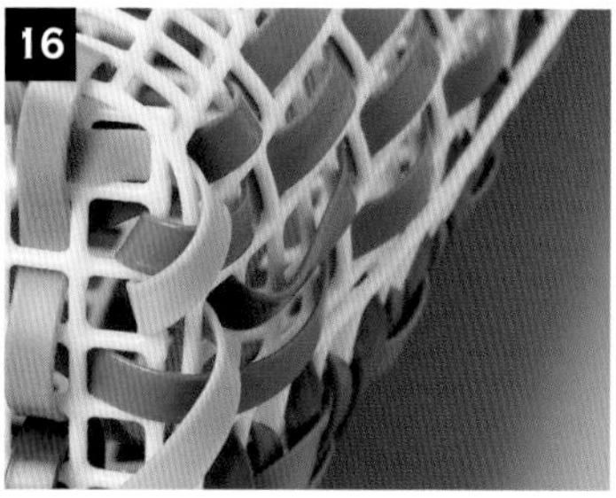


底のネットにも通して折り返す。

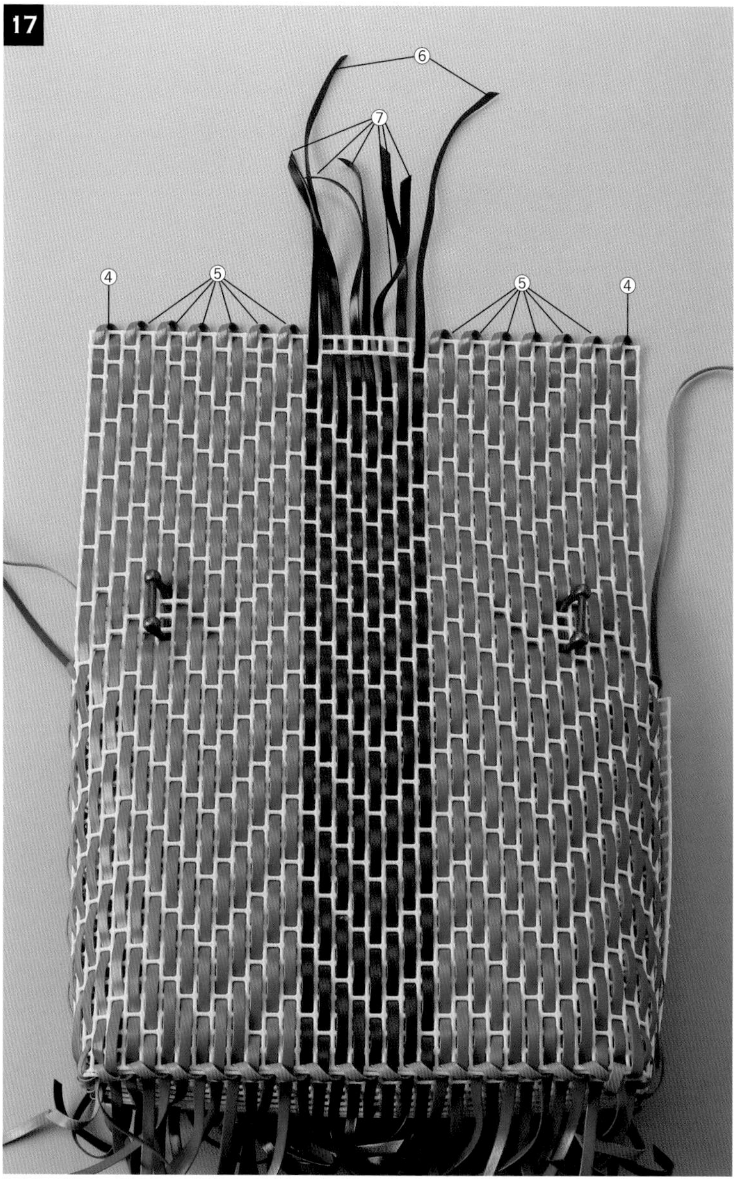


⑤縦を6本、二つ折りにして、シェブロン柄になるように[表4裏0表4]で通す。⑤の外側から2本め(フラップ端から6列め)を通す前に持ち手用Dカンを取りつけておく。Point!(下)参照。⑥縦2本、⑦縦6本(留め具部分)を写真のように1本ずつ通す。

Point!

持ち手用Dカンがついたマスは裏側でテープをDカンに添わせる。

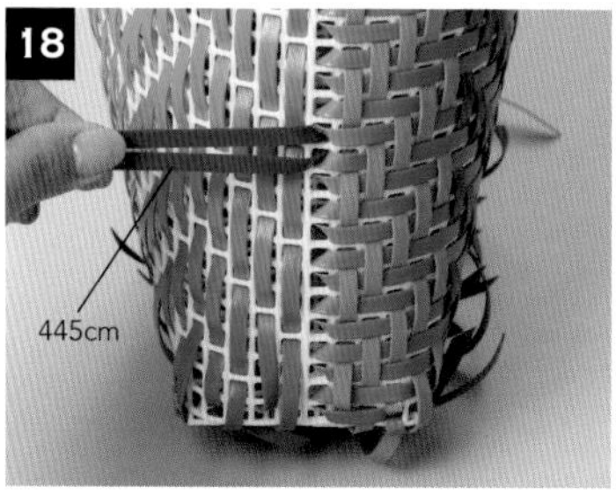


⑧横を右脇(B面を正面にしたとき)の下から12、13段めに通す。下のテープが445 cmになるようにし、B面の下部に12段分、上のテープは上へ13段分通していく。

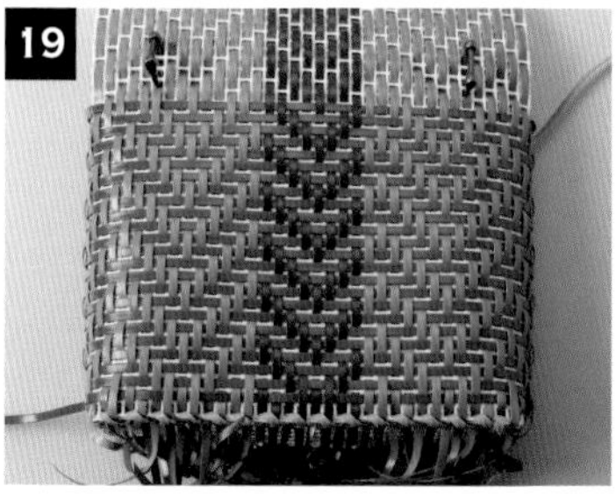


下部の最終段以外を通したところ。最終段は[**10**]と同様にネットにも通し、通し終わりは脇中心のマスに入れ、1列右の底面から出して休ませる。

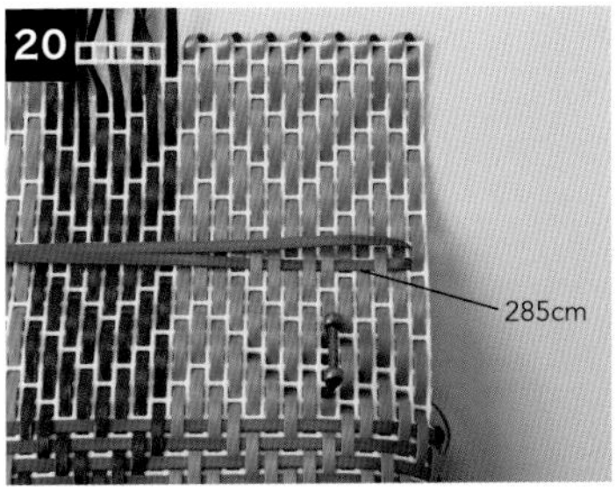


⑨フラップ横はフラップ部分上から13、14段めに通す。下のテープが285cmになるようにし、上下のテープでそれぞれ通す。

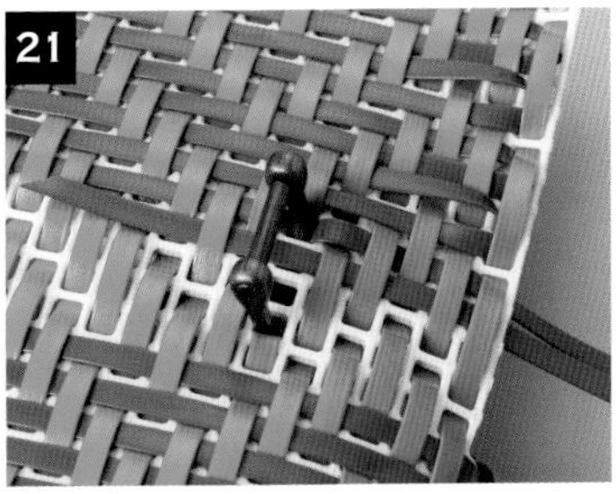


⑨の折り返しはネットの縁ではなく、ネットの端のマス内で折り返す。

Point!

Dカンが通っているところはネットの裏を通す。

留め金具のあきまで通したところ。折り返して裏側で始末する。

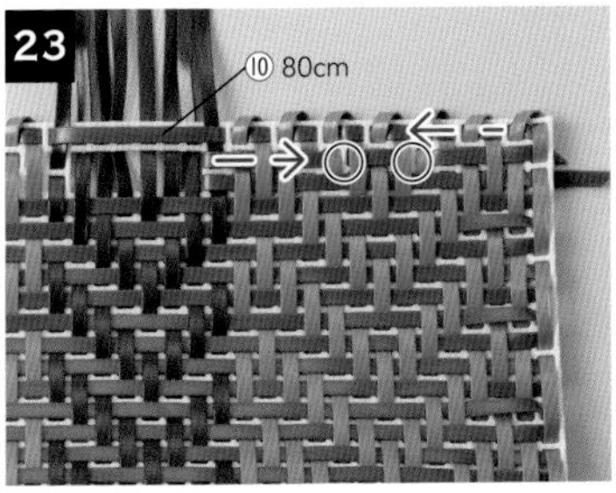


⑩フラップ横80cmを⑨の上段に始末分12cm残して出し、矢印のように通す。○の箇所はネットに通し、最上段は1マスずつネットにも通すが、⑥と⑦が通っている列は渡すだけでよい。

⑩はネットの裏で折り返し、④⑤のループを通して端まで戻り、貼り合わせる。

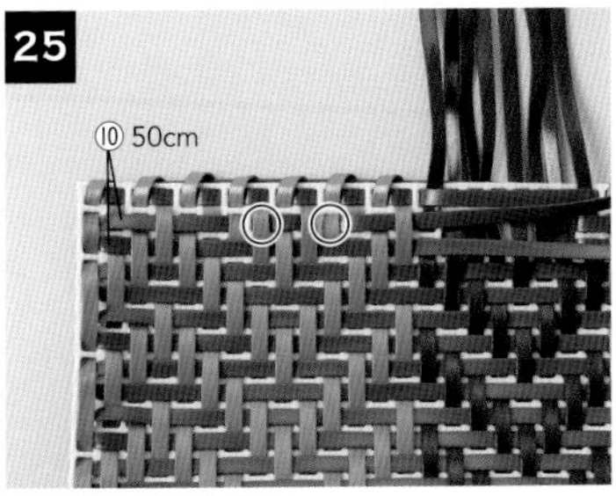


⑩フラップ横50cmを二つ折りし、左端から残りの段に通す。○の箇所はネットに通す。

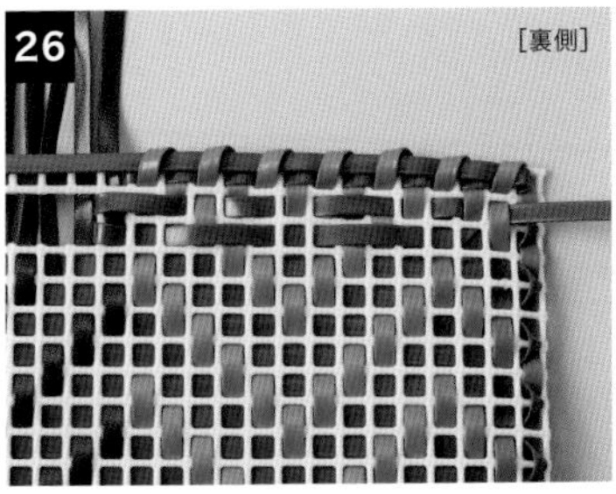


⑩50 cmの両端は折り返してネットの裏で始末する。

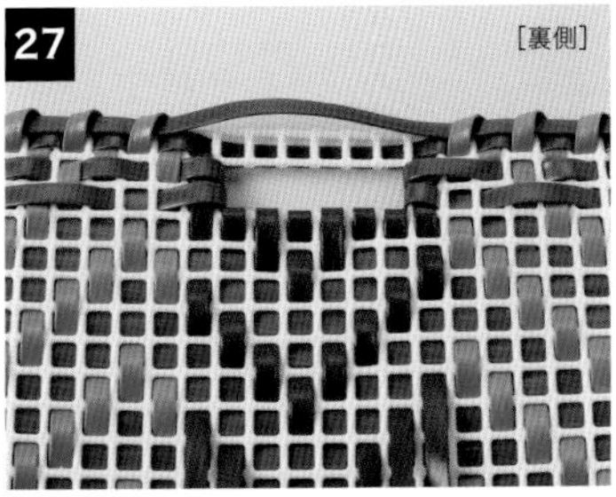


⑥と⑦は裏側に折り返して始末する。両端の⑥はネットの縁ではなくマス目内で折り返す。

## 底を巻きかがる

③と⑧、それぞれ下の通し終わりで側面と底のネットを1マスとばしで斜めに巻く。ただし、1巻きめのみ2マスとばしで巻く。

## ショルダーのカンをつける

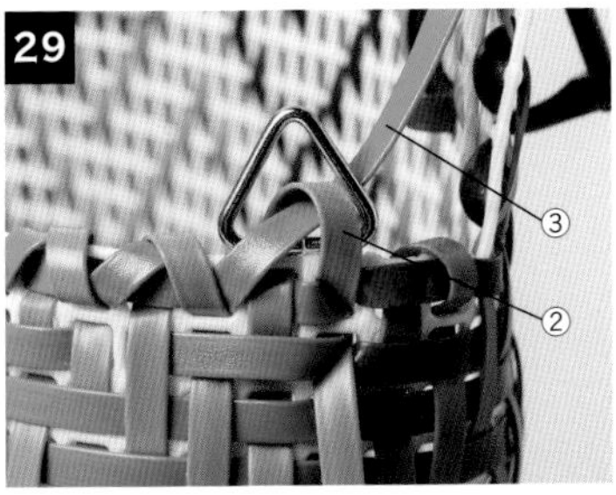


三角カンをつける。[**13**]で本体の縁を巻いてきた③と[**5**]で休ませていた②で写真のようにカンに通す。

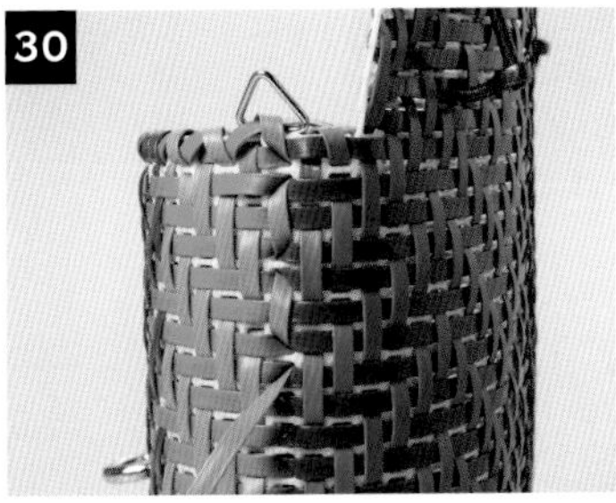


②は脇中央の列を下まで通す。通し終わりは底の巻きかがりのループに通して底の1マスめに入れ、内側で始末する。

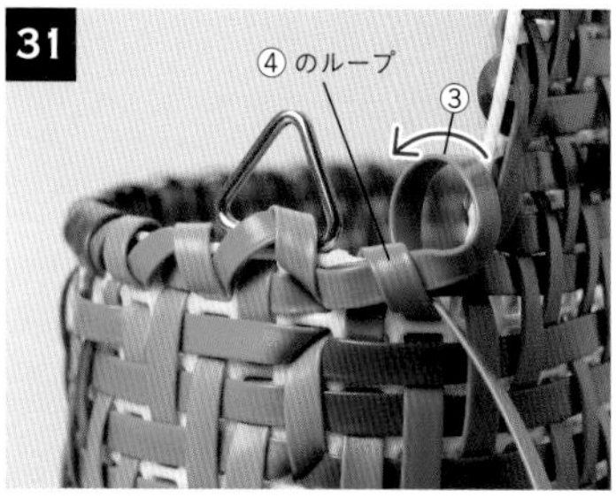

カンに通した③は1マスとばしたマスから外へ出し、④のループを通して縁を巻く。

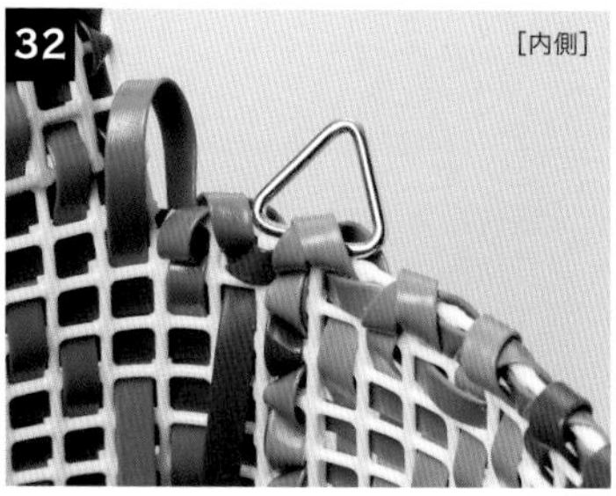

さらに縁を1回巻き、内側で始末する。

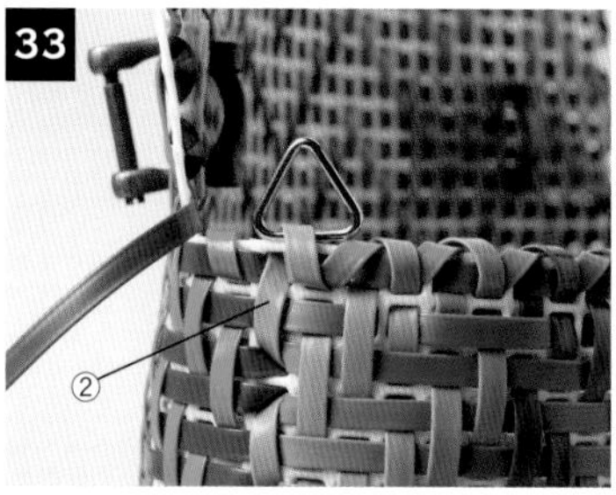

反対側の脇は[**5**]で休ませていた②で写真のようにカンに通す。[**30**]と同様に脇中央の列を下まで通す。

## フラップの縁を巻く

⑪縁を左脇の三角カンと②のループに通し、内側で10cm残し、始末する。縁かがりのループ(写真・緑のテープ)と同様に通してから、フラップのサイドの縁を巻く。

1マスに1回巻く。

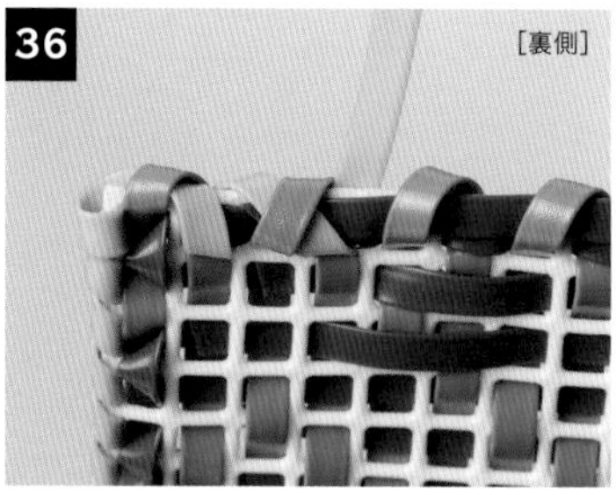

フラップの正面の縁は1マスとばしでテープを挟むように巻く。

留め金具の部分は1マスに1回巻く。

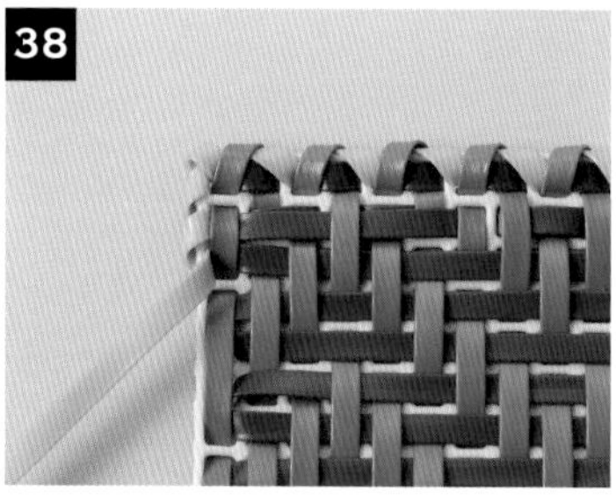

角は1マスに2回入れて巻く。

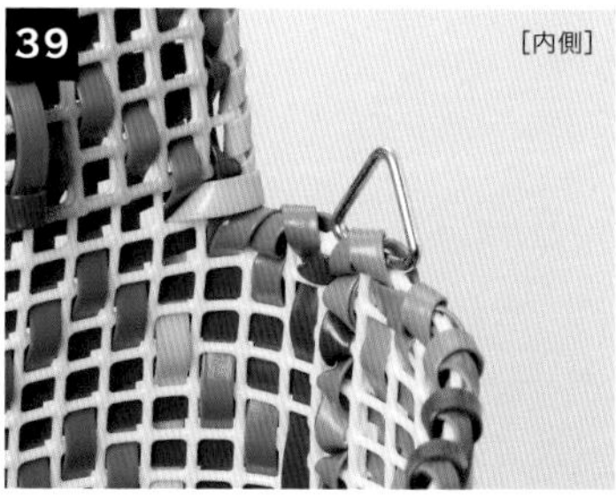

巻き終わりは二重になるようにして、内側で始末する。

## 底にテープを通す

⑫底と底に出ているテープで底を作る。No.1 [**39**] ～ [**53**] 参照(p.28)。

## 留め金具と持ち手をつける

留め金具の受けをフラップに取りつける。

持ち手をつける。

No.
13

# リボンフラップのパーティバッグ

**PH**／p.14
**SIZE**／W23×H21×D7cm

**MEMO** フラップ以外の本体のテープの通し方はNo.11で詳しく解説しています。

## 材料

ラ メルヘン・テープ（5mm幅）
……レーシーホワイト［182/㋱］1束
……マットホワイト［142/㋱］1束
フリルオーガンジーリボン（50mm幅）……白［㋺］5m
あみあみファインネット……スノー［㋩］1枚
留め金具……ゴールド［AA-114/Ⓚ］1組
ラ メルヘンショルダーベルト
……エナメルホワイト［G1125/㋱］1本
ショルダー用三角カン……ゴールド（15mm）［㋕］2個

## ネットの準備

側面A　幅40マス×25マス……1枚
側面B　図参照……1枚
底　幅30マス×9マス……1枚
※側面Bはp.47参照。

## テープの準備

①フラップ縦……（142）A170cm×1本、B145cm×1本
②フラップ縦……（182）100cm×15本
③横……（142）180cm×1本
④横……（142）70cm×1本
⑤脇中心縦……（142）A140cm×1本、B70cm×1本
⑥脇縦……（142）A140cm×1本、B110cm×1本
⑦横……（142）780cm×2本
⑧縦……（182）65cm×15本
⑨底……（182）220cm×1本
※仮どめ用に、底用60cm×2本、脇用30cm×2本用意する。

## 作り方

### ネットを組み立て、フラップにテープを通す

**1**

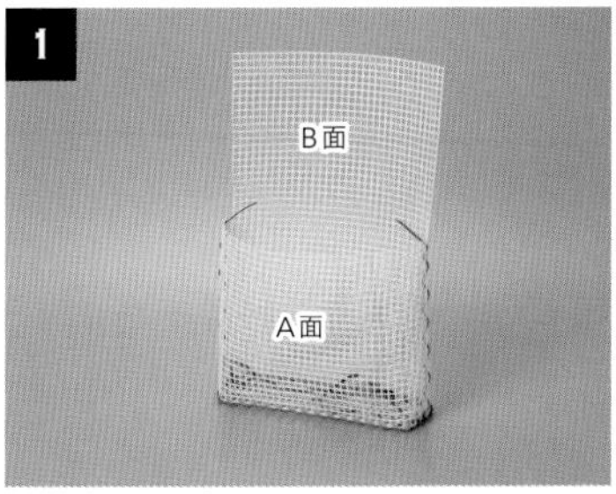


側面A、Bと底のネットを組み立てる。No.1［**1**］～［**8**］参照（p.24）。ただし、側面のネットの端から5マスあけて底のネットと合わせ、底のネットの端から仮どめテープを巻く。

**Point!**

底の端のマスから仮どめのテープを入れる。※シェブロンストライプの2 wayバッグと異なるので注意。

**2**

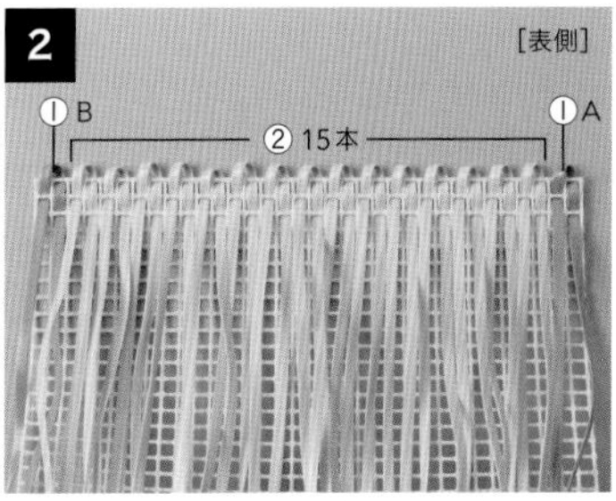


フラップのネットに①②フラップ縦を二つ折りして写真のようにセットする。折り山は3mm程度余裕をもたせる。①A①Bはそれぞれ内側のテープを50cmになるように調整する。

**3**

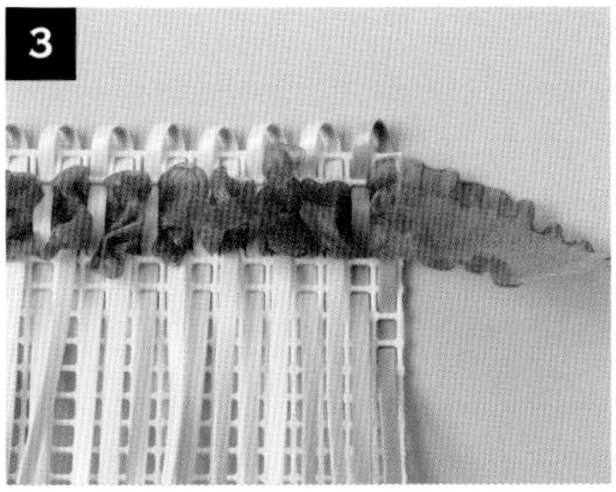

リボンを始末分5cm残してネットの2段めにセットし、①②は1マスおき［表3裏1表3］に通し、隣り合う②とテープの出方が交互になるようにする。リボンは少したわませ、ボリューム感を出しながら固定する。

**4**

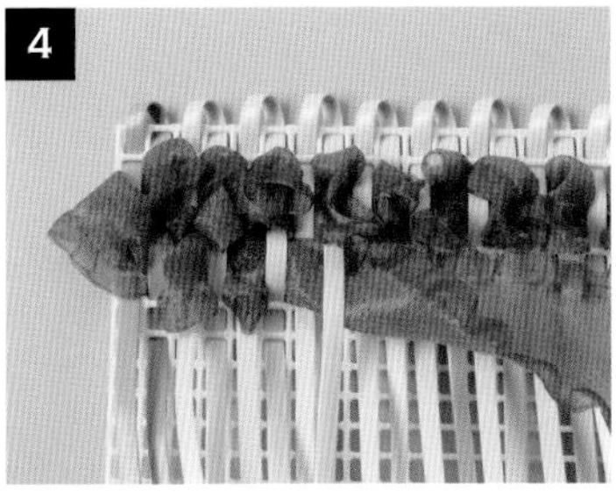

ネットの左右でリボンを折り返し、①②を1マスおき［表3裏1表3］に通しながらリボンを固定する。

**5**

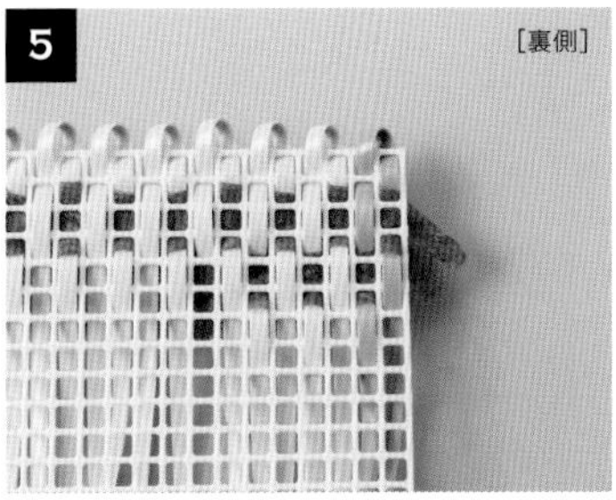


ネットの裏側から見たところ。

フラップ部分を21段分通したところ。

Point!

フラップの最終段の①②を通したところ。

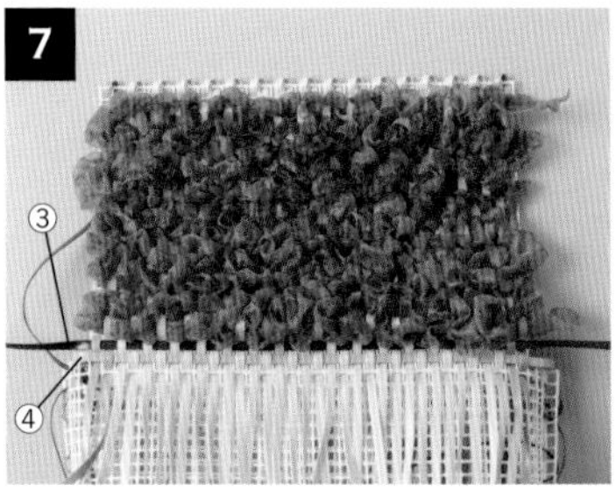


③横（写真・緑）をフラップの最終段に通し（ネットには通さず、①②で固定）、左70 cm、右85 cmに調整する。④横（写真・ベージュ）を③の下に同様に通したら1周して脇側で貼り合わせる。

## 本体にテープを通す

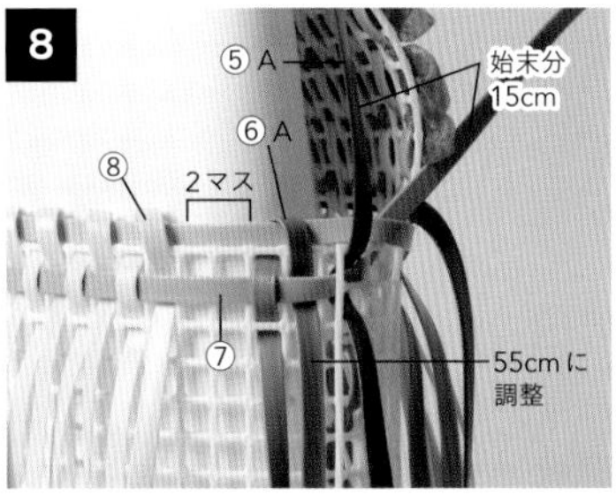


本体前面の④に⑤Aと⑥A、⑦横をセットし、さらに2マスあけて⑧縦をセットし、ラティスウイーヴの要領でネットに通していく。No. 11［**7**］～［**8**］参照（p.55）。

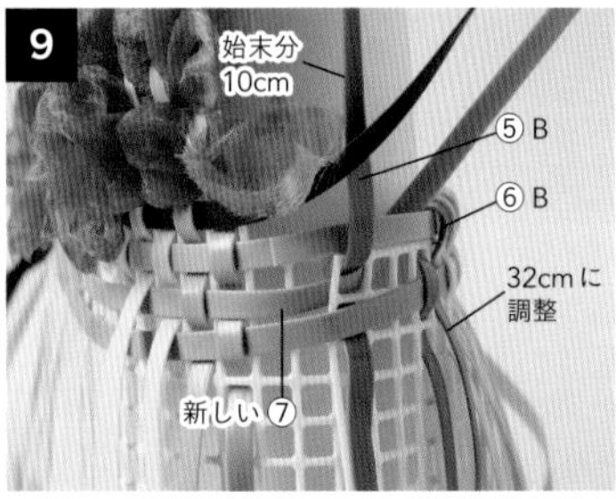


⑧を15本セットし、⑥Bを右側32 cmに調整してセットしたら、⑥Bから2マスあけて⑤Bと新しい⑦をセットし、ラティスウイーヴの要領でネットに通していく。

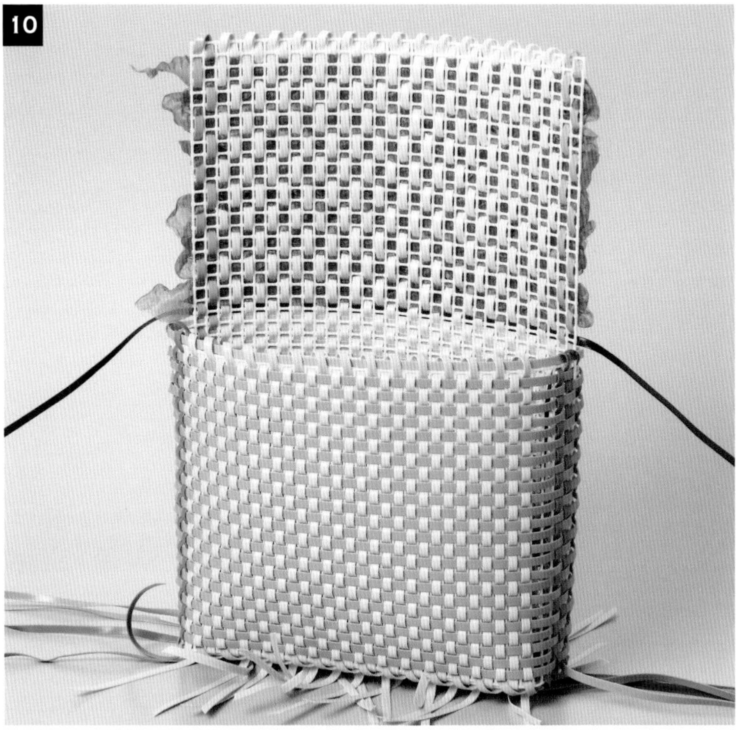


⑦2本でぐるぐると本体のネットに通す。

## カンをつけて、縁を巻く

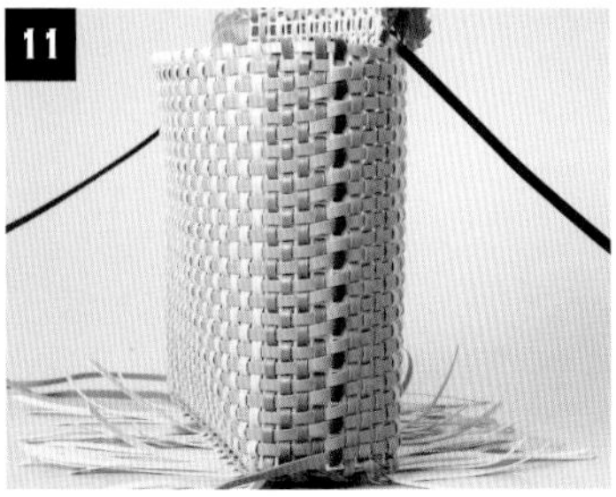


①の両端のテープと⑥A（反対側は⑥B）は脇のあいた列に上下に通す。No. 11［**12**］～［**13**］参照（p.56）。

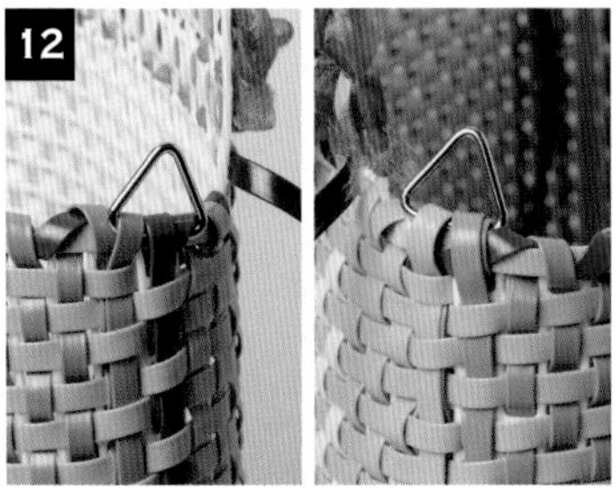


両側の脇に三角カンを通す。No.11［**14**］～［**16**］参照（p.56）。

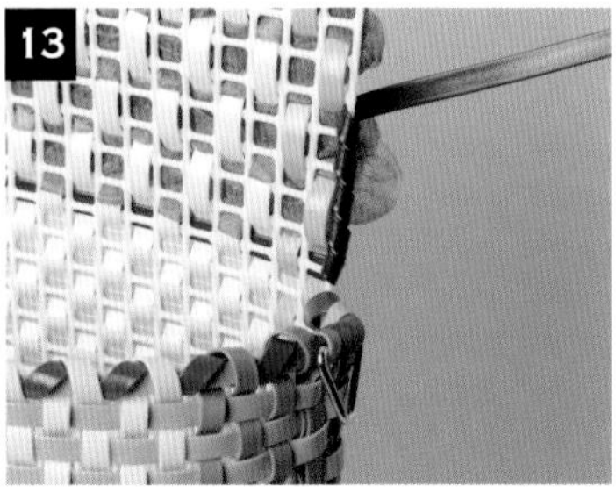


③の残りでそれぞれフラップ両脇のネットの縁を1マスずつ巻く。

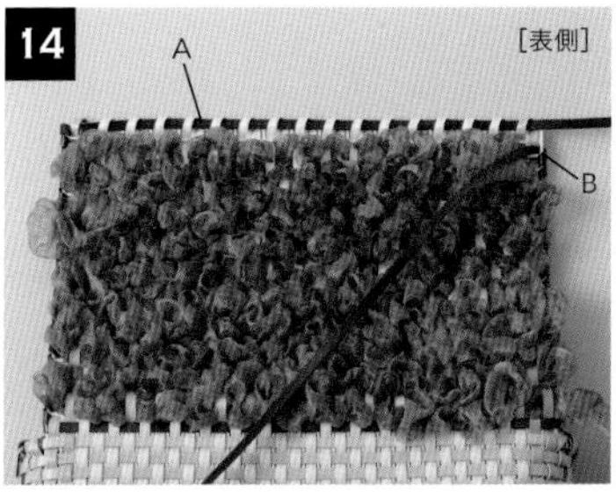


表側から見て左脇を巻いてきた③のテープ（A）を①②のループに通す。右脇を巻いてきたテープ（B）は、Aとネットを包むように①②のループの下を通して巻く。

Bで巻いてきたところ。A、Bともネットの裏側に出す。

③はA、Bとも裏側で数マス通して始末する。

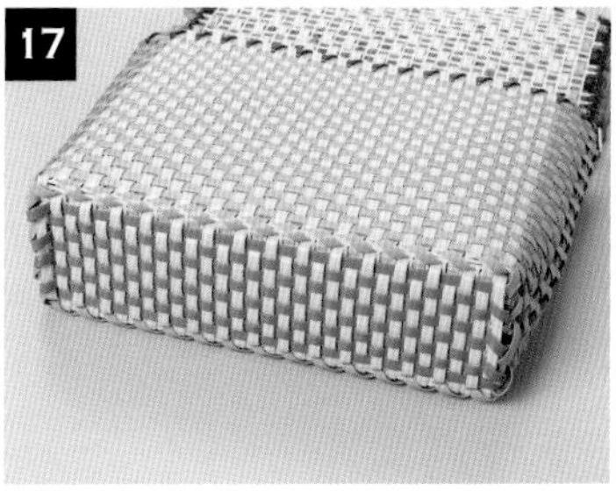


⑦で底を半周ずつ巻きかがり、⑨底を底のネットに渡しながら縦のテープで固定する。No. 1 [**39**]～[**53**] 参照（p.28）。

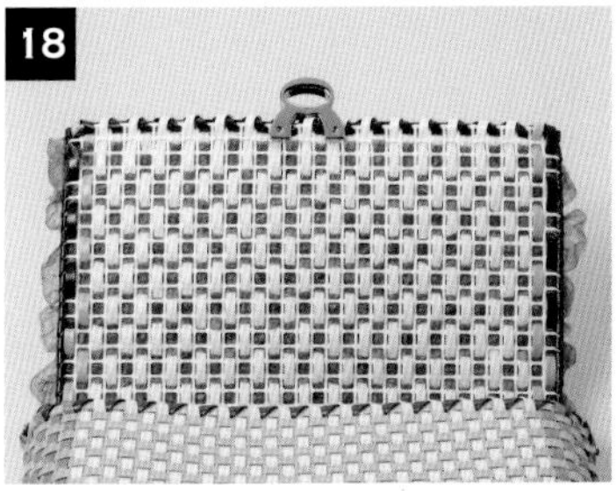


留め金具をつける。フラップの中央に受けを、本体前面にひねり金具をつける。



## No.14 マチ型紙

型紙に合わせ、ポンチ（3mm）で穴をあける。

※型紙は長めにしてあります（二つ折りしたPVC生地を上から押さえやすいように）。
穴あけの際は、アール側に合わせてPVC生地をセットしてください。

No. 14

# クラッチバッグ

**PH**／p.15
**SIZE**／W25×H15×D6cm

**MEMO** リボンを固定するときは、ボリュームが出るように、引っぱらず、たわませるのがポイントです。

## 材料

ラ メルヘン・テープ（5mm幅）
……レーシーブラック［183/㊢］1束
ラ メルヘン・テープ（3mm幅・10m）
……エナメルブラック［103/㊢］1束
フリルオーガンジーリボン（50mm幅）
……黒［㋙］10m
あみあみファインネット……黒［㋩］1枚
PVC生地……25×6cm×2枚［アリゲータ01/㊪］
カン付き文鎮口金……シルバー（21cm）［Ⓜ］
ナスカン付きチェーン
……シルバー（122cm）［BK-128/㋑］1本

## テープの準備

①マチかがり……（103）190cm×2本
②縦……（183）55cm×32本

## ネットの準備

側面　幅32マス×43マス……1枚

## 作り方

### PVC生地にかがり用の穴をあける

1
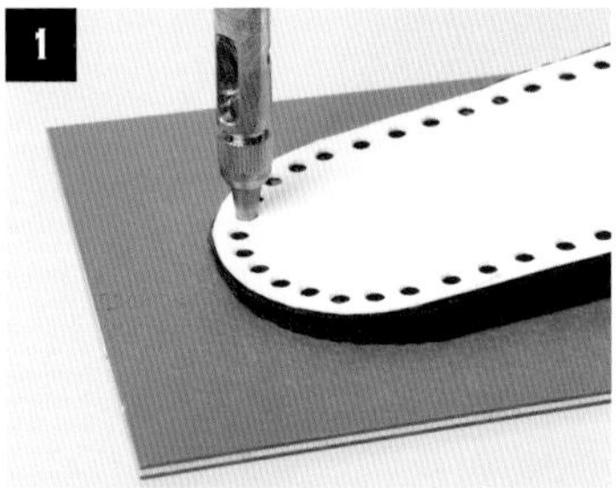

PVC生地を型紙に沿って両端をアールにカットし、二つ折りする。アール側を型紙に合わせ、ポンチで穴をあける。型紙はp.65掲載。

2
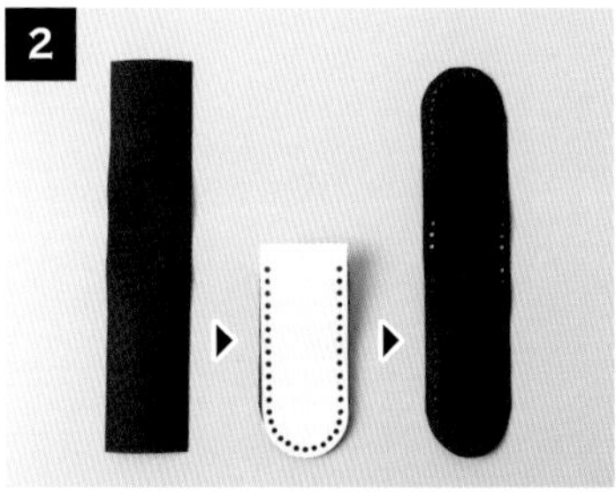

これを2つ作る。マチとして使う。

3
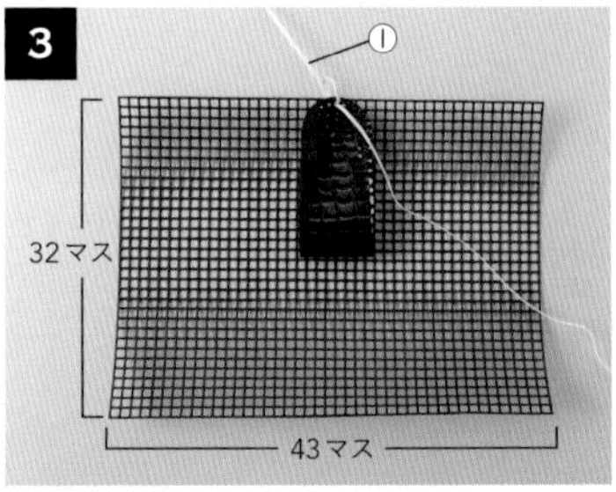


ネット横の中心のマスに二つ折りしたマチの穴の中心を合わせる。①マチかがりを通し、テープの中央の位置で1巻きする。

Point!

1回巻いたら同じ穴から出す。

4

①の左右それぞれのテープでマチ布とネットをかがっていく。1マスに2回巻く。

5

マチ布の片側とネットを巻きかがったところ。もう片側も同様に巻きかがる。かがり終わりは内側で休ませる。

**Point!**

最後のマスも2回巻く。

**6**

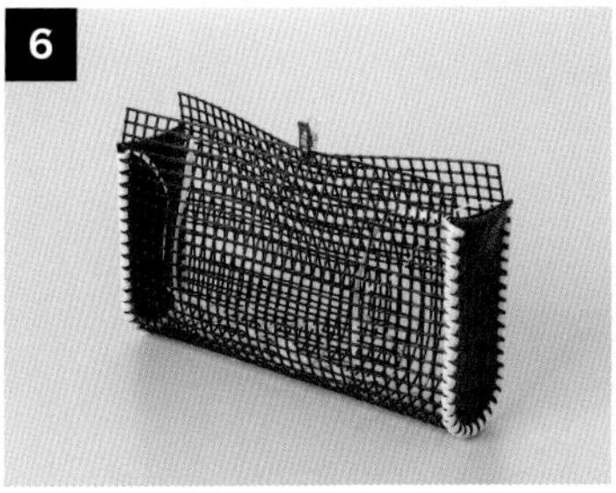

反対側も同様にマチ布とネットの中心を合わせ、①で巻きかがる。

## テープとリボンを通す

**7**

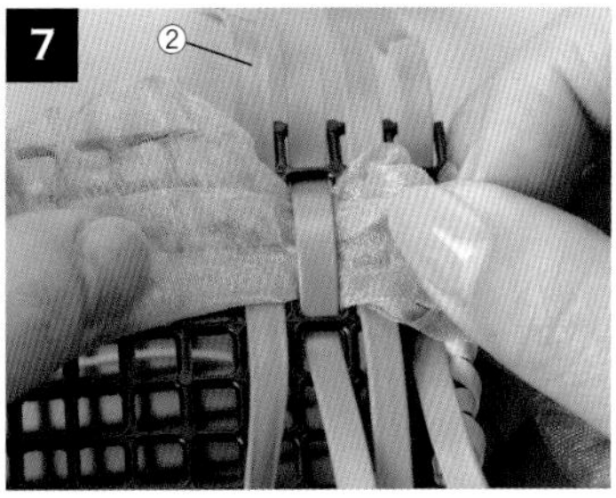


リボンを始末分5 cm残してネットの上に渡しながら、②縦を1本ずつネットに通して固定する。②は始末分10cmほどネットの上に出す。

**8**

裏側から見たところ。②は1マスおき［表3裏1表3］に通し、隣り合う②とテープの出方が交互になるようにする。

**9**

②を32本全部セットしたら、リボンを折り返す。1マスおき［表3裏1表3］の要領でリボンを固定していく。リボンは少したわませ、ボリューム感を出しながら固定する。

**10**

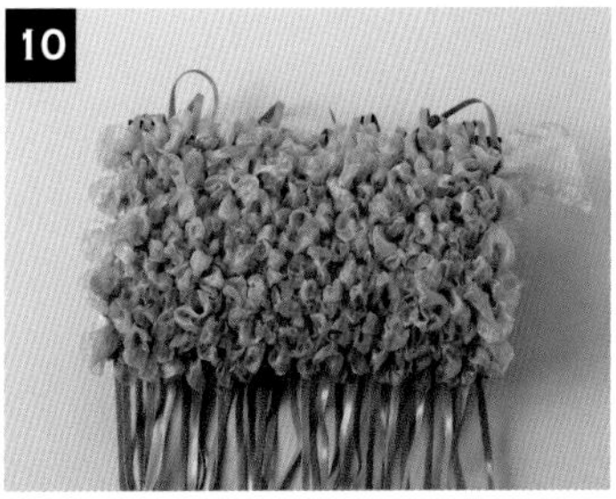

リボンを折り返しながら底まで固定したところ。さらに底～反対のネット縁まで続ける。

**11**

反対側のネットまで作業したところ。リボンの端は内側で縦のテープに通して始末する。

**12**

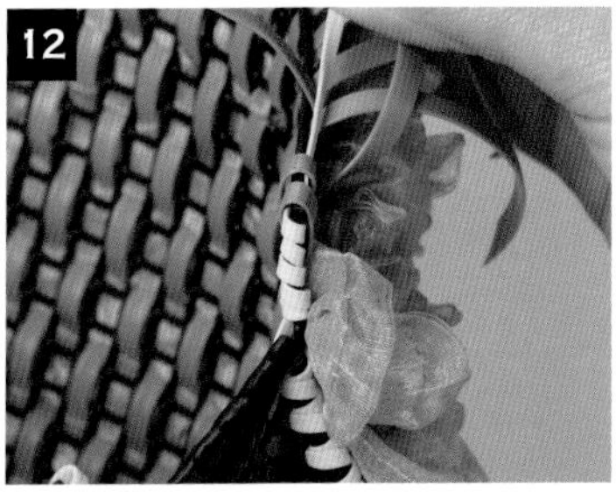

休めておいた①でネットの縁を1マス2回巻く。巻き終わりはネットの外側に出し、②を内側に折り返し、①を挟みながら始末する。

**13**

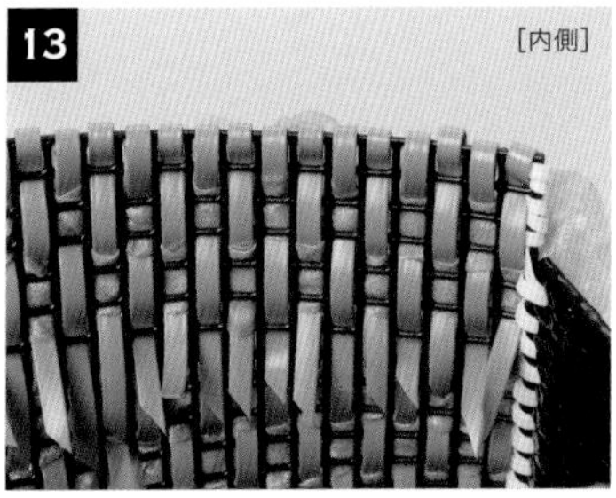


②は内側でテープの裏側に重ねるように通して始末する。

**14**

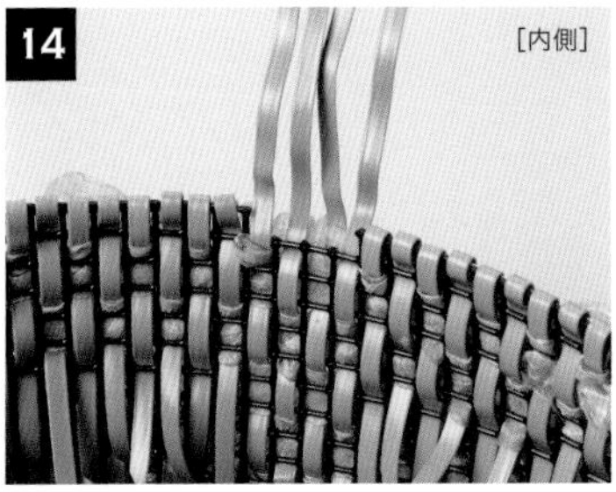


反対側のネットの上段、中央4マスをカットする。

**15**

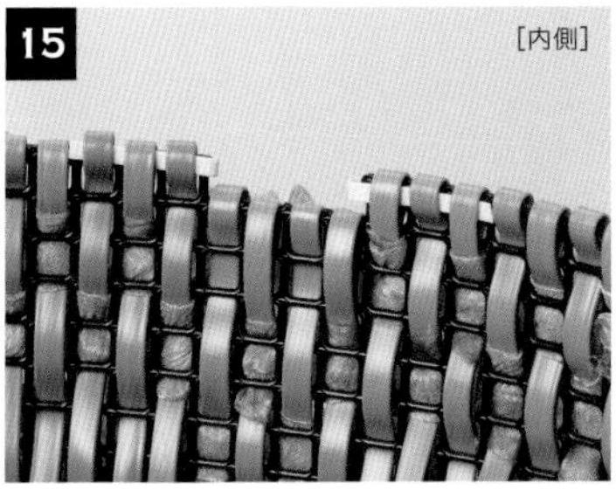


カットした側の①はそれぞれ内側に折り返して②の折り山に通して始末する。

**16**

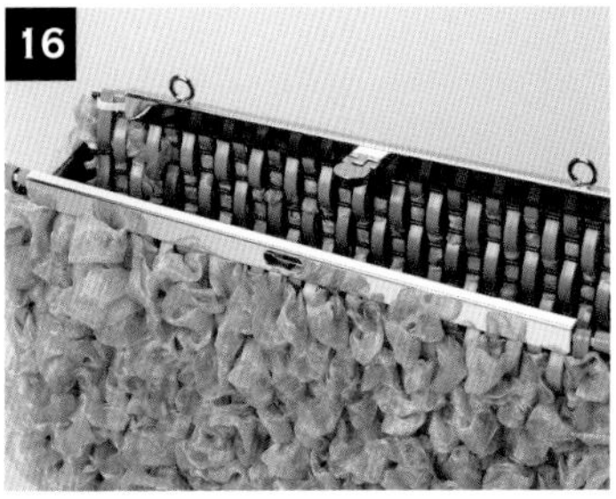

1 cm幅にカットした接着シートを最上段の折り山に口金の幅分貼り、口金を取りつける。ソフトタッチペンチなどで口金をカシメる。

No. 15

# PVCマチのコンビトート

**PH** / p.16
**SIZE** / W24 × H27 × D22cm

**MEMO** PVC生地は1mm厚のものを使っています。テープの通し方はNo.11のフラップと同じです。

## 材 料

ラ メルヘン・テープ（5mm幅）
……エナメルグレージュ［124/㋱］2束
ラ メルヘン・テープ（3mm幅・10m）
……エナメルグレージュ［129/㋱］1束
あみあみファインネット……ベージュ［㋩］1枚
持ち手
……竹持ち手（幅27cm）生成り［BB-7/㋑］1組
PVC生地
……92～93cm幅×50cm［アリゲータ06/(銀)］
底鋲……ゴールド（10mm）［S1073/㋱］6組
超強力布用両面テープ

## テープの準備

①ポケットつけ……（129）80cm×1本、60cm×1本
②マチ取りつけ……（129）120cm×2本
③横……（124）1340cm×2本
④縦……（124）96cm×32本
⑤縁……（124）100cm×2本
⑥縁……（129）130cm×4本

## PVC生地の準備

ポケット大　18cm×15cm……1枚
ポケット小　13cm×10cm……1枚
マチ　75cm×25cm……1枚

## ネットの準備

側面　幅32マス×101マス……1枚

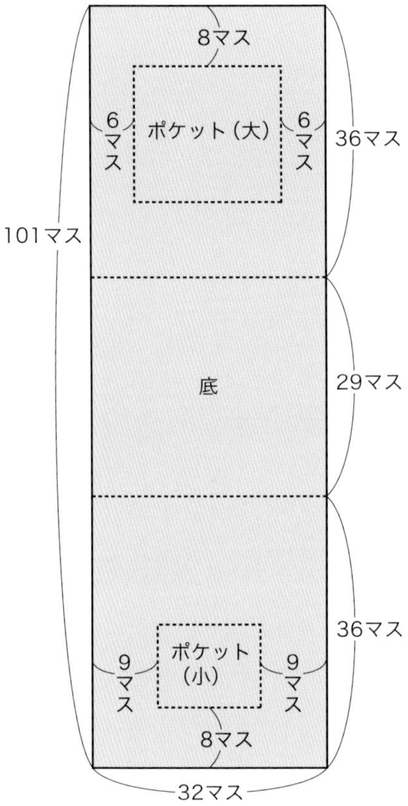


## 作り方

### PVC生地にかがり用の穴をあける

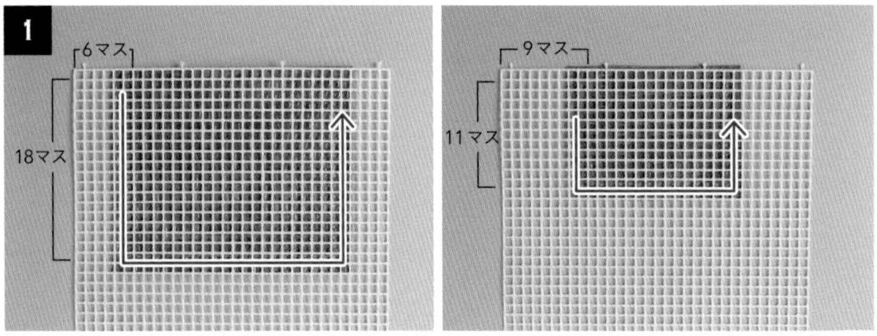


ポケットにポンチ（3mm）で穴をあける。ネットを重ね、ガイドにする。ポケット大は左右の端から6マスの位置（小は9マス）で上から1マスあけて18マス分（小は11マス分）あけたら、コの字に穴をあける。

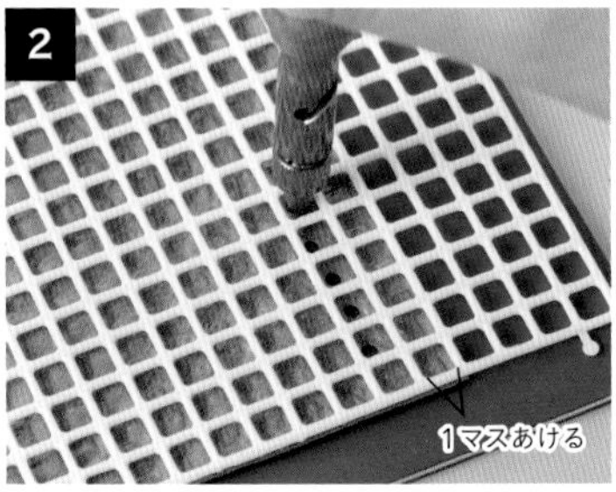


ポケット大にポンチで穴をあけているところ。

**3**

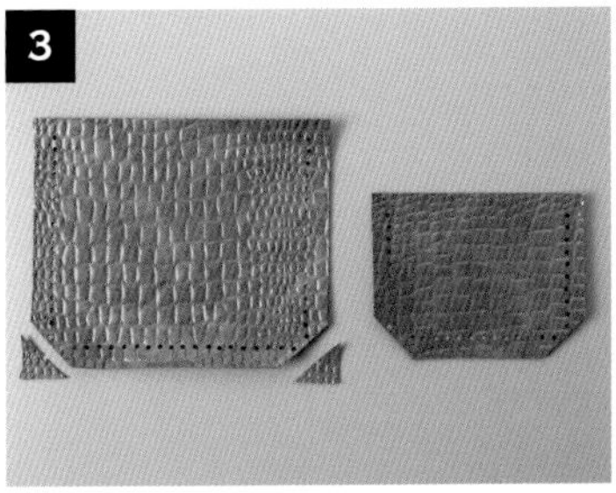

ポケット大小にポンチで穴をあけたら、下の両角を三角に切り落とす。

**4**

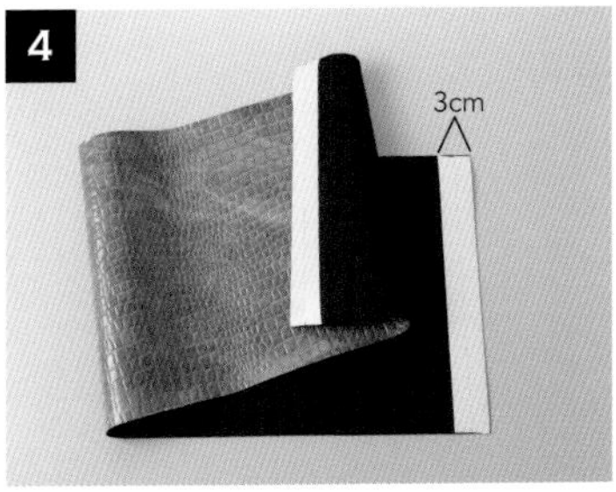


マチ短辺の両端に布用両面テープを3cm幅分貼り、折り返して3cmのり代で貼り合わせる。

*Point!*

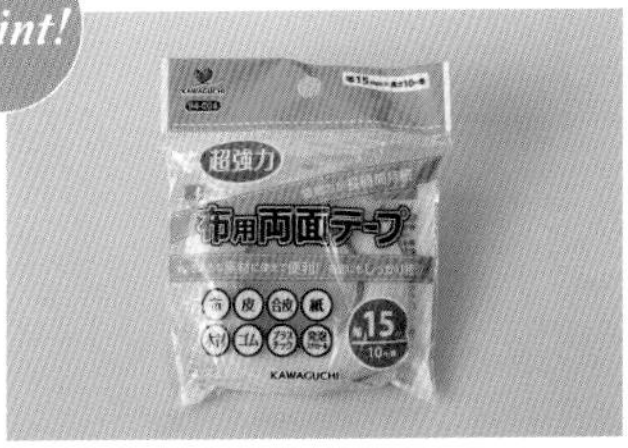


使用した両面テープ。PVCに対応する超強力テープを使用すること。

**5**

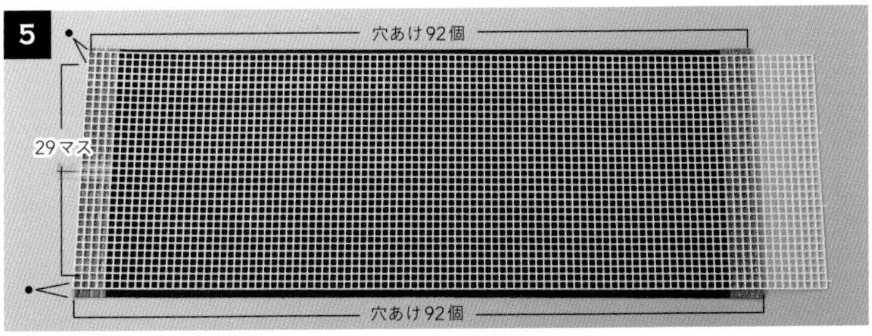


マチの両脇、ネット29マス分を挟む位置に穴を92個ずつあける。ネットを重ね、29マス分がマチの中心にくる（マチの脇から穴の位置が均等になる・写真●）ように置く。

*Point!*

マチの中心（フセン）とネットの中心（ピンクの印）がずれる。本体の上側と下側で下側のほうの余分が出る。

## ポケットをネットにつける

**6**

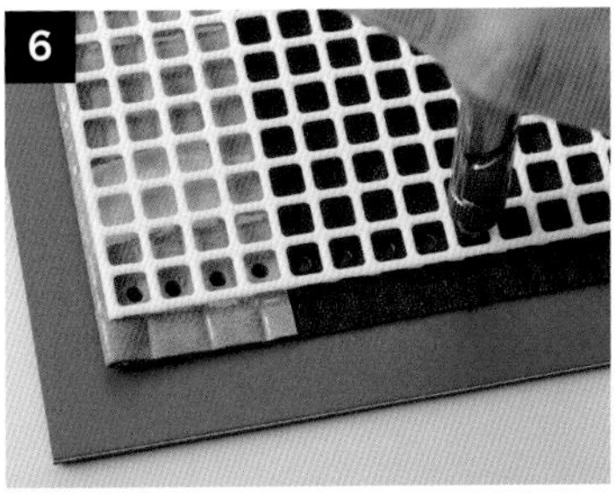

マチ（裏）の左側はネットの端のマスをガイドにポンチで穴を92個あける。

**7**

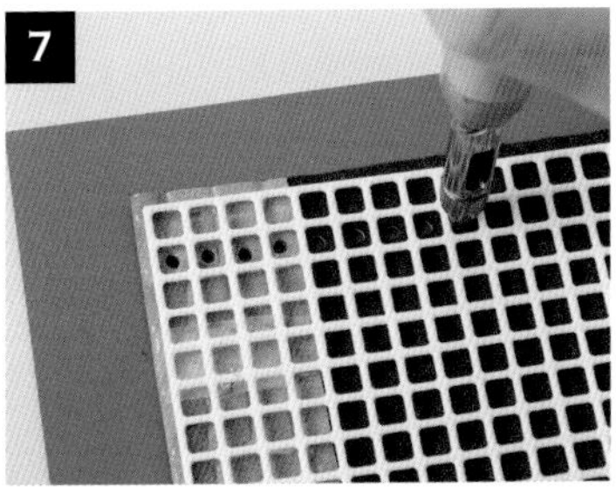

マチ（裏）の右側はネットの端から2マスめをガイドにポンチで穴を92個あける。

**8**

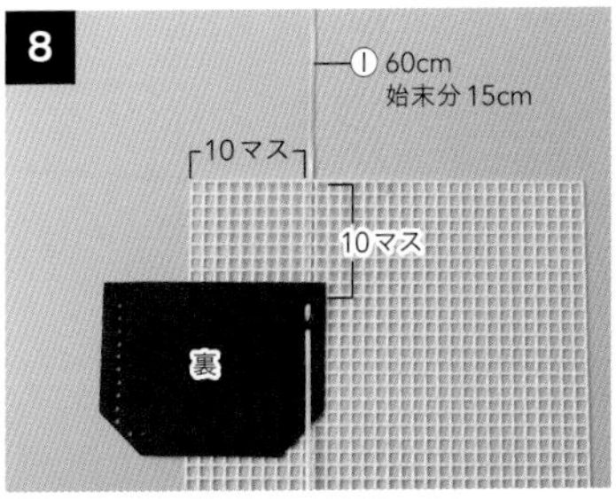


ポケット小をネットにつける。ネットの上端、左端それぞれ10マスのところに①60 cmで写真のように通す。ネットの裏にポケットの表を合わせ、①を始末分15cmとってネットの表から出す。

**9**

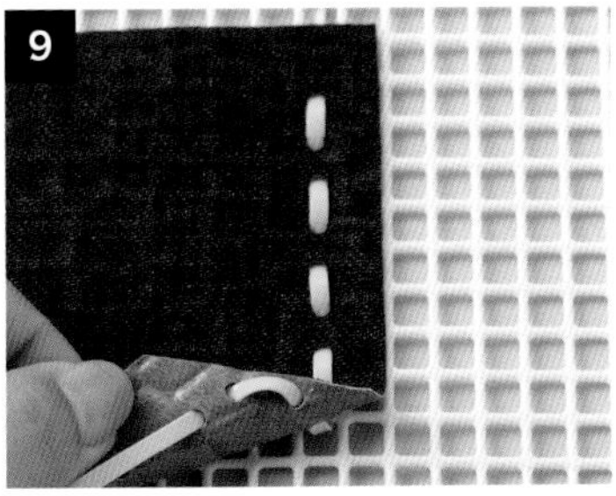

角のところはネットに通さず、ポケットのみに通し、PVC生地を折り返す。

**10**

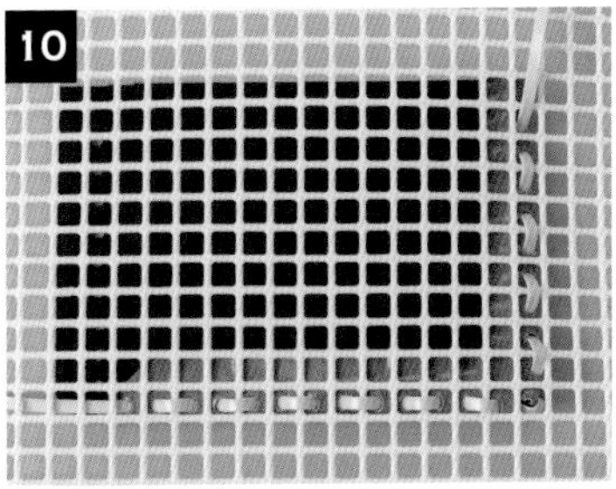

折り返してポケットの底側を続けて通す。角の手前まできたら、ポケットの内側からテープを出し、上へ通す。

**11**

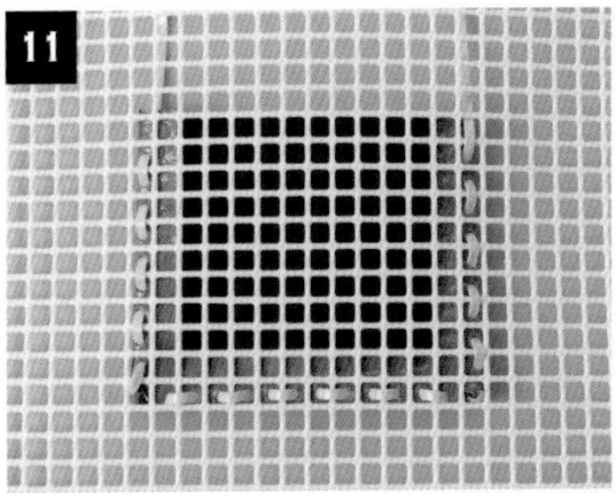

ポケット小をネットに取りつけたところ。左右のテープの出方がネットに対して交互になる。

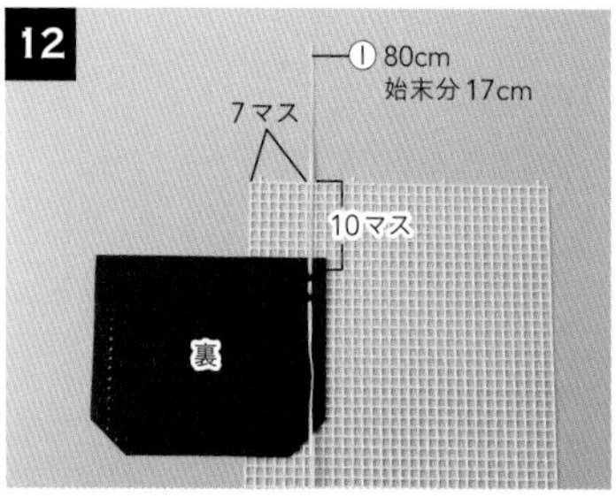


ポケット大をネットにつける。ネットの上端から10マス、左端から7マスのところに①80 cmを始末分17 cmとって写真のように通し、ポケット小と同様につける。

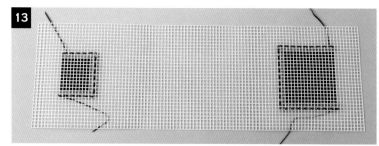

ポケットをつけて、ネットを表に返したところ。

## ネットにマチをつける

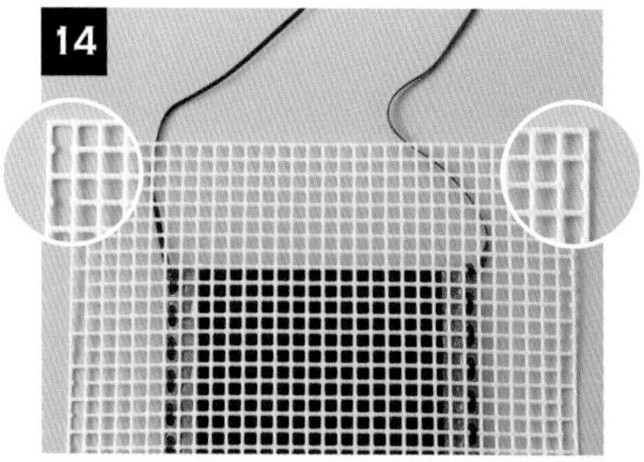


ネットの両端を2マスあきになるようにカットする。左右で1マスずれるようにする。

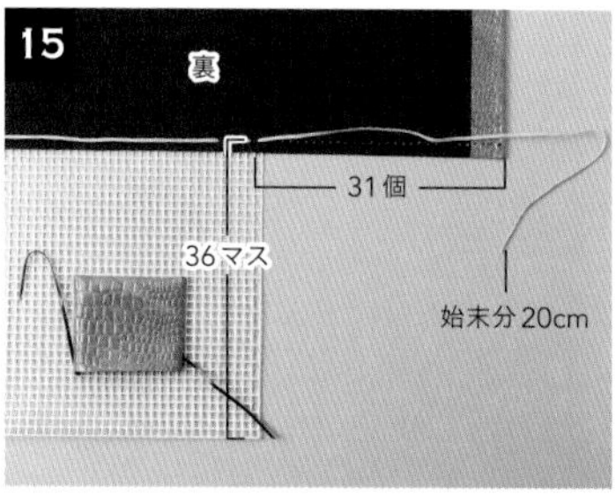


ネットを裏に返し、マチを十字に置く。ネットの端から36マスめ、マチの端から穴31個めを合わせ、②マチ取りつけ1本をマチの裏地側から通す。テープ端はマチの縁から始末分20cmほど残る長さに調整する。

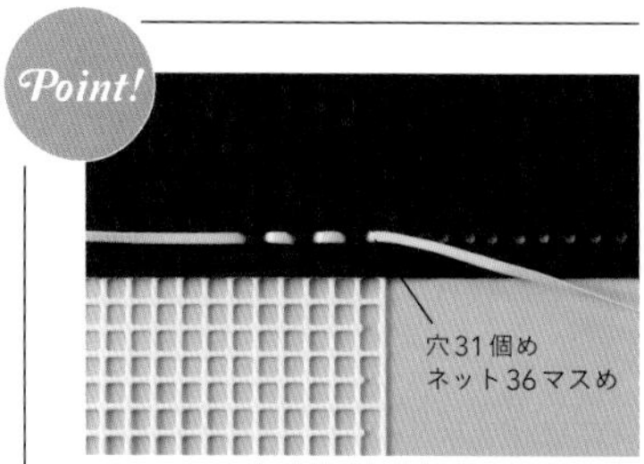


②の通し始めはマチの裏から表へ通す。

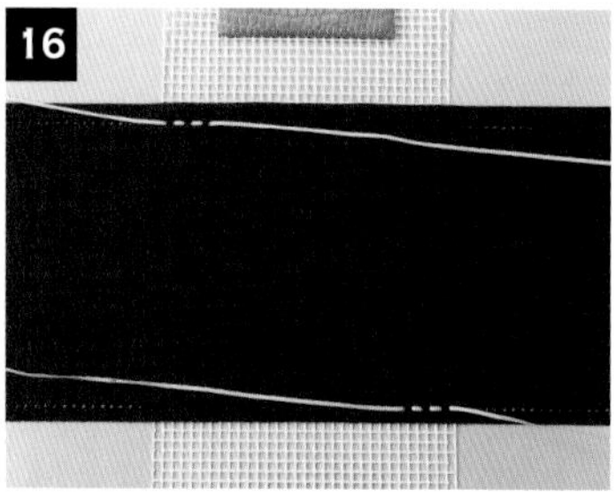


反対側も同様に、ネットの端から36マスめ、マチの端から31個めを合わせ、もう1本の②をマチの裏地側から通す。

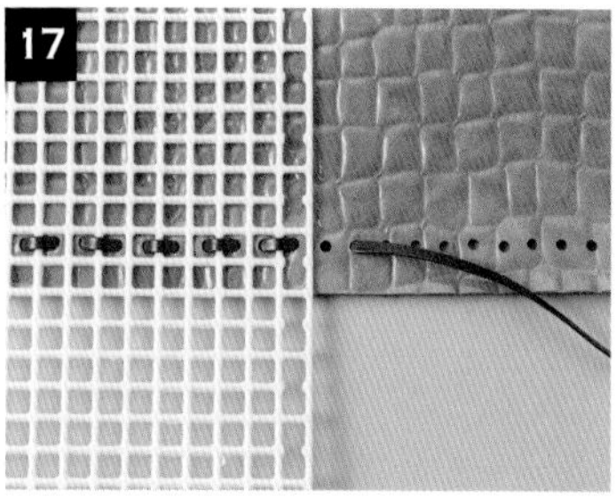


②の通し終わりはそれぞれ1穴あけ、表に出す。写真は表に返したところ。

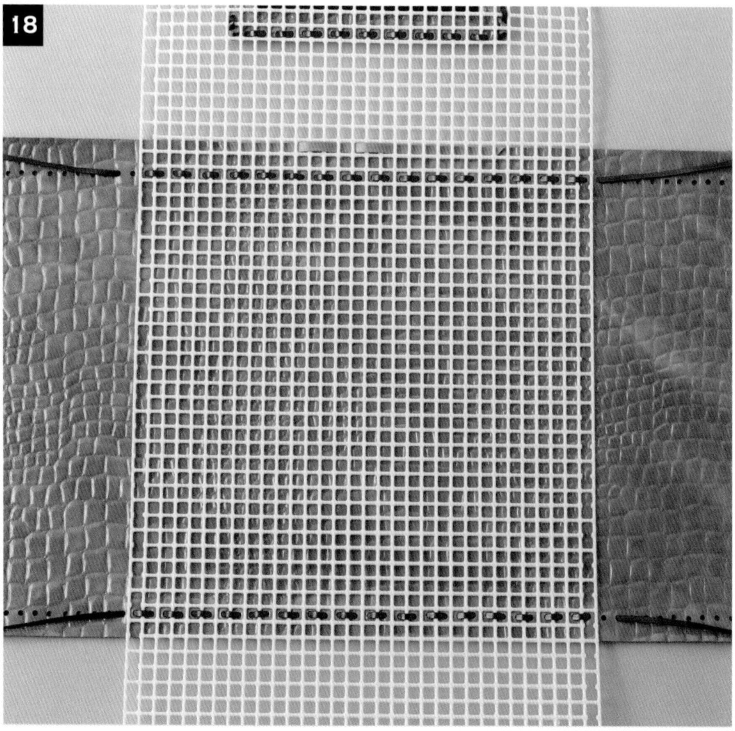


底部分を通して表に返したところ。②の両端は表に出しておく。

**19**

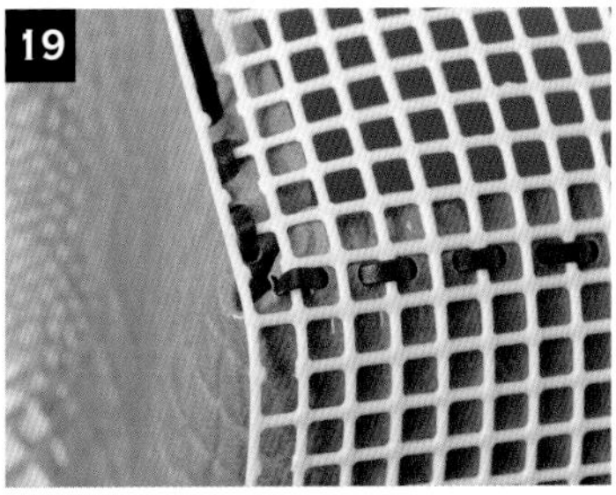

ネットとマチを底から立ち上げ、②でネットとマチを取りつける。写真は左角で[**17**]の通し終わりに1穴あけた側。

**20**

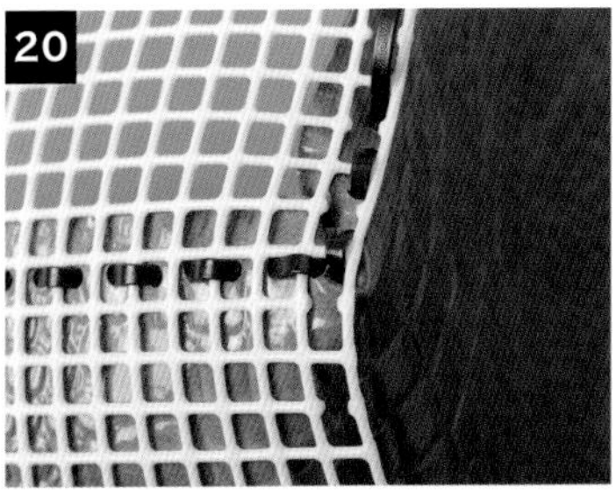

反対側も同様に②でネットとマチを取りつける。写真は右角。もう一方も同様にする。

**21**

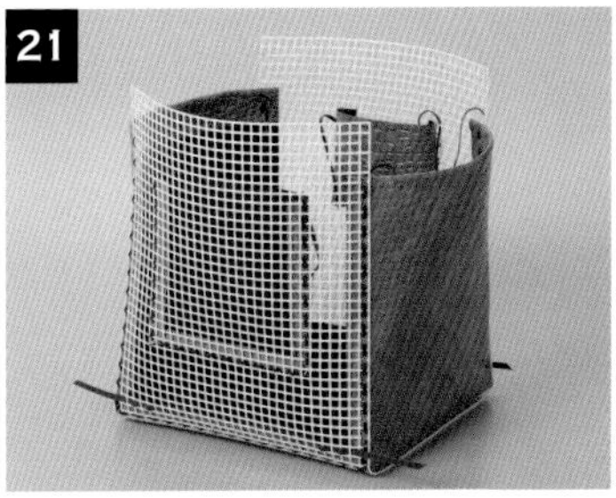

ネットとマチを取りつけたところ。②のテープ端は休ませておく。

*Point!*

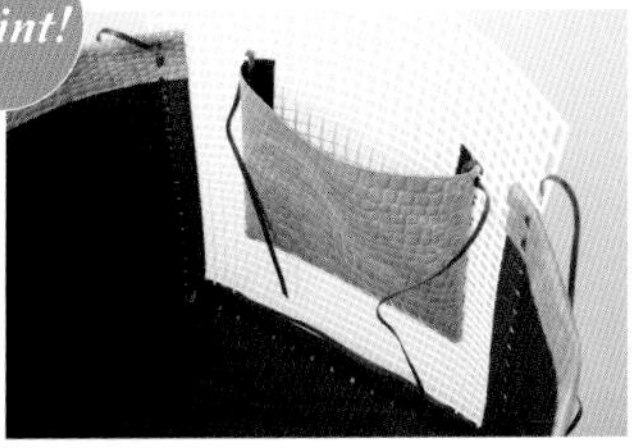

内側から見たところ。本体の角は三角になる。

## ネットにテープを通す

**22**

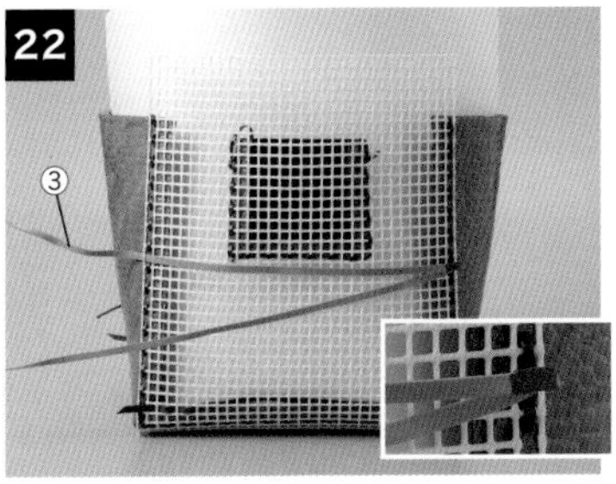


③横を530cmのところで印をつけ、右側のネット、上から20、21段めに二つ折りして通す。上側が530 cmになるように調整する。下側をネットの下から上に出す。

**23**

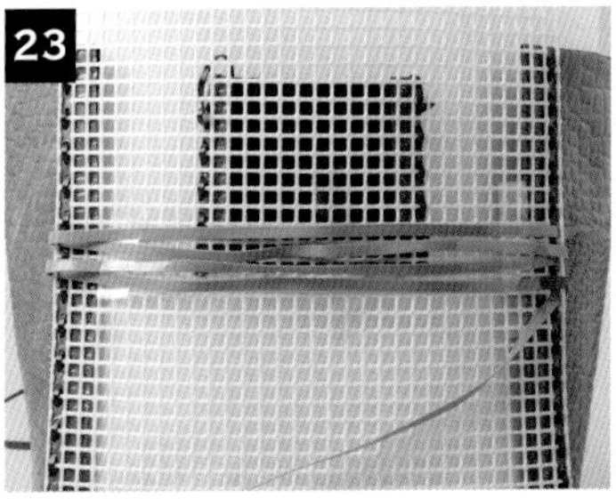

③の上側をネットの左右で折り返し、ネットの上を19段分、渡していく。

*Point!*

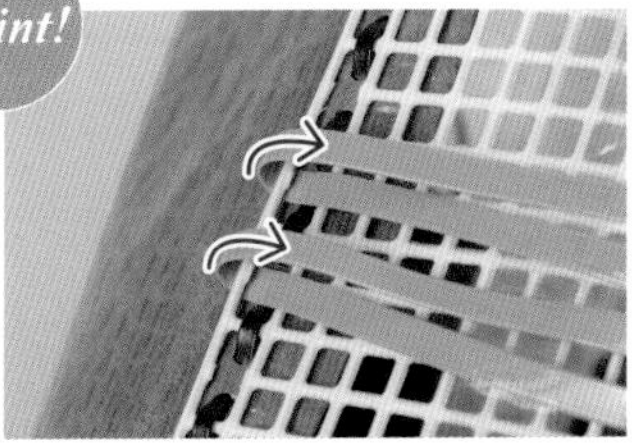

上側に渡すテープの折り返しの拡大。ネットをカットしたところに下から通し、上から出す。少しゆとりをもたせて折り返す。

**24**

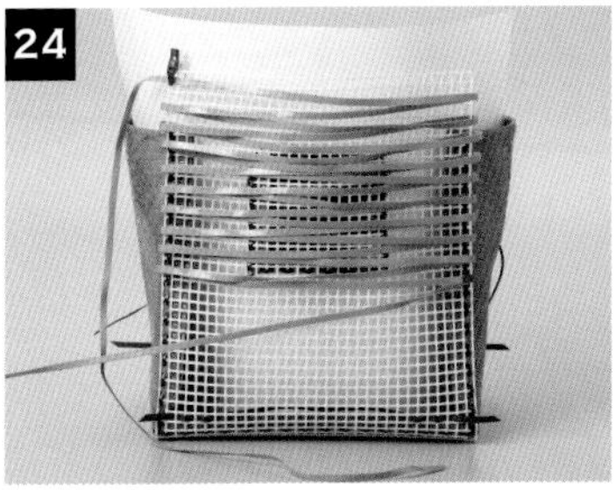

③の上側を19段分ネットに渡し、左上にとめて休ませておく。

**25**

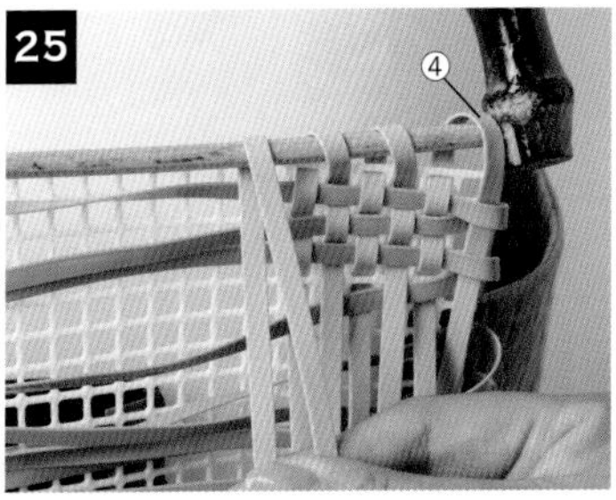


持ち手のバーに④縦を二つ折りしてかけ、ラティスウィーヴ(No.1)の要領でネットに通していく。

**26**

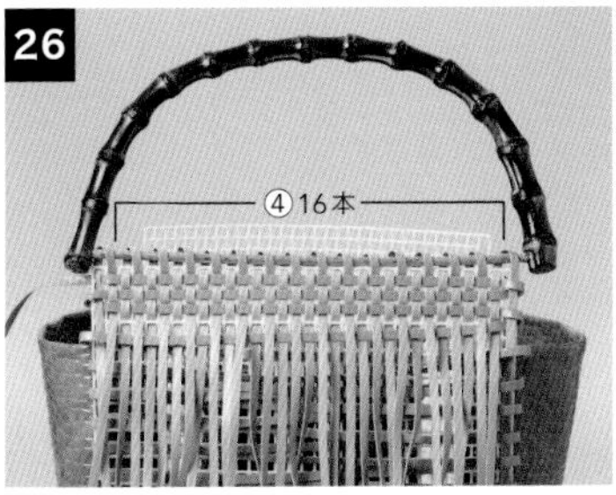


④を16本かけたところ。ネットの両端にあたるテープはネットに通さない。

**27**

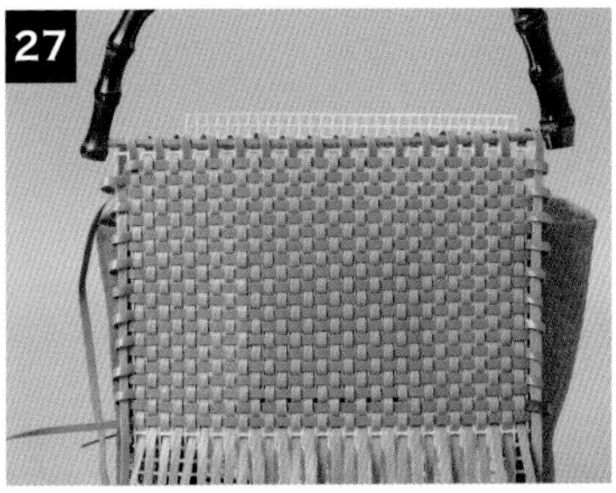

④をネットに通しながら③を固定する。③の上側19段分を通し、③の下側を1段(20段め)通したところ。

**28**

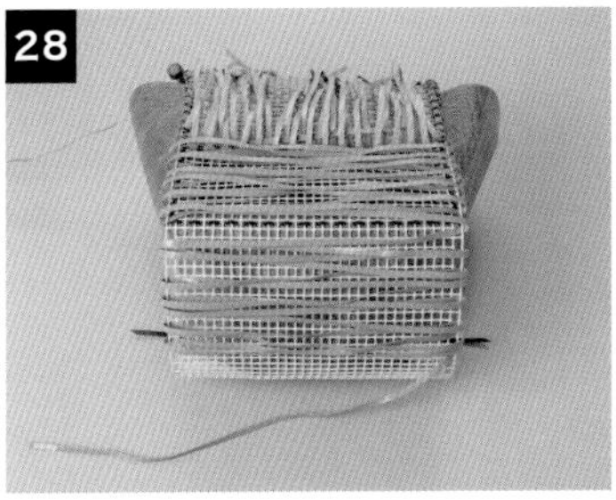

③の下側も同様にネットの左右で折り返し、ネットの上に計30段渡す。

**29**

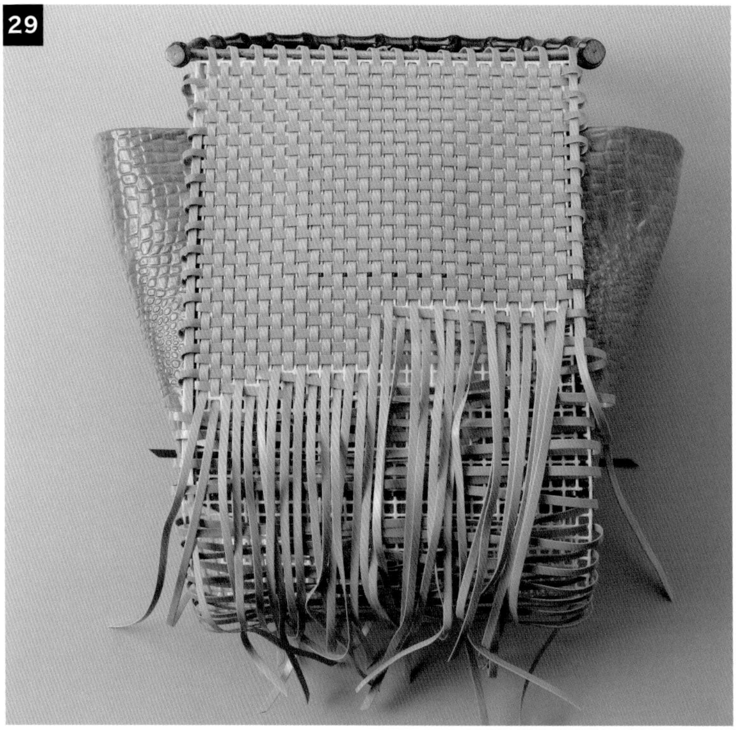

④でラティスウィーヴの要領でネットに通していく。

**30**

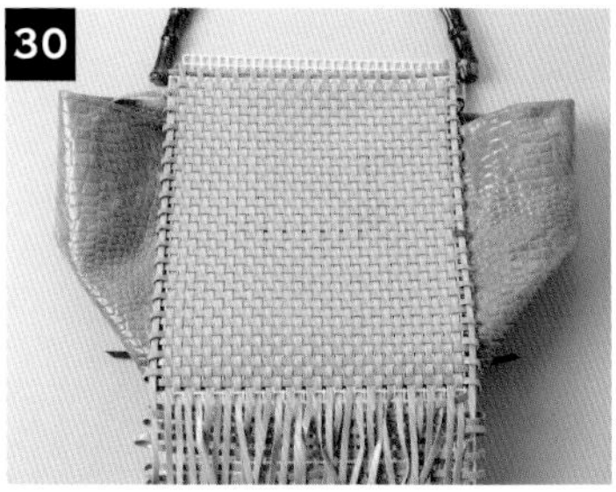

正面35段分、通したところ。

**31**

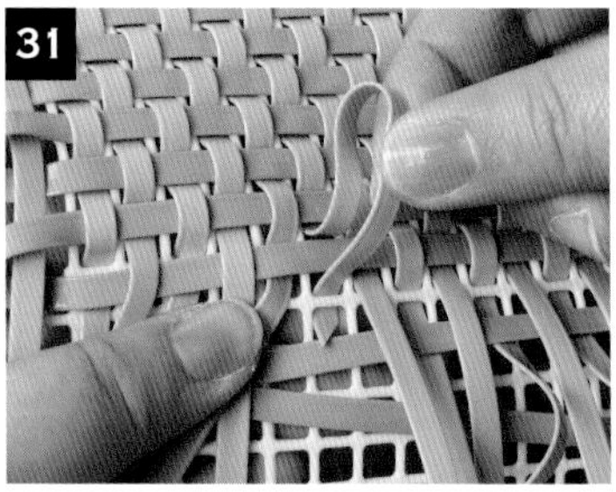

底側も続けて、さらに15段分通す。底側は写真のようにネットと本体の間に手を入れて作業するとよい。

**32**

底面から見たところ。④は1列おきに、底の12段ぐらいめまで外して浮かせておく。反対側から通してくるテープと交互に重なるようにするため。

**33**

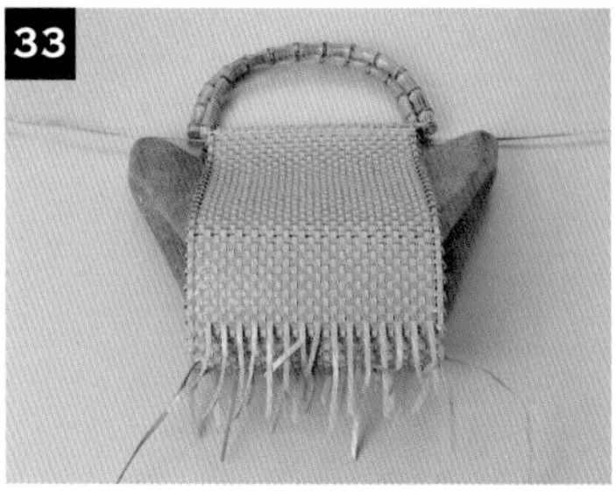

もう一方も［**22**］～［**32**］と同様に③と④で通したところ。

**34**

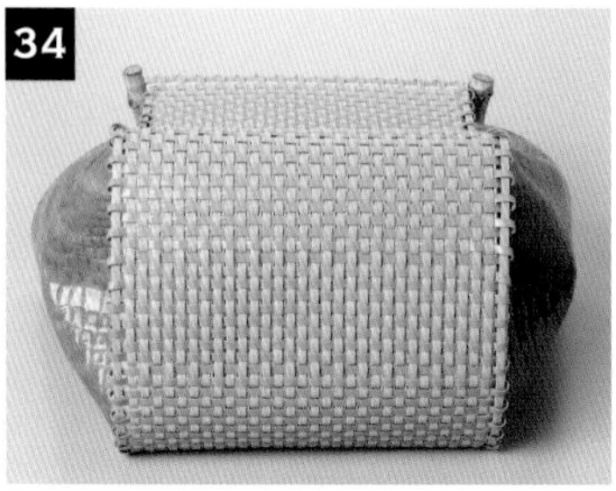

底の中心を挟んで数段分は、浮かせたテープに接着シートを貼り、反対側から通したテープの上に重ねて通す。通し終わりはネットにも通して余分をカットする。

**35**

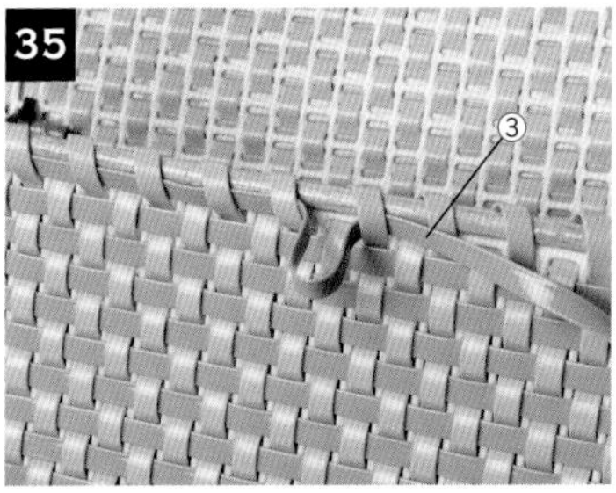


［**24**］で休ませていた③を折り返して、④のループに通す。

**36**

端まで通したら折り返し、持ち手のバーの内側でループに通す。

**37**

⑤縁を始末分10 cmを内側に通したら、④のループの下を通しながら、持ち手のバーと最上段のテープを包むように巻いていく。

**38**

内側から見たところ。

**39**

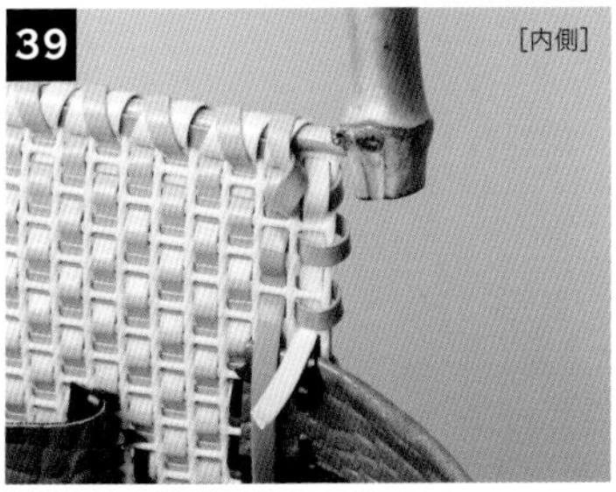


端まで巻いたら、接着シートを貼って裏でネットに通し、余分をカットする。

**40**

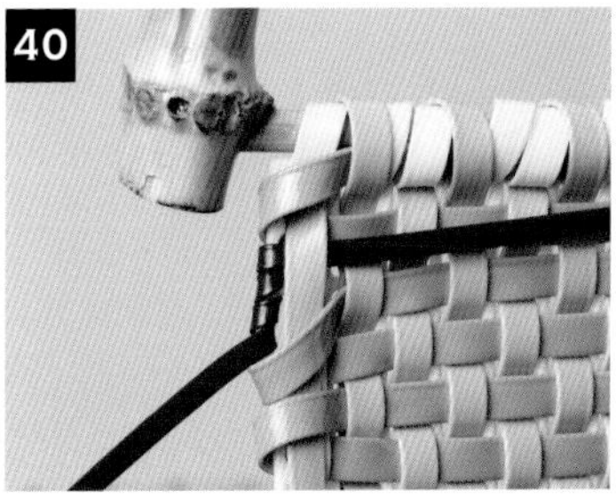

⑥縁で本体の脇、ネットの縁を巻く。端を10 cmほど残し、1マスに2回巻き、ループの下を通しながら底に向かって巻く。

**41**

底中央ぐらいまで巻いたら、ネットの内側で始末する。③の始末と重ならないようずらすとよい。反対側からも同様に巻いて始末したところ。

**42**

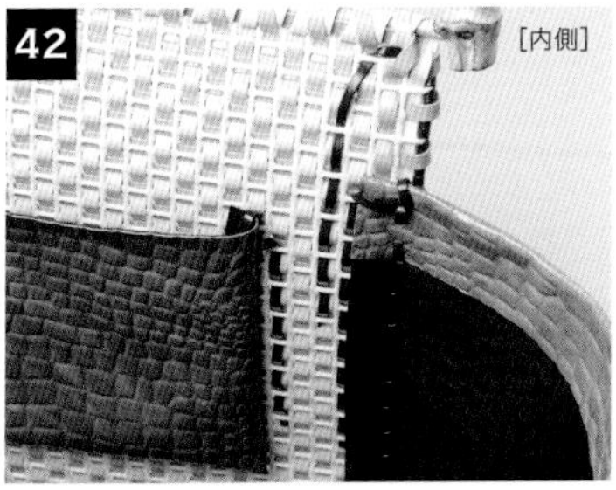


⑥の巻き始めもネットの内側で始末する。ポケットやマチをつけた①②も写真のようにネットの内側に通し、接着シートをつけて始末する。

**43**

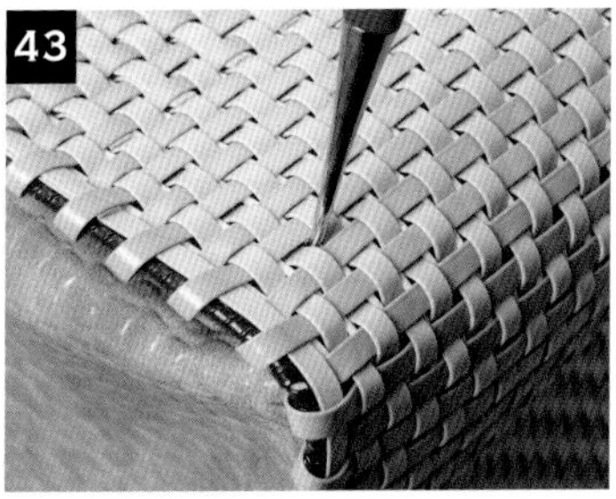

底鋲をつける。端から3マスのところに目打ちなどで隙間をあける。

**44**

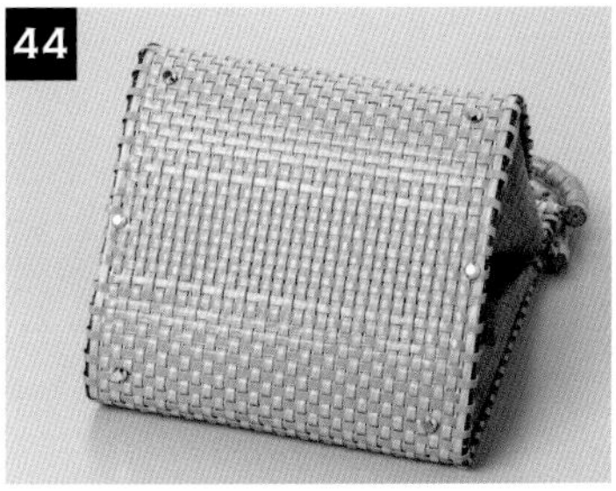

底鋲を四隅の4カ所と、マチの中央（底の脇から1マスめ）に2カ所、計6個つける。

*Arrange*

バッグ口を閉じるために革ひもをネットに取りつけた例。
ボタニカルレザー（3mm）㋱

No. 16

# フラップ付きのツートーンバッグ

PH／ p.17
SIZE／ W34 × H22 × D22cm

MEMO　No.15のアレンジでフラップ付きに。ネットとPVC生地の取りつけ方やテープの通し方などはNo.15を参考にしてください。

## 材料

ラ メルヘン・テープ（5mm幅）
……フェイクレザーレモン［197/㋱］2束、
……エナメルターコイズ［196/㋱］2束
ラ メルヘン・テープ（3mm幅・10m）
……エナメルミッドナイト［130/㋱］1束
あみあみファインネット……白［㋩］1枚
持ち手
……竹持ち手（幅30cm）生成り［BB-20/㋑］1組
Dカン……ネジ式（幅28mm）［AK-112/㋑］1組
留め金具……シルバー［AA-211/Ⓚ］1組
PVC生地
……92～93cm幅×50cm［アリゲータ03/(銀)］
底鋲……シルバー（10mm）［S1072/㋱］8組
超強力布用両面テープ

## テープの準備

①ポケットつけ……（130）80cm × 1本
②マチ取りつけ……（130）130cm × 2本
③横……（197）1610cm × 1本
④縦……（197）80cm × 23本
⑤横……（196）2200cm × 1本
⑥縦……（196）110cm × 22本
⑦縦中央……（196）70cm × 2本
⑧縁……（130）A160cm × 2本、B120cm × 2本

## PVC生地の準備

ポケット　25cm × 11cm……1枚
マチ　82cm × 25cm……1枚

## ネットの準備

側面　幅46マス × 101マス……1枚
補強　幅44マス × 3マス……1枚

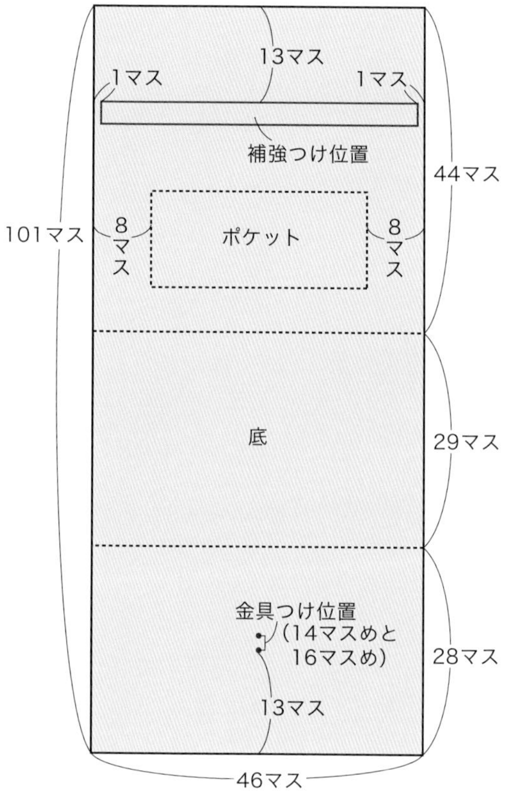


## 作り方

### PVC生地にかがり用の穴をあける

1

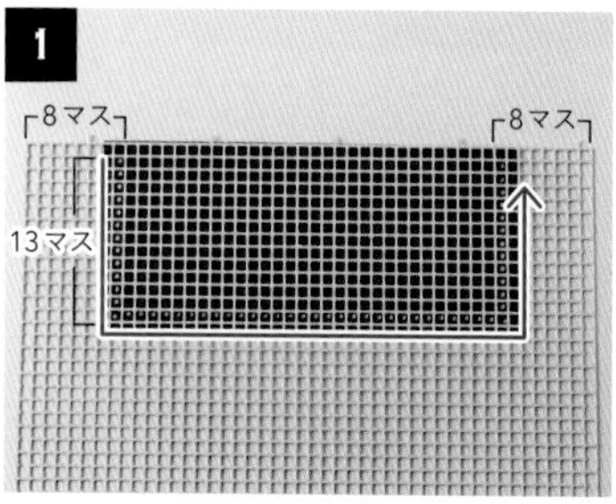


ポケットにポンチ（3mm）で穴をあける。ネットを重ね、ガイドにする。左右の端から8マスの位置で上から1マスあけて13マス分あけたら、コの字に穴をあける。下の両角を三角に切り落とす。No.15［**2**］［**3**］参照（p.68）。

2

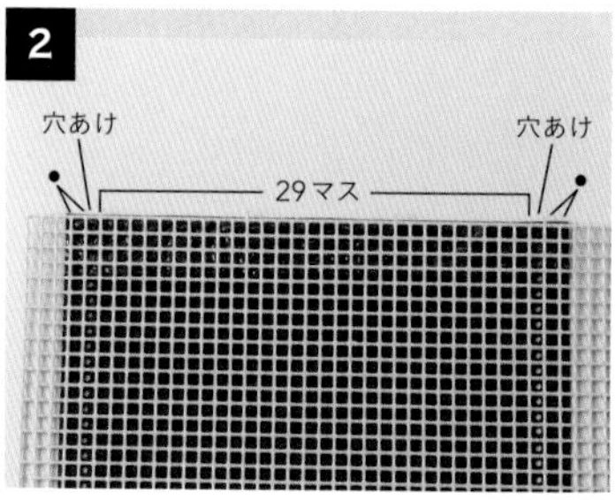


マチの短辺両端に布用両面テープを3cm幅分貼り、3cmのり代で貼り合わせる。両脇をネット29マスを挟んだ位置で穴を102個ずつあける。No.15［**4**］～［**7**］参照（p.69）。

3

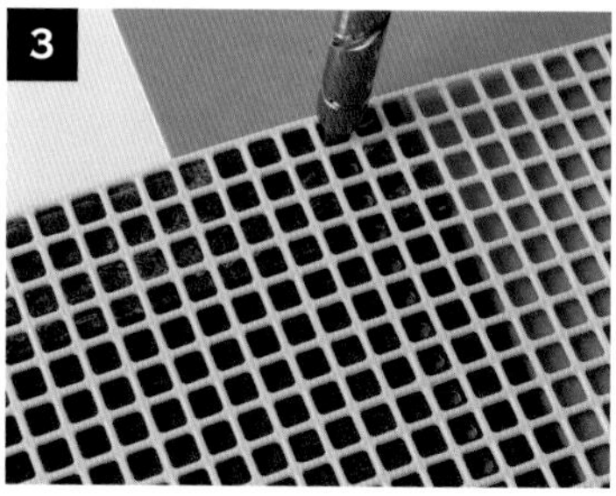

マス目をガイドにポンチで穴をあけているところ。

## ポケットと本体をネットにつける

**4**

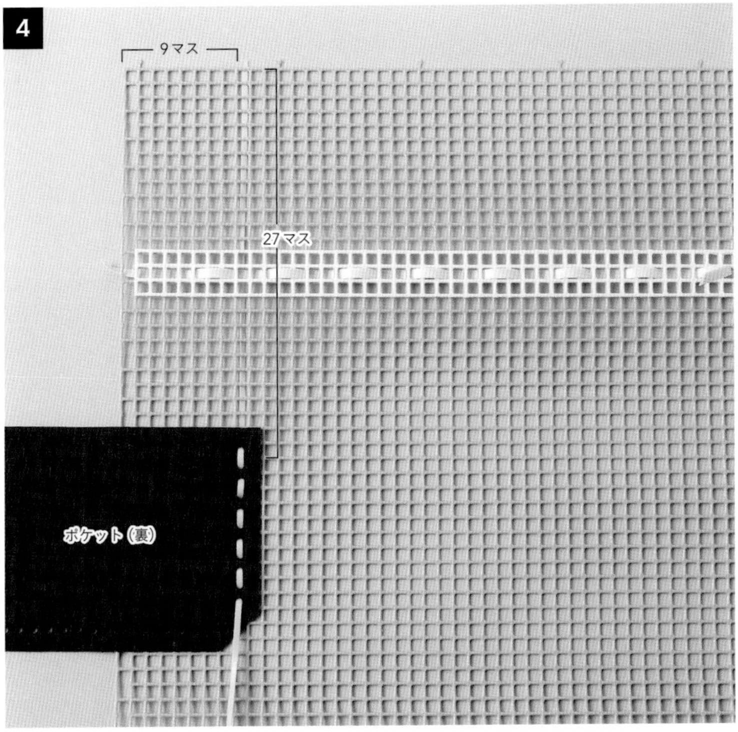


ネットの裏側にポケットの表を合わせて置き、ネットの上端27マス、左端9マスのところに①ポケットつけを写真のように通し始める。No.15［**8**］～［**11**］参照（p.69）。また、ここで持ち手つけ位置に補強のネットを仮どめし、ネットの両脇のマスを2マスあきになるようにカットしておく。No.15［**14**］参照（p.70）。

**5**

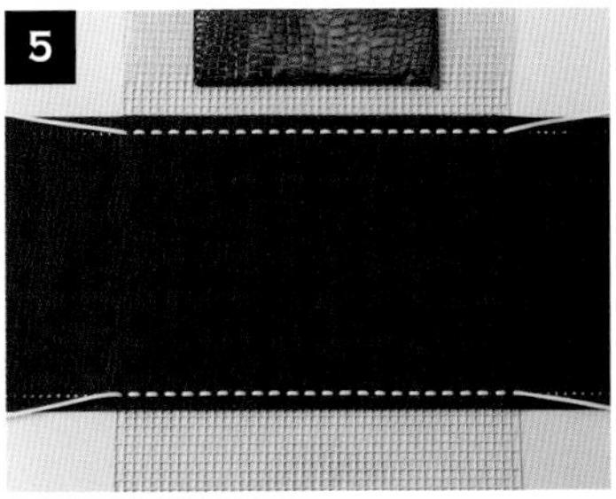

マチを十字に置く。ネットの下端から28マスめ、マチの端から29個めの穴を合わせ、②マチ取りつけをマチの裏地側から通す。もう一方（ポケット側）はネット端から44マスめになる。No.15［**15**］～［**18**］参照（p.70）。

**6**

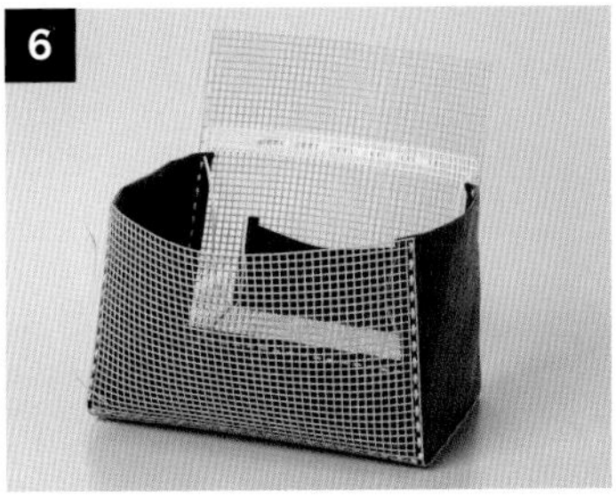

ネットとマチを底から立ち上げ、②でネットとマチを取りつける。テープ端は休ませておく。No.15［**19**］～［**21**］参照（p.71）。

## ネットにテープを通す

**7**

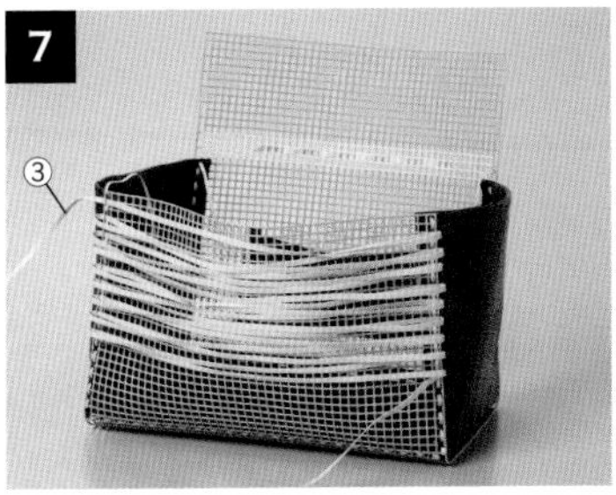


③横を本体右側のネット上から18、19段めの間に二つ折りして通す。上側が710cmになるように調整し、下側をネットの下から出す。上側をネットの左右で折り返し、17段分、渡していく。No.15［**22**］～［**24**］参照（p.71）。

**8**

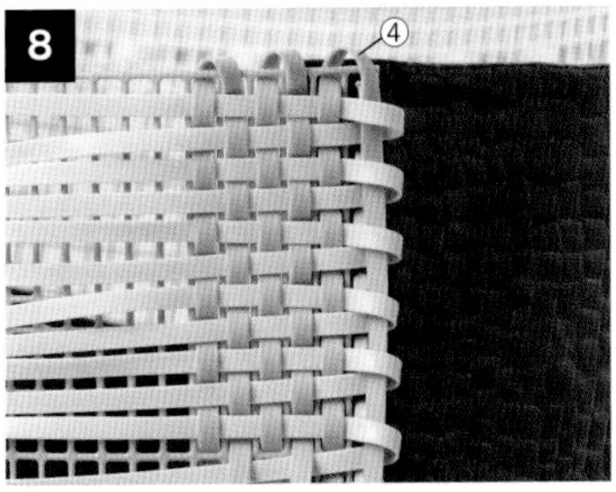


④縦23本を中心で二つ折りして縁にかけ、ラティスウィーヴ（No.1）の要領でネットに通していく。折り山は3mmほど余裕をもたせる。

**9**

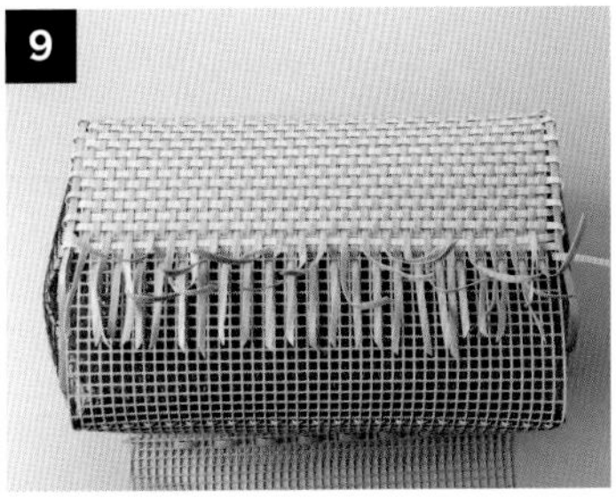

③の下側を25段折り返して渡し、④を底面中央まで通したところ。④は1列おきに少し外して浮かせておく。

**10**

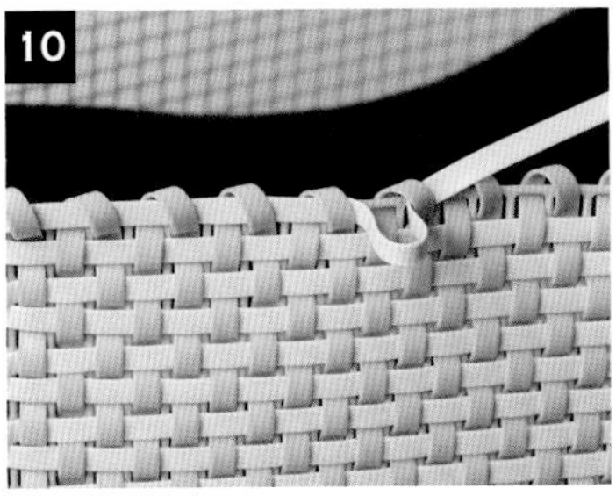

休ませていた③の上側を折り返して、④のループに通す。

**11**

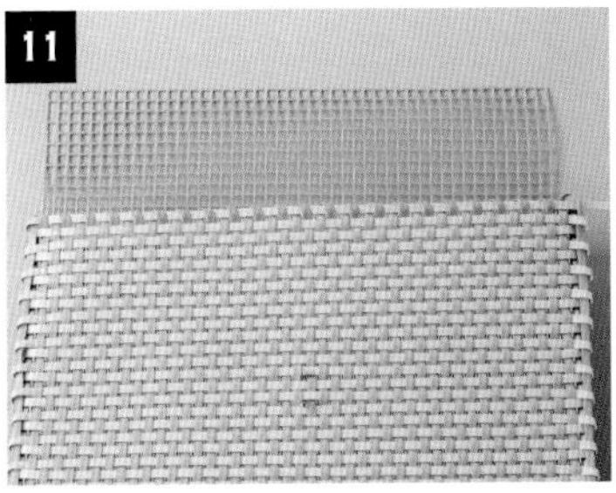

金具つけ位置にあたるネット2カ所をカットする。

**12**

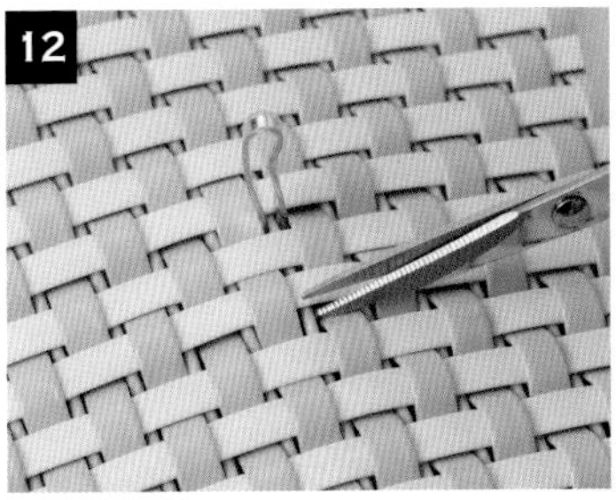

ネットの金具つけ位置に切り込みを入れているところ。

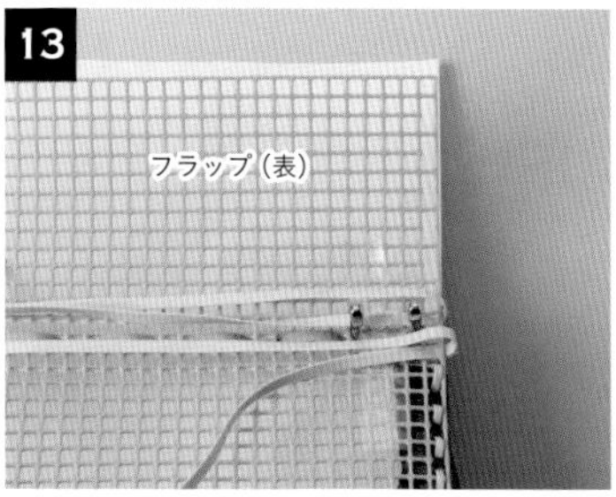


Dカンを取りつけ（Point!下・参照）、⑤横をフラップ右側のネット、上から16、17段めの間に二つ折りして通す。上側が640 cmになるように調整し、下側をネットの下から出す。上側をネットの左右で折り返し、15段分、渡していく。

Point!

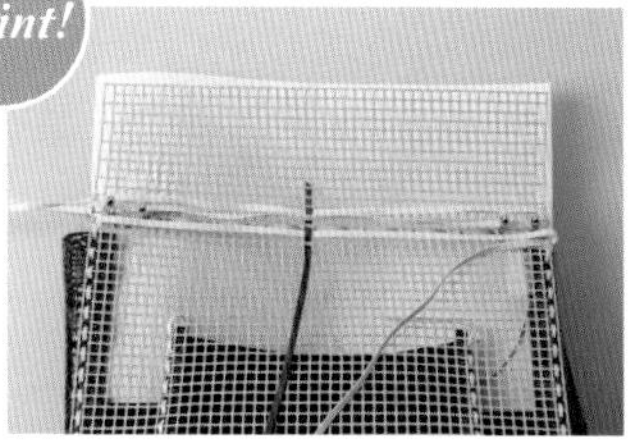

テープがたわんで作業しづらいので、ネットに仮どめしておくとよい（写真・青のテープ）。

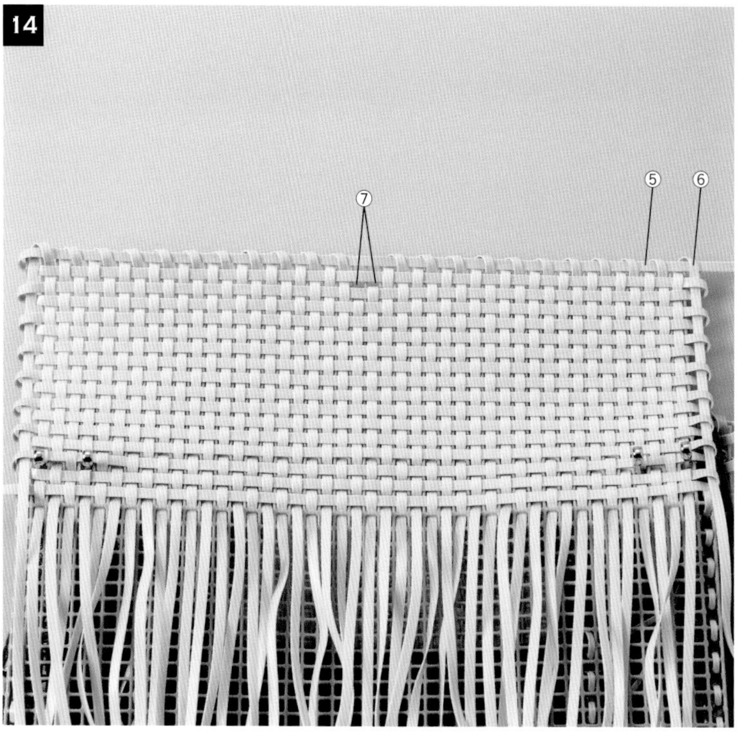


⑥縦22本を中心で二つ折りしてかけ、ラティスウィーヴの要領でネットに通す。中心は⑦縦中央2本を内側に始末分8 cm残し、ネットの上から2マスめに1本ずつ通す。⑦の始末分は内側の同列に通し、接着シートで貼る。⑤の最上段（16段め）は⑥のループに通す。

Point!

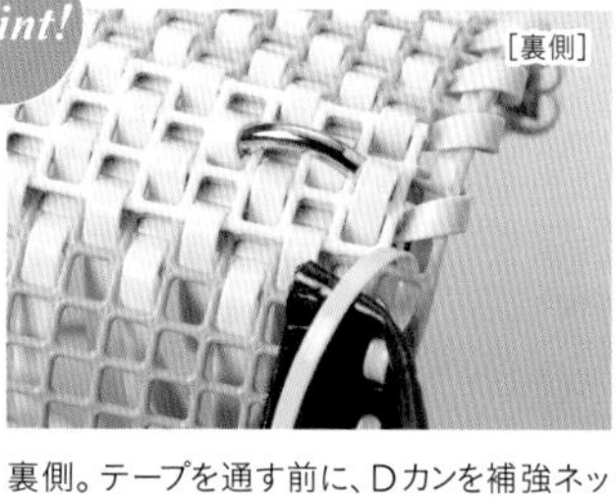


裏側。テープを通す前に、Dカンを補強ネットの中心から均等になる位置に取りつける。

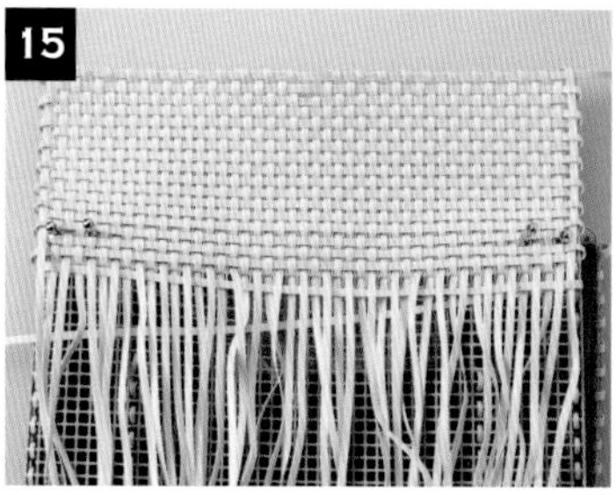


⑤上側を固定したら、下側もネットの左右で折り返し、渡していく。⑤の上側は休ませておく。

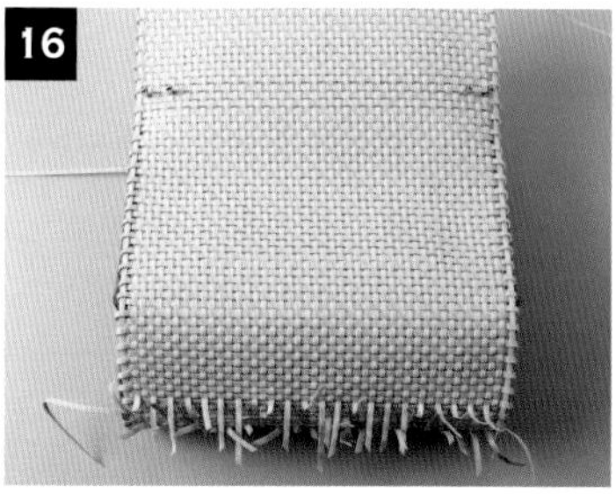


[**8**]～[**10**]と同様に、⑤の下側も底まで渡し、⑥⑦を通していく。

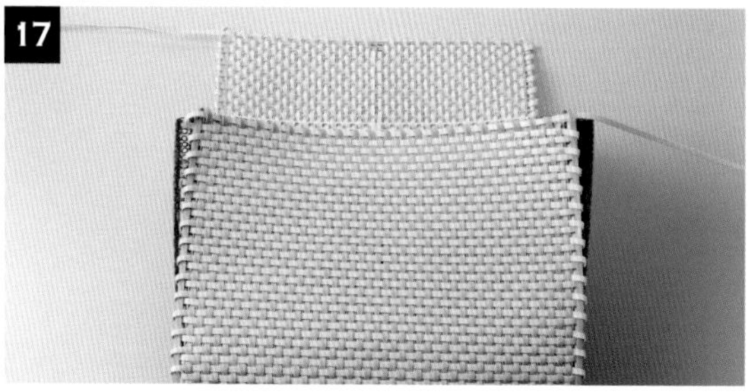


正面から見たところ。

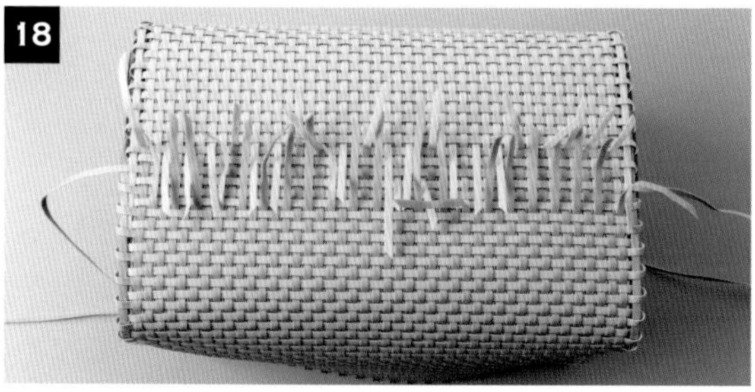


底まで通したところ。底の中心6列分は④と⑥が重なる。浮かせたテープに接着シートを貼り、反対側から通したテープの上に重ねて通す。通し終わりはネットにも通して余分をカットする。

[**10**] でループを通してきた③で本体の縁を巻く。ネットの端のマスで1巻きしてから、縦のループに通しながら1マスとばしで縁を巻く。

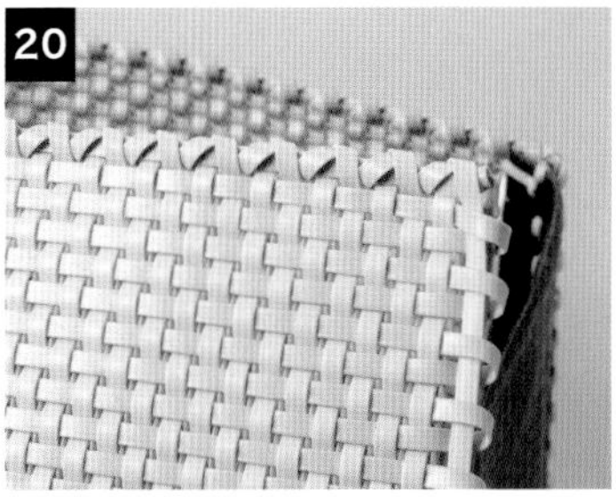

[**15**] で休ませていた⑤でフラップの縁を [**19**] と同様に巻く。

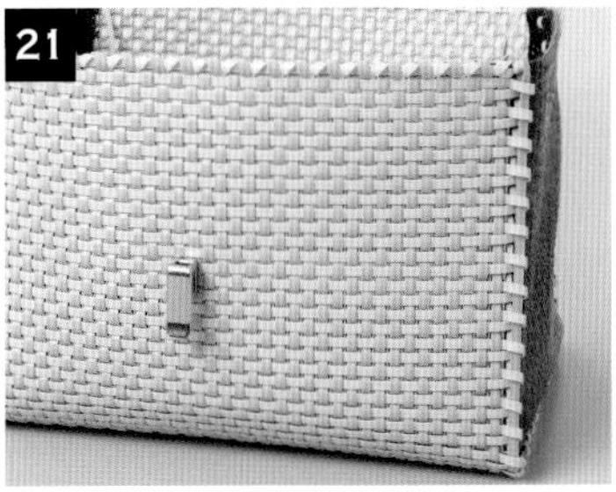

切り込みを入れた本体にひねり金具を差し込み、内側で固定する。

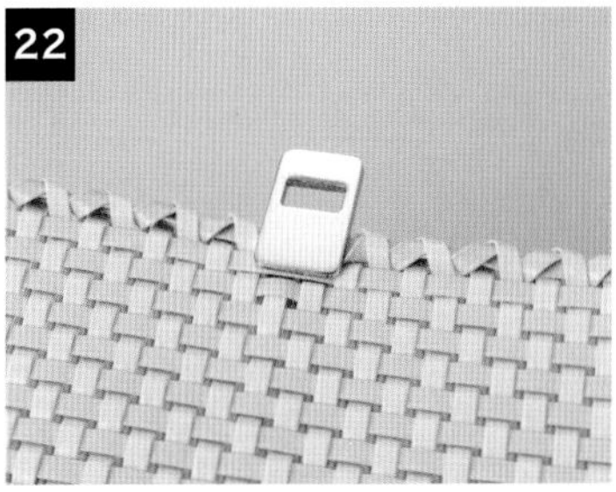

フラップの中央を留め金具（受け）で挟み、裏側でネジで固定する。

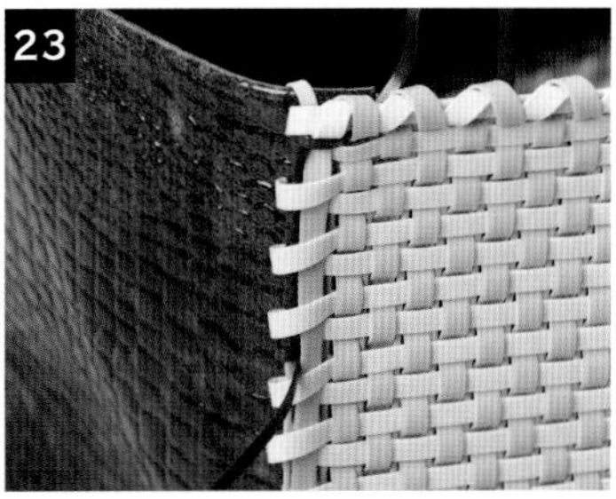

⑧縁でネットの縁をループに通しながら巻く。⑧Aはフラップ側を⑧Bは正面側を巻く。テープの始末はNo.15 [**41**] [**42**] 参照（p.73）。

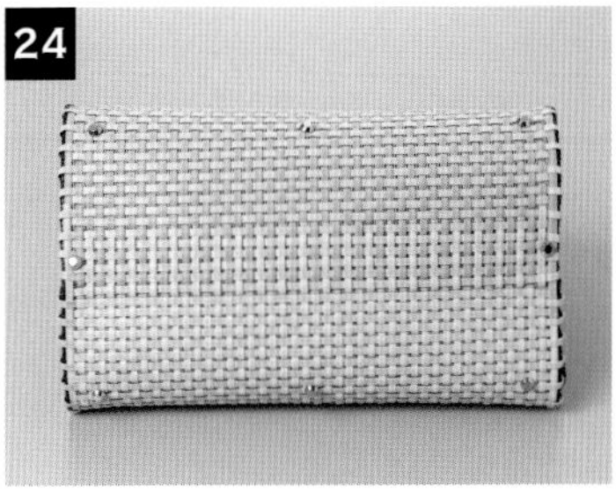

底鋲を8個つけ、持ち手をつける。

## 参考作品について

こちらの参考作品は、No.15のネット幅サイズでフラップ付き（ネット32マス×101マス）にしたものです。持ち手はNo. 15と同じものを使い、フラップの⑥⑦縦で固定しています。

No.
17
18

# ポーチ

**PH** / p.18
**SIZE** / W11 × H12 × D6cm

**MEMO** No.14のアレンジです。2パターンの作り方を紹介しますので、テープの分量やお好みに合わせて選んでも。

## 材 料

**No.17**（テープ）
ラ メルヘン・テープ（5mm幅）
……マットライム［181/㋱］1束
ラ メルヘン・テープ（3mm幅・10m）
……オーロラクリア［157/㋱］1束

**No.18**（リボン）
ラ メルヘン・テープ（5mm幅）
……オーロラクリア［156/㋱］1束
サテンパールリボン（5mm幅）……クリーム［㋴］5m

**共通**
あみあみファインネット……白［㋩］1枚
PVC生地（0.8mm）……12×12cm［グリッターシート／(銀)］
カン付き文鎮口金……シルバー（11cm）［Ⓜ］

## テープの準備

**No.17**
①マチかがり……（3mm）170cm × 2本
②縦……（5mm）80cm × 2本
③縦……（5mm）45cm × 12本
④横……（5mm）500cm × 1本

**No.18**
①縦……45cm × 15本

## ネットの準備

本体　幅15マス× 37マス

## 作り方

### ◎共通

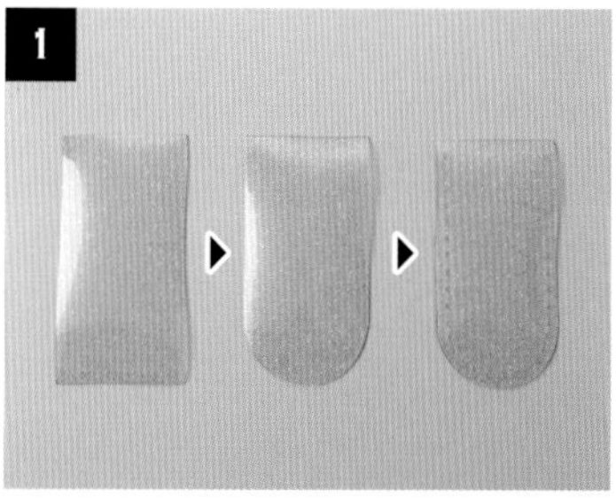

PVC生地を型紙に沿ってカットし、ポンチで穴をあける。マチ用に2枚用意する。

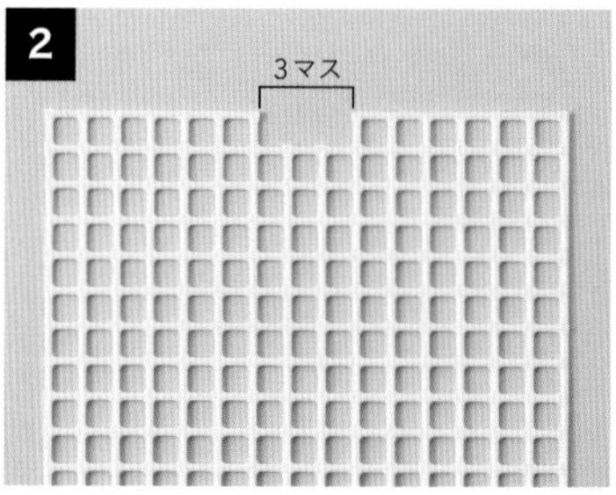

ネットの片側のみ、中央3マスをカットする。

### ◎ No.17

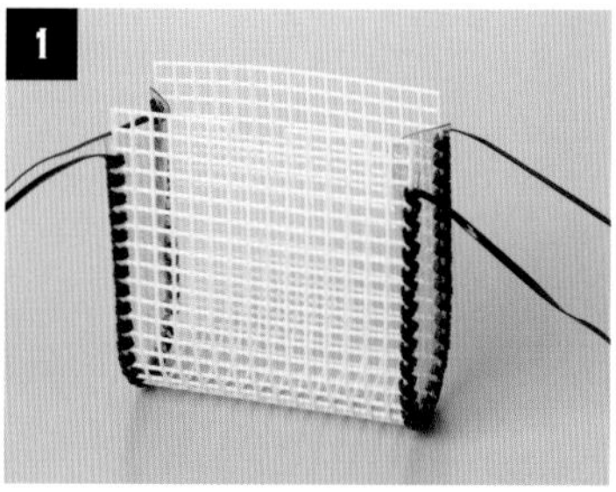

マチとネットを①マチかがりでつける。No.14［**3**］～［**6**］参照（p.66）。

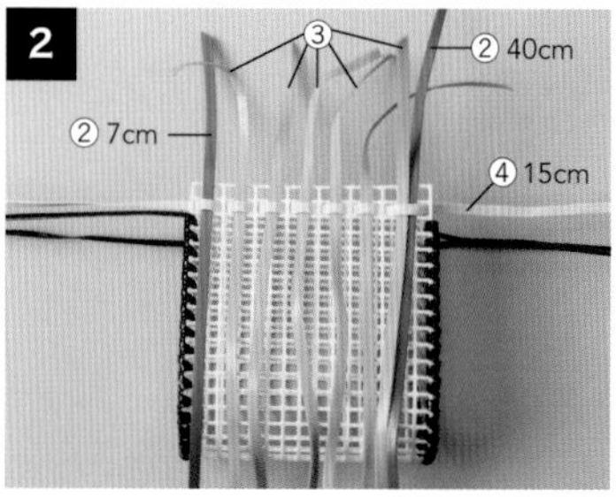

②縦を両端に③6本をネットに上に置き、④横をネットの上から2マスめに通して②③を固定していく。②の端は右40 cm、左7 cm、③は8cm、④は15cmほど出しておく。

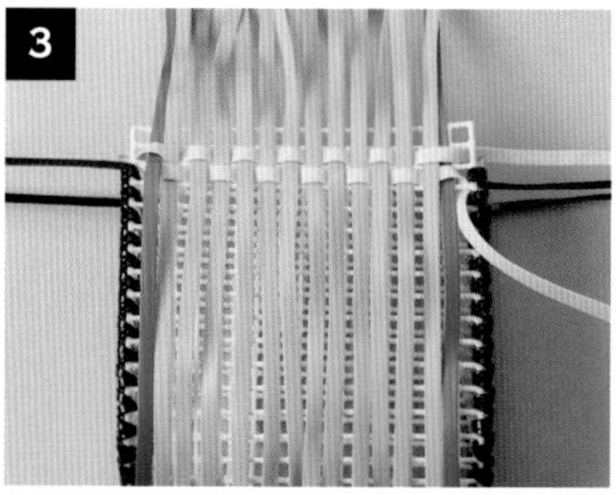

ネットの端のマス目内で④を折り返し、③6本を間に置いて④で固定する。反対側まで続ける。

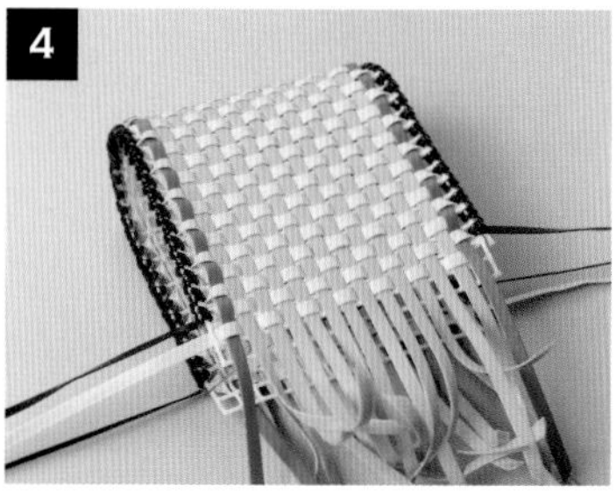

ラティスウィーヴ（No. 1）の要領で通し終えたところ。ネット端1段（1マス）分は通さない。

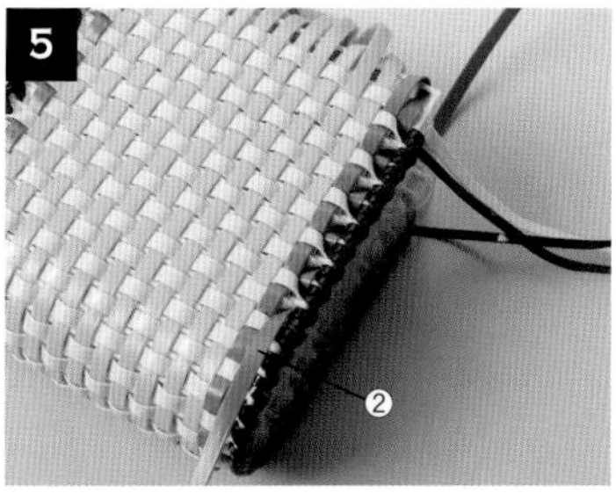


右側の②の残していた40 cmをネットの端のマスに隙間を隠すように通す。反対側も同様に通す。

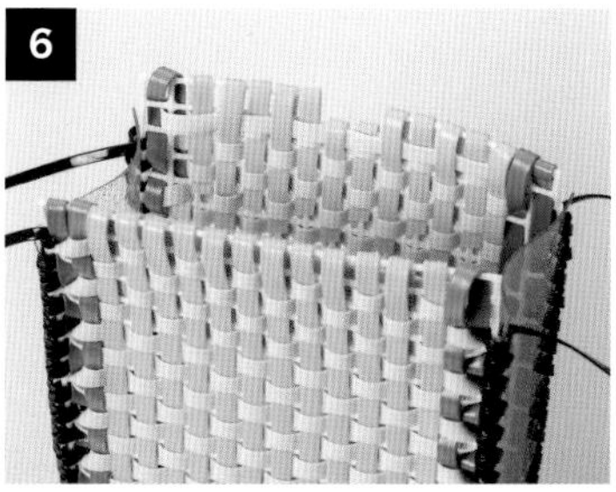


②と④を内側に折り返し、接着シートで貼る。②③を内側に折り返し、④に通して始末する。

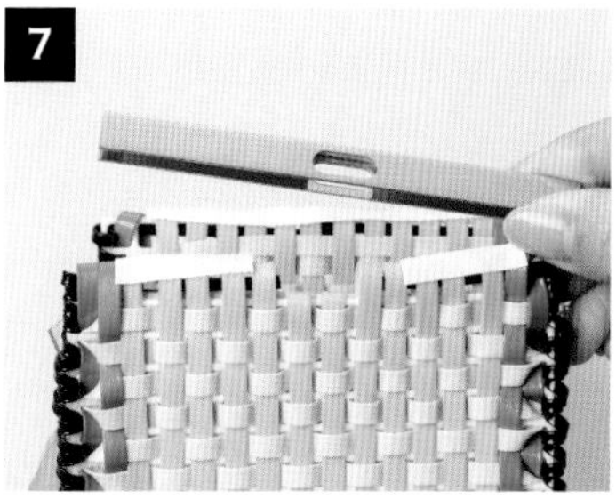


休ませておいた①を端まで1マスに2回巻きし、ネットの上段に通す。1 cm幅にカットした粘着シートを折り山に貼り、口金を取りつける。



## ◎ No.18

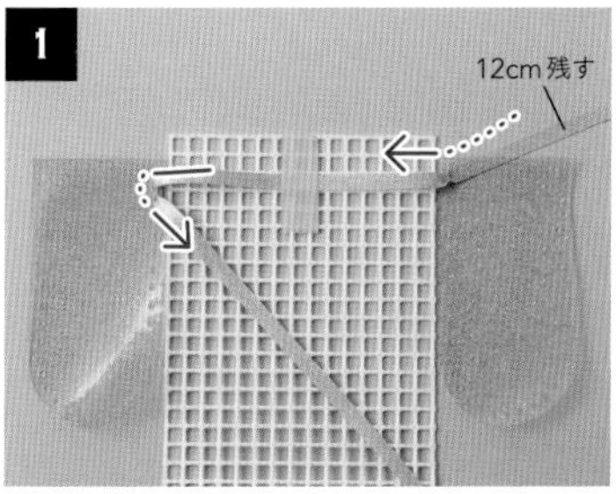


ネットとマチを写真のように置き、リボンを始末分12cm残し、マチの穴に通す。

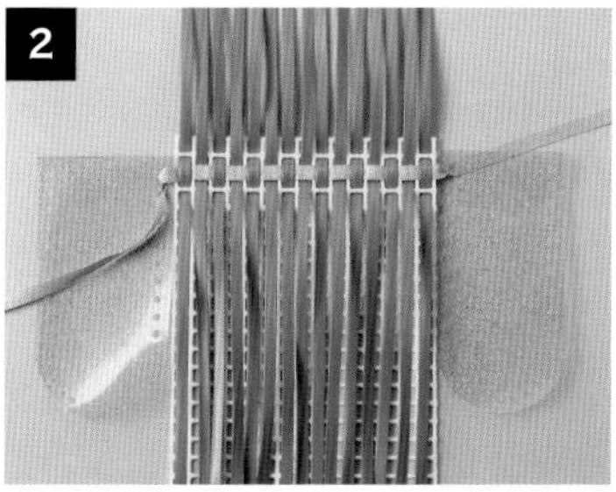


①縦を始末分を7 cm上に残して15本ネットに通し、ラティスウイーヴの要領でリボンを固定する。

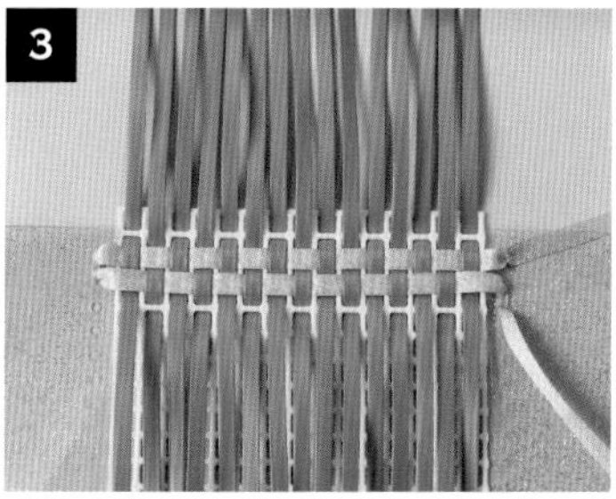


リボンはマチの穴に通しながら折り返す。ネットには通さず、横に渡す。リボンの折り返しは少しゆとりをもたせ、きつくしない。

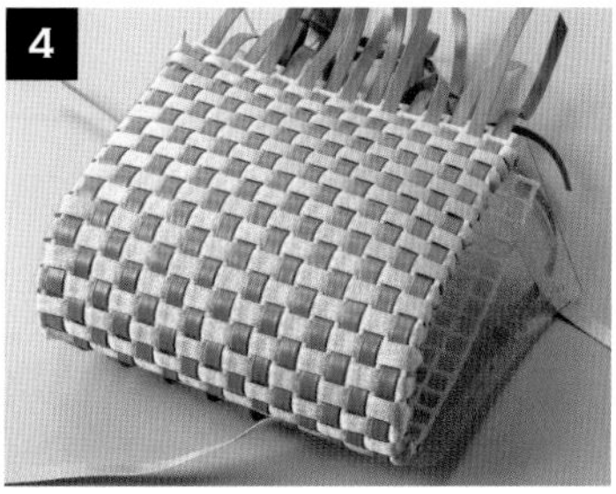


反対側まで続けて通す。

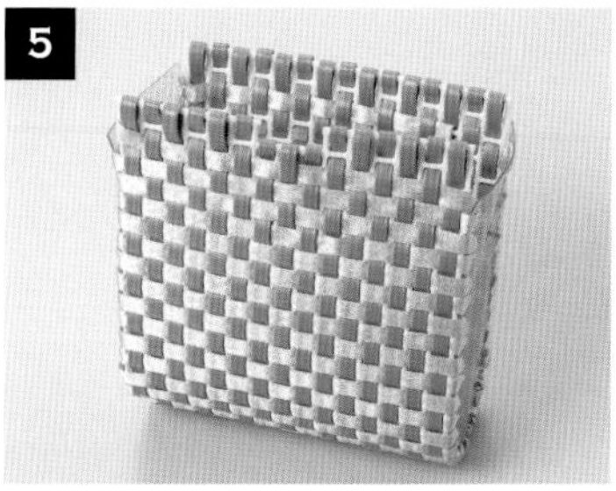


通し終わりと始末分のリボンをそれぞれ内側に折り返す。①を内側に折り返し、リボンを挟んでネットに通して始末する。

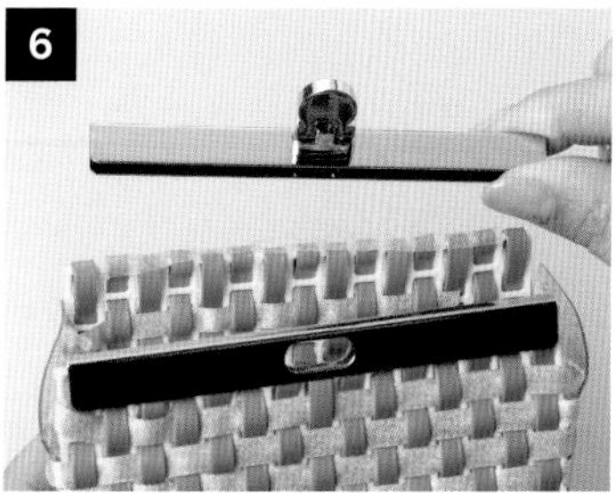


粘着シートを貼り、口金を取りつける。

## No.17.18 マチ型紙

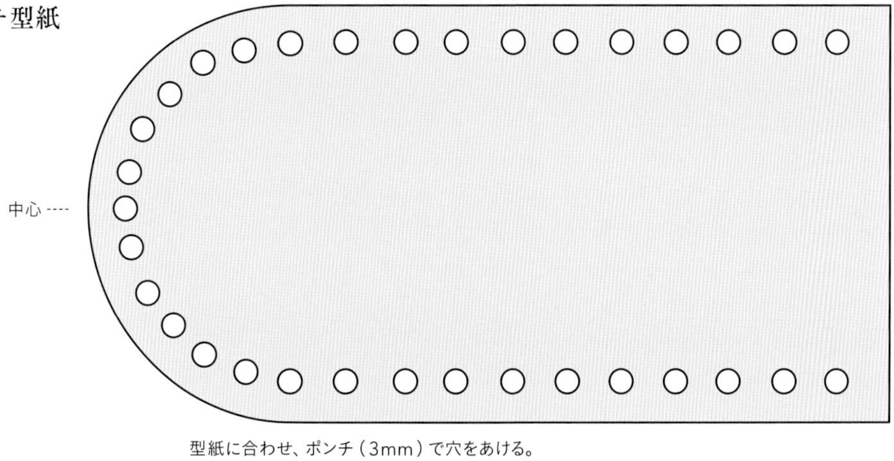


型紙に合わせ、ポンチ（3mm）で穴をあける。

## 著者

Kirarina 奈緒子 （キラリナ ナオコ）

静岡県生まれ。幼い頃より手芸に親しみ、結婚後はニッターとしてオートクチュール製作を担当。ニット技法を応用したテープバッグは編み地の美しさ、仕上がりの格調高さに定評がある。著書に『いちばん美しいテープバッグの教科書』（講談社）がある。

Creema ‖ https://www.creema.jp/creator/1277652
minne ‖ https://minne.com/@lonlia

掲載作品に関する材料キットの問い合わせは以下まで
- Creema、およびminneのKirarinaページ（上記）
- bag.kirarina@gmail.com

※材料キットはKirarina商品です。数量には限りがあります。



## STAFF

撮影（口絵・カバー）…… 宇戸浩二
撮影（プロセス）…… 中辻渉
モデル …… 彩木あや
図版 …… 川島豊美（Kawashima Design Office）
デザイン …… 田山円佳、山岸蒔（スタジオダンク）
校正 …… 西進社
編集 …… 村松千絵（Cre-Sea）


# ラ メルヘン・テープの美しい大人バッグ

**ラティスウィーヴ技法で上質でリッチに仕上がる**


2021年3月20日　初版印刷
2021年3月30日　初版発行

著　者　Kirarina 奈緒子
発行者　小野寺優
発行所　株式会社河出書房新社
〒151-0051
東京都渋谷区千駄ヶ谷2-32-2
電話03-3404-1201（営業）
03-3404-8611（編集）
http://www.kawade.co.jp/
印刷・製本　図書印刷株式会社

Printed in Japan
ISBN978-4-309-28871-0




## 材料協力

**● ラ メルヘン・テープ、副資材等**
[㋱]…… **メルヘンアート株式会社**
〒130-0015　東京都墨田区横網2-10-9
TEL.03-3623-3760　FAX.03-3623-3766
https://www.marchen-art.co.jp/

**● 留め具**
[Ⓚ]…… **kirarina**
※左記、著者プロフィール参照

**● 口金**
[Ⓜ]…… **手作り工房 MY mama**
TEL.052-693-9561
https://www.rakuten.ne.jp/gold/auc-my-mama/

**● バッグ用持ち手等**
[㋑]…… **INAZUMA（植村株式会社）**
〒602-8246　京都市上京区上長者町通黒門東入
TEL.075-415-1001（代）
http://www.inazuma.biz/

**● 金具等**
[㋕]…… **カンダ手芸（神田商事株式会社）**
〒103-0002　東京都中央区日本橋馬喰町1-14-10
TEL.03-3662-9761
http://kanda.o.oo7.jp/kanda/index.htm

**● PVC生地**
[㊎]…… **銀河工房**
TEL.0120-456-984
https://www.rakuten.ne.jp/gold/simuraginga/

**● あみあみファインネット**
[㋩]…… **ハマナカ株式会社**
〒616-8585　京都市右京区花園薮ノ下町2番地の3
TEL.075-463-5151（代）
http://www.hamanaka.co.jp

**● リボン**
[㋴]…… **ユザワヤ商事株式会社**
〒144-8660 東京都大田区西蒲田8-23-5
TEL.03-3735-4141　FAX.03-5703-8686
https://www.yuzawaya.co.jp

本書の内容に関するお問い合わせは、お手紙かメール（jitsuyou@kawade.co.jp）にて承ります。恐縮ですが、お電話でのお問い合わせはご遠慮くださいますようお願いいたします。